Sorrow and Blood

현대 선교 현장의
박해와 순교 이야기

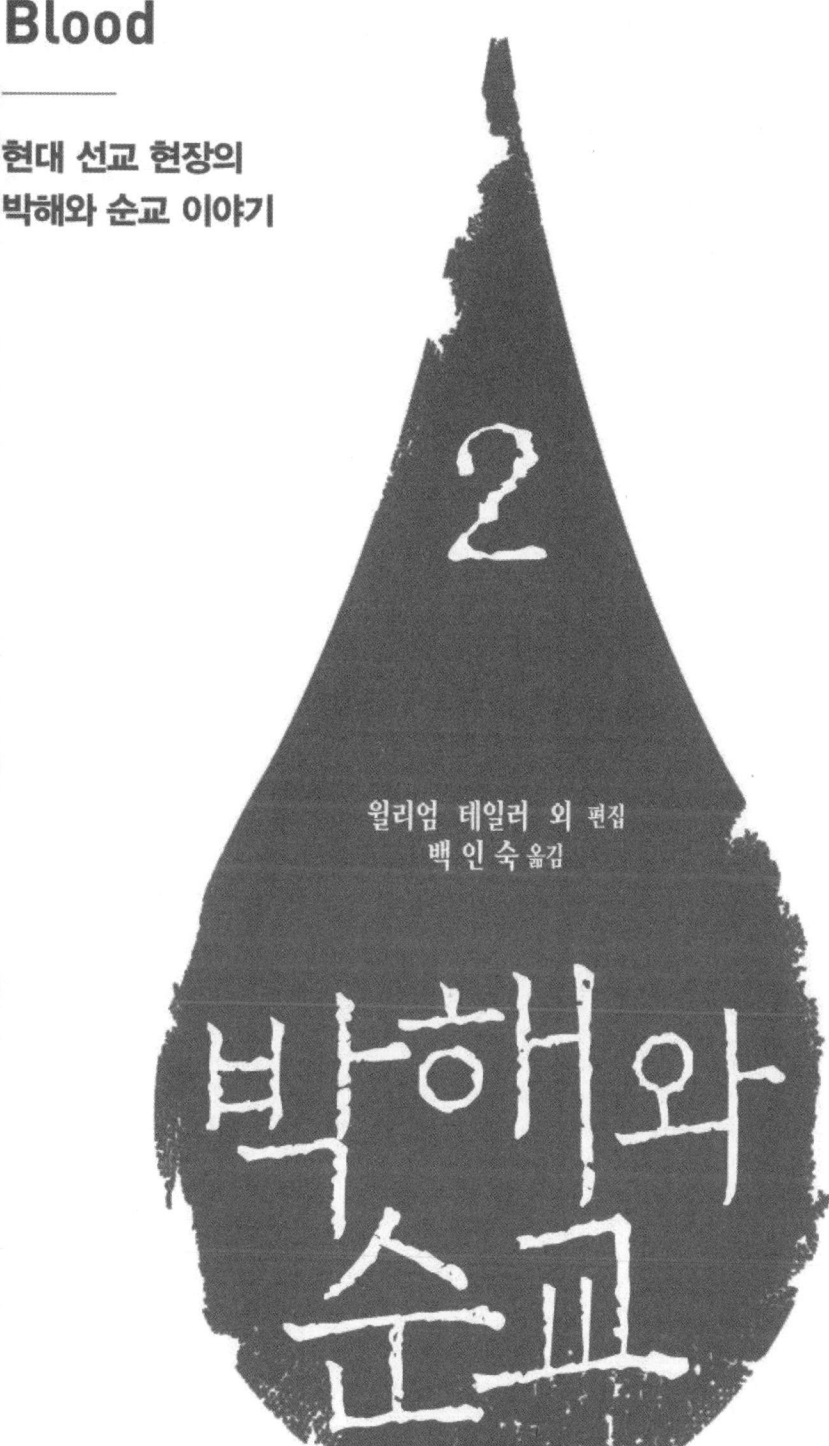

2

윌리엄 테일러 외 편집
백인숙 옮김

박해와
순교

WEAMC omf

기독교문서선교회(Christian Literature Center: 약칭 CLC)는 1941년 영국 콜체스터에서 켄 아담스에 의해 시작되었으며 국제 본부는 미국 필라델피아에 있습니다.
국제 CLC는 59개 나라에서 180개 본부를 두고, 약 650여 명의 선교사들이 이동도서차량 40대를 이용하여 문서 보급에 힘쓰고 있으며 이메일 주문을 통해 130여 국으로 책을 공급하고 있습니다.
한국 CLC는 청교도적 복음주의 신학과 신앙서적을 출판하는 문서선교 기관으로서, 한 영혼이라도 구원되길 소망하면서 주님이 오시는 그날까지 최선을 다할 것입니다.

WEA Globalization of Mission Series

SORROW & BLOOD II
Christian Mission in Contexts of Suffering,
Persecution and Martyrdom

Edited by
William D. Taylor, Antonia van der Meer, Reg Reimer

Translated by
Insook Baek

Copyright © 2012 by World Evangelical Alliance Mission Commission
Originally published in English under the title as
*Sorrow & Blood: Christian Mission in Contexts of Suffering,
Persecution and Martyrdom*
by William Carey Library
Translated and used by the permission of William Carey Library
US Center for World Mission, Pasadena, CA, USA

Korean Edition
Copyright © 2018 by Christian Literature Center
Seoul, Korea

목차

한글판 서문 이태웅 선교학 박사(한국글로벌리더십포커스 원장) 7

편집자 서문 박해와 순교에 관한 놀라운 이야기 / 윌리엄 테일러(전 WEA 선교위원회 대표) 10

편집자 소개 및 개관
윌리엄 테일러(전 WEA 선교위원회 대표), 레그 레이머(WEA 선교위원회 위원),
안토니아 반 데르 미르(브라질복음주의선교센터 개발 코디네이터) 16

머리말 고난의 신학 / 아지트 페르난도(스리랑카 Youth for Christ 대표) 30

제1장 창세기에서 요한계시록까지 / 볼프강 해데 34

제2장 번영복음에 대한 성찰 / 페미 B. 아델리예 44

제3장 선교사 훈련 / 롭 브라인졸프슨 59

제4장 고난과 박해, 순교에 대해 / 스티븐 판야 바바 83

제5장 교회와 현지 선교사들을 준비시키기: 북반구 / 폴 에스타브룩스 105

제6장 교회와 현지 선교사들을 준비시키기: 남반구(브라질의 관점) /
파울로 모레이라 파일로, 마르코스 아마도 118

제7장 선교단체를 준비시키기(미국의 관점) / S. 켄트 팍스 129

제8장 선교사 가정 / 로라 매 가드너 141

제9장 순교한 선교사의 자녀들 이야기 / 데이빗 톰슨 152

제10장 모범 경영 / 순교자의 소리, 캐나다 161

제11장 정책 추천 / 국제 위기 컨설팅 167

제12장 박해받는 교회들을 향한 사역의 모범 경영 / 종교적 자유 파트너십 183

제13장	박해받는 자들로부터 우리는 무엇을 배우는가? / 로널드 R. 보이드–맥밀란	195
제14장	인권과 박해 / 토머스 쉬르마허 & 토머스 K. 존슨	215
제15장	박해받는 자들을 위한 옹호 / 레그 레이머	233
제16장	신학, 전략, 참여에 관한 성찰 / 크리스 세이플	251
제17장	인간-유발 트라우마 피해자상담 / 패트리샤 미어스마	269
제18장	끊임없는 기도 / 민디 벨쯔	285
제19장	부르심 / 페이스 J. H. 맥도넬	295
제20장	우리 여정의 마지막 문을 향하여 / 윌리엄 D. 테일러, 안토니아 반 더 미르, 레그 레이머	304

부록 1	박해에 관한 웹상의 정보 / A. 스코트 모로우, 마이크 오리어	317
부록 2	멤버 케어 자원 / 해리 호프만, 프라밀라 라젠드란	326

SORROW & BLOOD

Christian Mission in Contexts of Suffering, Persecution, and Martyrdom

한글판 서문

이 태 웅 선교학 박사
한국글로벌리더십포커스 원장

　기독교 선교 역사는 언제나 박해와 순교가 함께 엮여 이뤄졌다고 해도 과언이 아닐 정도로 선교와 박해는 밀접한 관계에 있다. 세계복음주의연맹(WEA, World Evangelical Alliance)의 선교위원회(MC, Mission Commission)에서 이 책을 집필하기로 결정한 것도 현재 선교 활동이 이뤄지고 있는 세계 각처에서 박해와 순교가 앞으로 늘어나면 늘어나지 줄어들지는 않을 것이라 인식했기 때문이다.

　글로벌 교회를 대표할 수 있는 선교 지도자들이 힘을 합하여 이 책을 출판한 지 불과 4-5년밖에 지나지 않았는데 그동안에도 세계는 어느 때보다 위험해지고 선교 현장에서의 박해와 순교는 일상사처럼 되어버렸다.

　1년간 생명을 잃는 전 세계의 순교자 수가 평균 9만 명이라는 2015년 통계가 이런 현상을 뒷받침해주고 있다(『세계 선교 현황』*IBMR, International Bulletin for Missionary Research*], 2015년 1월 Vol. 39, No.1, p. 28). 이 숫자는 10

년간의 순교자를 평균한 것임). 동일한 통계에 의하면 2025년에는 1년 평균 순교자 수가 계속 증가해 10만 명에 이를 것이라고 추정한다. 이는 아마도 쓰나미 같은 대규모 자연재해나 메르스, 에볼라같이 급속도로 확산되는 치명적인 전염병, IS(Islamic States) 같은 극단주의 종파들로 인한 박해와 순교가 가속화할 것이라는 점을 감안한 숫자라 할 수 있다.

이러한 상황에서 이 책의 의미는 매우 크다. 박해와 순교에 대한 신학적, 선교학적 의미를 정립하고 글로벌 교회의 피해 규모와 사례들을 파악해 다음과 같은 준비를 하는 데 그 유익이 있다고 본다.

첫째, 선교와 교회의 세계복음화 전략을 보다 현실적으로 수립하게 한다.

한 예로 위험한 상황 가운데 노출되어 평생을 보내야 하는 선교사와 현지 교회를 위한 훈련의 방향을 재조정할 수 있다.

둘째, 선교사들과 교인들이 박해와 순교에 대한 막연한 두려움을 갖기보다는 현실적으로 다가올 수 있는 위험을 인지하고 더 깊은 제자도를 수련함으로써 믿음으로 악한 자들의 세력과 대결할 수 있게 한다.

셋째, 고난과 순교 상황에 항시 노출되어 살아가는 선교사와 교회를 위해 세계 교회가 기도할 수 있게 한다.

한국도 안심할 상황이 아니다. 무슬림들만 해도 외국인과 내국인을 포함해 20만 명을 헤아릴 정도로 많아졌다(2014년 문화관광부 통계, 박관규 기자 기사 인용). 언제 종교적 갈등이 현실로 다가올지 모른다. 최근 연구에 의하면 이미 한국은 세계 여러 나라 중에 종교적으로 다양성이 가장 큰 나라로 선정되었다. 그 다음은 중국이 따르고 있다. 1을 종교적 다양성이 가장 큰 나라로 보았을 때, 한국과 중국은 각각 0.82와 0.81로 나타났다. 세계 평균은 0.45로 나타났다(*IBMR*, 2015년 1월, Vol. 39, No.1, p. 28).

이 책의 대표 편집인이며 전 WEA-MC 대표로 오랜 기간 역임한 나의 30년 지기인 윌리엄 테일러(William Taylor) 박사가 한글 번역판을 출판하도록 기꺼이 허락해주었다. 뿐만 아니라 내용을 재배열하여 한 권의 원서를 두 권으로 분리 출판하게 했으며 직역의 어색함을 최소화할 수 있도록 편집의 자유도 허용해주었다. 한국 독자들을 배려해 준 윌리엄 테일러 박사에게 감사드린다. 더불어 현 WEA-MC 대표인 버틸 엑스트럼(Bertil Extrom) 박사에게도 깊은 사의를 표한다.

끝으로 여러 가지로 바쁜 중에도 이 책을 출판해주신 기독교문서선교회(CLC) 박영호 목사님에게 진심으로 감사를 전한다.

2016년 3월 봄의 길목에서

편집자 서문
박해와 순교에 관한 놀라운 이야기

윌리엄 테일러(William Taylor)

전 WEA-MC 대표

이 책은 '선교의 세계화'(Globalization of Mission) 시리즈의 하나로 발행되었다. 이 의미 있는 책을 만드는 데 있어 협력해준 WEA의 신학위원회 및 종교자유위원회에 감사한다. '선교의 세계화' 시리즈 간행의 장기 프로젝트를 마무리하면서 그동안 빚진 분들에게 깊은 사의를 표하고자 한다.

먼저 그분의 선교에 우리를 초청해주시고 능력을 부어주신 살아계신 삼위 하나님께 감사드린다. 성경을 통해서 우리는 그 영원한 삼위 하나님의 공동체가 자신의 백성이 전 역사의 과정과 현재까지, 그리고 마지막 그날까지 지불해야 할 고난의 대가를 알고 계셨다는 사실을 확인할 수 있다.

우리는 선교에 참여하는 하나님의 백성으로서 수천 년간 박해와 순교를 당한 수많은 형제자매들에게 이루 말할 수 없는 빚을 지고 있다. 이 보배로운 존재들의 이야기는 끝이 없고 또한 경이롭다. 박해와 순교에 대해 연구하면 할수록 우리는 이것이 얼마나 크고 심각하며 오늘날에도 얼마나 현실적인 문제인지를 깨닫게 된다.

우리는 이과수에서 개최된 '이과수선교신학회의'(Iguassu Missiological Consultation) 참석자들에게 감사를 표하고 싶다. WEA-MC가 주관했던 그 회의는 1999년 말, 한 세기를 종료하고 더불어 새로운 천 년을 맞이하는 시점에서 선교의 핵심적인 이슈들을 다루기 위한 모임이었다. 이 모임의 참석자들은 MC 지도자들에게 많은 간행물에서 다루고 있는 다양한 주제들을 탐구할 것을 위임했다.

나는 개인적으로 두 분의 공동 편집인들에게 감사하고 싶다. 안토니아 반 데르 미르(Antonia van der Meer)는 화란계 브라질 사람으로 브라질과 앙골라에서 많은 사역 경험을 가진 살아 있는 하나님의 종이다. 그녀는 브라질의 '복음주의선교센터'(Evangelical Missions Center)의 개발 책임자이며 교사와 멘토로 섬기고 있다.

레그 레이머(Reg Reimer)는 베트남 전쟁 중에 사역을 시작한 캐나다 선교회의 지도자이다. 그는 베트남에서 공산주의가 득세한 후에도 그곳의 교회와 긴밀한 관계를 유지해왔고 베트남 개신교와 종교 자유에 대한 탁월한 권위자 중 한 사람으로 인정받고 있다. 그는 십여 년간 캐나다 구호단체를 이끌었고 최근에는 동남아시아 대륙에서 기독교 선교를 확장하기 위해 열심히 일하고 있다.

안토니아와 레이머가 이 책의 주제에 열정을 갖고 있다고 느꼈기에 나는 그들을 편집팀에 초청했다. 그들은 박해를 경험했고 신앙을 위해 순교한 사람들을 개인적으로 알고 있었기 때문에 이 책을 편집하기에 적절한 사람들이었다.

우리는 22개국 출신의 68명이라는 이 책의 많은 기고자들에게 깊이 감사한다. 그들 중 상당수가 영어가 외국어인데도 불구하고 이 프로젝트에 헌신해주어 감사할 따름이다. 그들은 자신들의 경험과 열정으로 글을 썼고 자신들의 모국어 성경을 인용하고 있다. 그들은 모두 '진정으로 성찰하는 실천가'들이다. 사역의 소용돌이 속에서도 진지하게 자신을 돌아보며 질문을 하는 사람들이다. 그리고 검증된 선교학적 전제들을 토대로 신실하게 일하는 사람들이다. 그들이 없었다면 이 책은 존재하지 않았을 것이다.

민속음악학 박사 과정 공부를 하는 중에도 이 책이 예술적 요소를 담도록 다듬어준 로빈 해리스(Robin Harris)에게도 크게 감사한다. 그의 가족은 시베리아 지역에서 수년간 그리스도를 섬겼다. 그녀는 현재 '민속예배학국제평의회'(International Council of Ethnodoxology)를 이끌고 있다. 그리고 매트 프라이스(Matt Fries)는 책 전체에서 사용된 성경 본문을 검토하는 데 도움을 주었다.

우리는 교열 책임자이며 미술가인 코 팔카(Koe Phlka) 여사에게 심심한 감사를 드린다. 그녀는 MC의 다른 발간물에도 탁월한 예술성과 전문성을 발휘한다. 그녀는 전업주부로서 남편을 내조하며 여덟 명의 자녀들을 키우는 것은 물론 30에이커의 땅에서 세 마리의 누비안 염소, 토끼 열 마리, 닭 열아홉 마리, 돼지 두 마리, 개 한 마리와 고양이 세 마리를 돌보면서 이 작업을 했다.

한편 캘런 라우(Kalun Lau)는 홍콩에 사역 기반을 두고 일하는데, 또 한 번 솜씨를 발휘하여 감방과 고문실을 연상시키는 강렬한 표지를 만들어주었다.

1. 독자들에게

나는 이 책의 원고들을 수집하고 편집하는 동안 『본회퍼: 목사, 순교자, 예언자, 스파이』(*Bonhoeffer: Pastor, Martyr, Prophet, Spy*, 2010)라는 책을 읽고 있었다. 저자 에릭 메탁사스(Eric Metaxas)는 20세에 일어났던 극적인 이야기를 훌륭하게 풀어냈다. 우리 중 많은 이들은 본회퍼의 제자도와 공동체에 관한 저술들을 통해 영향을 받아왔다.

이 전기는 여러분이 읽게 될 책의 편집 과정에서 일종의 모퉁이돌 역할을 해주었다. 이 책을 읽어볼 것을 제안한다. 요한계시록 6:11은 본회퍼와 다른 수많은 순교자들에 관하여 예언하였다. 순교자들의 숫자는 아직 채워지지 않았다.

깊은 감동을 받을 준비를 하라.

신실하고 사려 깊은 독자들이여.

이제 이 책을 읽어가는 동안 능력을 주시는 성령으로 말미암아 그리스도의 고난을 여러분에게 주실 것을 살아 계신 하나님께 간구하고, 우리의 풍성한 역사를 심사숙고하는 가운데 진리의 증언자들로서 오늘날 우리가 어떻게 응답해야 할지를 생각해보라.

이 책을 어떻게 읽어야 효과적일까?

우선 책의 구조를 파악하기 위해 목차를 자세히 읽는 것부터 시작하라.

그 다음에 몰입해서 처음부터 끝까지 읽거나 아니면 개인적 관심에 따라 선택해 읽어도 좋다.

이 풍성한 식탁이 제공하는 다양함 속에서 여러분의 식사가 균형 있게 되도록 노력하라.

이 책을 읽은 후에는 미래의 그리스도의 교회를 위해 어떻게 여러분이 최선을 다해 기도하고 지원하고 헌신할 수 있을지를 성령 하나님께 간구하라.

심오한 의미로 가득 찬 예수의 이 예언적인 말씀을 기억하라.

> 화평하게 하는 자는 복이 있나니 그들이 하나님의 아들이라 일컬음을 받을 것임이요. 의를 위하여 박해를 받은 자는 복이 있나니 천국이 그들의 것임이라. 나로 말미암아 너희를 욕하고 박해하고 거짓으로 너희를 거슬러 모든 악한 말을 할 때에는 너희에게 복이 있나니, 기뻐하고 즐거워하라. 하늘에서 너희의 상이 큼이라. 너희 전에 있던 선지자들도 이같이 박해하였느니라(마 5:9-12).
>
> – 예수의 산상수훈 중에서

2. 글쓴이

윌리엄 테일러(William Taylor)는 제3문화에 속한 사람으로서 코스타리카에서 태어나 고등학교 마지막 학년에 이를 때까지 중앙아메리카에서 자랐다. 1967년 이본느와 결혼했고, 과테말라에서 태어나 이미 결혼한 세 명의 자녀와 일곱 명의 손주들이 있다. 라틴아메리카에서 삼십 년을 살았는데, 그중 1십칠 년은 이본느와 함께 과테말라에서 살면서 국제 CAM(Central American Mission)에 속해 있는 중앙아메리카 신학교에 근거를 두고 사역했다.

그는 달라스신학교에서 신학석사(Th. M.)와 오스틴에 있는 텍사스대학교에서 라틴아메리카 지역 연구로 박사(Ph. D.) 학위를 취득했다. 1986-2006년 WEA-MC 대표를 역임했고 현재는 시니어 멘토, 출판 코디네이터 및 '국제선교위원회'의 지도자로 일하고 있다.

편집한 책들로는 *Too Valuable to Lose: Exploring the Causes and Cures of Missionary Attrition*(William Carey Library, 1997)과 『21세기 글로벌 선교학』(*Global Missiology for the Twenty-first Century: The Iguassu Dialogue* [서울 CLC, 2004]) 등이 있다.

테일러는 WEA-MC 저널인 「커넥션스」(*Connections*)의 편집인으로 12년간 섬겼다. 또한 스티브 호크와 공동으로 『세계선교 핸드북: 타문화 사역 지침』(*Global Mission Handbook: A Guide for Crosscultural Service*, InterVarsity Press, 2009)을 저술했다. 현재는 멘토링과 도제 양육, 컨설팅과 저술, 그리고 강연과 강의 사역을 위해 만든 'Taylor Global Consult'의 회장으로 섬기고 있다(http://taylorglobalconsult.org). 테일러 가족은 텍사스 오스틴에 살면서 성공회그리스도교회에서 신앙생활을 하고 있다.

편집자 소개 및 개관

윌리엄 테일러(William D. Taylor)/전 WEA-MC 대표
레그 레이머(Reg Reimer)/WEA-MC 위원
안토니아 반 데르 미르(Antonia van der Meer)/브라질복음주의선교센터 개발 코디네이터

오늘날 '기독교인에 대한 박해'라고 구글 검색을 하면 0.24초 안에 8,570,000여 개 기사(2011. 10. 25)를 볼 수 있다. 그러한 엄청난 정보를 갖고 우리가 할 수 있는 것은 무엇일까?

우리가 언급하는 몇 가지 자료들은 서로 다른 관점에서 우리에게 중요한 정보를 제공해준다.

첫째, '종교와 공적 삶에 관한 퓨포럼'(Pew Forum on Religion and Public Life)에서 최근 "종교의 자유에 대한 제약 증가"라는 제목으로 발표한 국제 보고서다.[1]

이 보고서는 세계 인구의 삼분의 일이 종교적 제약에 직면하고 있다고 주장하는데, 그러한 종교 박해 중 75%는 기독교인들을 향한 것이다.

---

1 http://pewforum.org/government/rising-restrictions-on-religion(2).aspx.

둘째, '종교자유국제연구소'(International Institute for Religious Freedom)에서 발행한 것이다.

우리는 '바트 우라흐의 요청'(Bad Urach Call)이라는 성명서의 요약을 여러분에게 제시할 것이다.[2] '바트 우라흐 성명서'는 우리가 다루려는 주제들에 대해 고도의 발전된 신학적 평가를 담고 있다.

셋째, 미국 '오픈도어즈선교회'(Open Doors)의 자료다.[3]

그중 한 보고서인 '세계기독교감시목록'(World Watch List)에는 박해 국가들의 압제 정도 순위가 나타나 있다. 상위 50개 국가들은 심각한 박해, 압제, 혹독한 제한 등의 문제를 갖고 있는데, 그들 중 38개는 이슬람 국가, 8개는 세속 혹은 마르크스주의 국가, 1개 힌두 국가(인도), 그리고 1개 불교 국가(스리랑카)다.

'세계기독교감시목록'은 종교적 자유의 다양한 측면들을 포함한 50개 질문들로 구성된 설문 조사를 통해 밝혀진 것이다. 각 질문에 어떻게 답변되는가에 따라 1점씩 할당된다. 각 국가의 전체 점수가 기독교인을 가장 심하게 박해하는 '세계기독교감시목록'의 국가의 순위를 결정한다. 우리의 임무는 이러한 광범위한 자료들을 사용해 전 세계의 박해의 정도와 심각성에 대한 각성을 확산시키는 것이다.

기타 자료는 이 분야에 관련된 중요한 기독교 기관 중 탁월한 협력 네트워크를 형성한 '종교자유파트너십'(RLP, Religious Liberty Partnership)의 자료다.[4] WEA '종교자유위원회'의 연구 및 분석팀은

---

2 http://www.iirf.eu/fileadmin/user_upload/pdfs/the_bad_urach_call.pdf, appendix A.
3 http://www.opendoorsus.org/persecution/world-watch-list.
4 http://www.rlpartnership.org.

RLP의 회원이며 그들은 정기적으로 유의미한 뉴스 리포트를 발표함으로써 이 문제에 대한 이해와 기도 그리고 행동을 촉구하고 있다. 더 많은 정보는 owner-wea-religiousliberty@hub.xc.org에서 얻을 수 있다. 매일 기도 요청 자료는 스마트폰에서 '순교자들의 목소리'(Voice of the Martyrs)라는 무료 앱에서 다운로드할 수 있다.

이 책이 편집되는 동안 가장 최근 발행된 뛰어난 단행본 자료로는 패트릭 존스턴(Patrick Johnstone)의 『글로벌 교회의 미래: 역사, 경향 그리고 가능성』(The Future of the Global Church: History, Trends and Possibilities, Biblica / InterVarsity Press, 2011)이다.

비록 현대에 이르기까지 확실한 통계적 자료가 거의 나오지 못하고 있지만 이 책만큼 교회 역사를 통해 흐르는 '박해의 물결'을 탁월하게 묘사한 책은 없다. 패트릭의 도표, 그림 그리고 이야기들은 그 책의 가치를 더해주었고 그의 예언적인 말과 예측은 모든 나라의 그리스도인들로 하여금 이 문제의 심각성을 깨닫게 할 것이다.

이 책 말미에는 보다 깊은 연구를 위한 추천 도서 목록과 세계 박해 현황이 게시된 웹사이트가 수록되어 있다(부록 1, 2). 이러한 자료들은 여러분으로 하여금 박해 현황을 파악하고, 중보기도와 문제 극복을 위한 활동에 참여하도록 도와주는 중요한 동반자가 될 것이다.

1. 위험의 감수 그리고 성경 다시 읽기

의심할 여지없이 세계 여러 지역에서 오늘날 기독교인이 된다는 것은 매우 높은 위험을 감수해야 하는 헌신이다.

그러나 이것이 새로운 사실인가?

역사적으로 볼 때 언제나 그래왔다. 기독교인들이 평화, 번영, 영향력 그리고 자신들의 신앙을 마음껏 표현하는 자유를 누리는 상황에서 살았던 적은 역사상 별로 없었다. 이런 '자유'는 기독교 역사에서 예외에 속한다. 오늘날 예수를 따르는 20억 명 이상의 사람들이 여러 형태의 괴롭힘과 온갖 박해와 순교의 가능성을 직면하는 상황에서 사는 것으로 추정된다.

성경 자체를 생각해보라!

우리는 성경 중 어떤 책들이 불확실성, 폭력, 추방, 압제, 기근, 해고와 같은 현실이 아닌 평화로운 상황에서 기록되었는지 여러분에게 묻고 싶다. 솔로몬의 아가가 그 예외일 가능성은 있다.

구약과 신약 중 첫 번째 책들을 보라.

모세오경은 이제 막 400년의 노예 생활을 끝낸 사람들에 대한 기록이다. 그들은 광야를 통과하며 하나의 민족으로 부상했고 거기서 하나님은 그들에게 참된 우주론, 삶의 가치들, 시민법, 자기 정체성 그리고 예배에 대해 가르치셨다.

복음서들은 기독교 시대 첫 세기 동안의 군사 독재, 황제 숭배, 추방, 피난, 박해의 물결, 로마의 통치라는 혹독한 상황에서 기록되었다. 사도행전은 예루살렘에서 시작되어 로마에서 마치는데 이는 당시 제국 권력의 심장부인 로마를 향한 반항적 지방에서 기독교 운동이 시작되었음을 말한다.

성경이 기록될 당시의 상황과 현실을 살펴보라.

성경을 그 원래 상황들 속에서 보고 그 다음에 우리 시대에 그 의미를 적용하는 것이 당연하지 않겠는가?

더구나 만일 불안, 괴롭힘, 박해의 상황을 겪어보지 않았거나, 그 시대를 함께 살고 있는 사람이 아니라면 오늘날 누가 우리에게 변혁적 제자도의 삶을 가르칠 수 있겠는가?

이 세상의 모든 교회는 하나님과 그분의 말씀, 그분의 백성들로부터 배워야 할 것이 너무 많다.

2. 공동 편집자들의 견해들

나는(안토니아 반 데르 미르) 마르크스주의자들의 핍박이 극에 달했던 십 년간 앙골라에서 사역했기 때문에 "박해와 선교"라는 주제에 대해 특별한 부담을 느껴왔다. 박해와 순교의 현장 속에서 나는 앙골라 형제자매들이 지혜롭지 않은 행동으로 말미암아 더 이상의 고통을 받지 않도록 많은 관심과 사랑, 지혜로 그들을 섬겼다.

내가 몸담았던 학생 사역 현장은 어떤 면에서 매우 어려웠다. 학생들은 그들의 신앙 때문에 강력한 반대에 직면했다. 나는 다른 선교사들과 함께 그들의 고통에 대해 염려했는데 왜냐하면 그들의 사역 환경이 열악했고, 적절한 준비와 목회적 돌봄이 부족했기 때문이다. 이것이 나로 하여금 "고통의 상황에서 사역하는 선교사들을 위한 적극적인 돌봄"이라는 주제로 박사 학위 연구를 하도록 이끌었다.

이러한 개인적 경험은 다른 사람들의 고통에 대해 더욱 민감하도록 만들었는데 그로 인해 내가 이 소중한 책의 일부를 감당할 수 있는 특권을 누리게 된 것에 대해 하나님께 감사한다. 나는 하나님께서 그분의 교회로 하여금 이 책에 나타난 필요들에 대해 은혜와 지혜로 대응할 수 있도록 도우실 것을 믿는다.

나는(레그 레이머) 이러한 대화에 기여할 수 있는 것을 큰 특권이라고 생각한다. 아마도 이것이 우연은 아닐 것이다. 나는 러시아에서 첫 번째 공산주의 혁명이 일어났을 때 피난해야 했던 부모에게서 태어났다. 나는 베트남을 섬기는 선교사로 부름받았는데 거기서 순교한 동료들의 장례를 치러야 했다. 베트남이 공산주의자들에게 함락당한 후에는 그곳에 있는 교회 지도자들로부터 박해받는 기독교인들을 지원하는 임무를 부여받았고, 심지어 해외로 탈출한 많은 피난민들을 섬겨야 했다.

나의 지원 사역은 기독교 박해, 특별히 공산주의에 의한 박해 현장에 대해 연구하는 계기가 되었다. 이것은 또한 성경 및 역사적 연구를 통해 길고도 광범위한 기독교인 박해에 대한 심도 있는 연구를 하게 했다. 나는 세계 교회에 대한 우리의 폭넓은 조사와 이 책에 대한 나의 작은 기여가 점점 더 위험해지고 있는 세상에서 선교를 위해 부름받은 사람들을 돕는 도구가 되리라고 믿는다.

내가(윌리엄 테일러) 우리 집안 내력에서 매우 중요한 조상 한 분을 발견한 것은 불과 몇 년 전이었다. 나는 1510년에 태어나 1555년에 사망한 영국 성공회 목사로 농촌 교회를 목회하던 로우랜드 테일러(Rowland Taylor) 박사의 직계 자손 중 한 명이다.

로우랜드 테일러는 케임브리지대학교 출신으로, 캔터베리 대주교인 토마스 크랜머(Thomas Cranmer)의 원목(chaplain)이었다. 또한 그는 성경 번역가로 잘 알려진 윌리엄 틴데일(William Tyndale)의 조카딸 마가렛과 결혼했다. 그는 개혁적 신앙으로 인해 여러 번 투옥당했고 수많은 무죄한 피를 그 손에 묻혔던 메리 여왕에 의해 영국 서퍼크에 있는 해들리에서 화형당했다. 존 폭스(John Foxe)는 그에 대해 다음과 같이 썼다.

그는 감옥이 복음을 위한 매우 풍성한 열매를 맺을 수 있는 장소라는 사실을 발견했다. 메리 여왕은 그리스도를 믿는 사람들을 얼마나 많이 투옥시켰던지 영국의 거의 대부분의 감옥들이 기독교 학교와 교회들로 변했는데 감옥들은 교회로 변화된 반면 교회들은 강도의 소굴로 전락했다.[5]

3. 이 책의 다른 저자들

우리 모두는 성경과 복음, 선교와 정의, 선포와 화해, 창조와 새 창조에 헌신된 복음주의자로서 집필했다. 우리는 다양한 문화, 국적, 인종, 사역 경험, 나이 등의 배경을 지니고 각자의 영역에서 지도자 역할을 한 이들이다.

우리는 신뢰할 만한 이야기들을 열정을 갖고 기록했다. 개인적 경험을 바탕으로 진술한 글도 있고 삶의 현실에 대한 사례 연구 중심의 글도 있다. 어떤 글은 보다 분석적이거나 역사적이고 어떤 글은 보다 학문적이고 많은 참고 자료를 사용했다. 공통적인 것은 모든 글이 진정성을 갖고 있다는 것이다.

우리는 전 세계 다양한 지역 교회들의 경험이 실제적으로 균형을 맞출 수 있도록 노력했다. 이것은 언제나 쉽지 않은 작업이다. 왜냐하면 대개의 경우 그곳에 존재하는 폭력과 고통의 소용돌이 속에서 한 걸음 물러나 성찰하고 집필할 수 있는 한가로운 시간이 거의 없기 때문이다. 이런 상황 가운데서도 위험을 무릅쓰고 기꺼이 글을 써준 사

---

5 영국 서퍼크감옥에서의 Rowland Taylor의 경험에 대해서는 http://rowlandtaylor.wordpress.com/2006/11/19/the-legacy-of-rowland-talor를 참고하라.

람들은 개인적으로 커다란 대가를 지불한 것이기에 우리는 그들의 목소리를 듣는 것을 영광으로 생각한다.

이 책에 기고한 저자들 중 다수가 자신들의 모국어로 글을 썼고 그 후에 영어로 번역되었다는 것을 기억할 필요가 있다. 이 책에 사용된 성경 구절들이 다소 어색하게 느껴질 수 있는 것은 저자들 중 다수가 원래 다른 언어로 쓴 것이기 때문이다. 우리가 문서로 작업 지침을 주었음에도 결과는 고르지 못하게 보일 것이다. 서구식 학문 기준에 들어맞지 않는 원고들도 더러 있을 것이다. 하지만 우리는 문서의 형식보다는 진정성이 여러분을 설득할 것이라 믿는다.

4. 이 책에 담긴 인용글들

이 책에는 장마다 개인이나 소그룹을 위한 질문들이 담겨 있다. 요약 정리된 이 질문들을 통해 여러분은 내용을 보다 생생하게 느낄 수 있을 것이다. 그것들은 시편에 있어 일종의 '셀라' 역할을 한다. 더불어 여러분은 주제와 관련해 엄선된 많은 성경 구절들을 볼 것이다.

또한 토니카의 브라질 학생 6명의 짧은 성경 묵상과도 마주하게 될 것이다. 미리암 애드니(Miriam Adeney)는 그녀의 놀라운 책, 『국경 없는 왕국: 전 세계 기독교의 밝혀지지 않은 이야기』(Kingdom without Borders, 2009)에서 13개의 이야기를 제공했는데 우리는 이 책 중간중간에 그 이야기들을 넣었다.

또한 히틀러에 의해 39세의 나이에 처형당한 디트리히 본회퍼(Dietrich Bonhoeffer)의 책에서도 중요한 내용을 인용했다. 그리고 '2010년 남아프리카공화국 로잔케이프타운대회'(2010 South Africa

Lausanne Congress)의 산물인 '로잔케이프타운서약'(Statements out of the Cape Town Commitment)으로부터 나온 선언들을 적절하게 삽입했다. 우리의 핵심 주제들을 창의적으로 전달하기 위해 다양한 예술 형태들을 이 책의 삽화로 사용했다.

5. 이 책의 제목

『박해와 순교: 현대 선교 현장의 박해와 순교 이야기』(*Sorrow and Blood: Christian Mission in Contexts of Suffering, Persecution, and Martyrdom*)라는 원제는 고통이 만들어내는 슬픔과 지난 2000여 년 동안 교회를 태동하게 했던 순교자들의 피를 말하고자 하는 것이다. 그것은 요한계시록 7:9-17에 나타나 있는 우리 주님 자신의 피를 말하기도 한다. 그것은 또한 요한계시록 6:10에 있는 순교자들의 다음과 같은 울부짖음에서 나온다.

> 거룩하고 참되신 대주재여 땅에 거하는 자들을 심판하여 우리 피를 갚아 주지 아니하시기를 어느 때까지 하시려 하나이까?(계 6:10)

부제는 우리의 토론을 고난, 박해 그리고 순교의 특별한 상황 속에서의 기독교 선교라는 틀 안에 다루고자 했다. 고난, 박해, 그리고 순교라는 이 세 가지 용어는 책 전체를 통해 상호 작용하고 있다. 그래서 제목이 『박해와 순교: 현대 선교 현장의 박해와 순교 이야기』이다. 제목과 내용이 무겁고 강렬하며 진지하고 참되고 성경적이며 또한 역사적이다. 오늘날 우리에게 시급히 당면한 주제인 것이다.

6. 독자들에게

사려 깊은 독자들은 긴장감을 갖고 눈물 흘릴 준비를 해야 할 것이다. 우리는 다가올 미래를 위해 우리의 세계를 확장하고 우리 자신과 가정, 사역을 준비해야 한다. 그 미래에서 확실한 것이란 오로지 하나님이 살아 계시고 그가 우리와 함께하실 것이라는 사실뿐이다.

참고문헌 [6]

Adeney, Miriam. 2009. *Kingdom without borders: The Untold Story of Global Christianity*. Downers Grove, IL: InterVarsity Press.

Bonhoeffer, Dietrich. 1976. *The Cost of Discipleship*, rev. ed. New York: Macmillan.

_____. 1986. Jugend und studium 1918-1928. In *Dietrich Bonhoeffer Werke*, vol. 9, eds., Hans Pfeifer with Clifford Green and Carl-Jürgen Kaltenborn. Munich:Chr. Kaiser.

_____. 1992. Barcelona, Berlin, Amerika 1928-1931. In *Dietrich Bonhoeffer Werke*, vol. 10, eds., Reinhard Staats and Hans Christoph von Hase with Holger Roggelin and Matthias Wünsche. Munich: Chr. Kaiser Verlag.

_____. 1996a. Illegale Theologenausbildung: Finkenwalde 1935-1937. In *Dietrich Bonhoeffer Werke*, vol. 14, eds., Otto Dudzus

---

6 본회퍼 인용 출처 중 독일어로 된 것들은 Douglas Bax에 의해 영어로 번역되었다.

undJurgen Henkys with Sabine Bobert-Stützel, Dirk Schulz, and Ilse Tödt. Gütersloh: Chr. Kaiser/Gutesloner Verlagshaus.

_____. 1996b. Konspiration und haft 1940-1945. In *Dietrich Bonhoeffer Werke*, vol. 16, eds., Jørgen Glenthøj, Ulrich Kabitz, and Wolf Krötke. Gütersloh: Chr. Kaiser/Gütesloner Verlagshaus.

_____. 1998. Illegale theologenausbildung: Sammelvikariate 1937-1940. In *Dietrich Bonhoeffer Werke*, vol. 15, ed., Dirk Schulz. Gütersloh: Chr. Kaiser/ Gutesloner Verlagshaus.

'고난 가운데서 예배하는 사람' – 박해와 순교에 대한 찬송가들

박해와 순교가 일상화된 나라의 찬송 작가들은 믿음의 찬송들을 통해 자주 그것을 표현한다. 이 책에서는 러시아 찬송 "나는 그리스도를 따를 것이다"(I Will Follow after Christ), 중국 시아민(Xiao Min)의 찬송 "시련의 한가운데서"(In the Midst of Severe Times), 에티오피아 테스파예 가비소(Tesfaye Gabbiso)의 찬송 "나는 잠잠하기를 거절하네"(I Refuse, I Refrain) 등의 찬송들을 볼 수 있다.

그에 비해 "박해와 순교"라는 주제는 미국과 영국의 찬송 작가들에게 관심을 많이 받지 못했다. 그래도 순교자의 신앙을 바라보고 그들을 본받기를 도전하는 많은 감동적인 찬양이 교회 찬송가들에 포함되어 있다.

이러한 주제들을 다루는 오래된 영어 찬송들이 많이 있다. 1827

년, 레지널드 히버(Reginald Heber)는 후일에 "하나님의 아들이 전쟁터로 나가신다"(The Son of God Goes Forth to War)고 알려진 시를 기록했는데 박해자를 용서하라고 도전하는 내용이다.

> 순교자는 무엇보다 독수리의 눈을 가졌다.
> 무덤 그 너머를 볼 수 있다.
> 하늘에 계신 그분을 본다.
> 그분에게 구원을 부르짖는다.
> 그분처럼 입술에 용서를 머금는다.
> 죽음의 고통 속에서
> 그분은 잘못을 범하는 사람들을 위해 기도하셨다.
> 누가 그 무리에 합류할 것인가?

이번에는 176년에서 재빠르게 오늘날 우리의 세계로 이동하자. 2003년 2월 28일에 그래함 켄드릭(Graham Kendrik)은 런던에 있는 중국 대사관 밖에서 구금자 석방 국제기독교연대와 합류해 "언제까지입니까?"라는 찬송을 불렀다.[1] 그 사건[2]의 현장은 무엇보다 그것이 촬영된 상황 때문에 감동적이다. 노래의 첫 부분은 우리의 생애가 신앙을 위해 고난받는 사람들의 모범을 통해 얼마나 영향받는가를 말하는데, 그들의 고통은 그들이 사랑하는 분께 드리는 예배이다.

> 주님, 자신들의 생명보다 당신을 더 사랑하는
> 우리 형제자매들이 부끄럽지 않게 살게 하소서.
> 그들은 고난받음으로 예배합니다.

> 십자가의 거리낌을 감수하고
> 당신의 이야기를 말하는 것을 부끄러워하지 않습니다.
> 당신을 알고 그 영광을 위하여 세상의 모든 자랑을 해로 여깁니다.[3]

2005년, 케이스(Keith)와 크리스틴 케티(Kristyn Getty)는 "시련이 올 때"(When Trials Come)라는 현대 찬송을 썼는데[4] 이 찬송은 고난이 우리의 신앙을 단련하는 불과 같고 하나님의 신실함을 이 세상에 드러내는 역할을 한다는 것을 일깨워준다.

> 시련이 올 때 더 이상 두렵지 않네.
> 왜냐하면 고통 속에 하나님은 우리에게 가까이 오시고
> 금보다 더 값진 신앙으로 연단하며
> 하나님의 신실하심을 이야기하도록 한다네.[5]

최근 어느 뮤직비디오에서는 영국 출신 래퍼들[6]이 세계 모든 박해받는 교회들의 고난을 위로하기 위해 노래와 랩을 보였다. 조지 룩[7]은 다음과 같이 썼다.

> "나에게 오라"는 강력하고 매우 흥미롭다. 그것은 랩 음악이 매우 심각한 이슈에 대한 인식을 불러일으키는 데 사용될 수 있음을 보여주는 훌륭한 사례이다.

이러한 것들은 영어로 된 찬송의 단지 몇 가지 예로 우리의 고난을 신앙의 눈으로 보도록 하고 세계 여러 곳의 박해받는 교회와 연

대할 것을 도전한다. 나는 이 책에 대한 응답으로 가까운 장래에 이런 형태의 예술적 표현이 박해받는 교회와 연관되어 더욱 많이 나오기를 기대한다.

- 로빈 P. 해리스(Robin P. Harris)

---

[1] 전체 노래 가사는 다음을 찾아보라. http://www.grahamkendrick.co.uk/songs/lyrics/how_long.php.
[2] http://www.youtube.com/user/presscreative#p/u/21/zMGlwAgvySc.
[3] Graham Kendirck, ©2002 Make Way Music, www.grahamkendrick.co.uk.
[4] Keith and Kristyn Getty,© 2005 Thankyou Music.
[5] See www.gettymusic.com/hymns.aspx?id=93 for the full lyrics and an audio sample
[6] Music Video by the Frontline(see http://tyniurl.com/OpenDoors-Coming-For-Me). Produced by Steven "G.P."Abramsamadu,©2010 Preacher Boy Music / Open Doors Youth, featuring Armor, Guvna B, E Tizz, NewDirection Crew, McGladius, Jahaziel, and S.O. The single is available from iTunes (http://tyni.cc/c45sp).
[7] From personal correspondence, October 23, 2011. George Luke is a writer, music journalist, and radio producer in the UK. He blogs at http://georgeluke.wordpress.com/.

머리말

고난의 신학

아지트 페르난도(Ajith Fernando)
스리랑카 Youth for Christ 대표

    선교의 세계화는 현대 교회에 있어 흥미로운 발전 중 하나다. 그러나 주류 세계에 살고 있는 우리에게 세계화는 종종 서구 세계의 관심사를 비서구 세계에 강요하는 것이라고 느껴진다. 우리는 교회가 그러한 올무에 빠지지 않도록 분명히 해야 한다. 범 세계의 교회 공동체들은 그리스도의 몸의 일부로서 서로에게 기여해야 한다.
    교회가 성장하고 있는 주류 세계의 기여에 대해 나에게 먼저 떠오르는 생각은 고난의 신학이다. 왜냐하면 성장은 고난 중에 이뤄지기 때문이다. 성경에서 고난은 그리스도인의 삶, 특별히 기독교 사역의 본질적 요소들 가운데 하나로 제시되고 있다. 우리 모두는 만일 그리스도에게 충성하고자 한다면 어떤 형태로든 고난에 직면하게 될 것이다.
    나는 이 책에서 그리스도인들의 헌신에서 비롯되는 사역의 긴장과 어려움에 초점을 두기 원하고 그 다음에는 우리의 문화적 환경에서 매우 받아들이기 어려운 부분들을 어떻게 수용할 것인가를 살펴보려 한다.

> 우리의 겉사람은 낡아지나 우리의 속사람은 날로 새로워지도다
> (고후 4:16).

> 그런즉 사망은 우리 안에서 역사하고 생명은 너희 안에서 역사하느니라
> (고후 4:12).

> 오직 모든 일에 하나님의 일꾼으로 자천하여 많이 견디는 것과 환난과 궁핍과… 수고로움과 자지 못함과 먹지 못함 가운데서도(고후 6:4-5).

> 이 외의 일은 고사하고 아직도 날마다 내 속에 눌리는 일이 있으니 곧 모든 교회를 위하여 염려하는 것이라 누가 약하면 내가 약하지 아니하며 누가 실족하게 되면 내가 애타지 아니하더냐?(고후 11:28-29)

이러한 성경의 본문들이 바울의 고난을 잘 보여주고 있지만, 우리와는 상관없는 것이라고 생각하게 만드는 현대의 문화적 장벽이 우리를 둘러싸고 있는 것 같다. 그 이유 중 하나는 동서양을 막론하고 현대 사회는 오직 생산성과 이익 추구에 사로잡혀 있기 때문이다.

고린도후서의 바울처럼 말하는 사람들은 그들 스스로 채찍질하여 건강하지 못한 삶을 살면서 가족과 동료들의 필요에 대해 무책임하여 고통스러운 삶을 자초하고 그들 스스로는 탈진할 가능성이 높은 사람으로 간주되기도 한다.

슬프게도 우리는 이런 사람들의 삶에서 실제로 비극적인 결말을 너무나도 자주 보게 되지만 하나님의 사랑(고후 5:14)이 동기가 된 그들의 헌신적인 삶과 사역은 오직 날마다 하나님과 교제하는 가운데서만 새로워질 수 있고, 그 가운데서 탈진을 극복할 수 있는 새 힘이 공급될

수 있다. 이런 헌신이야말로 거룩한 헌신이다.

하나님께 영광 돌리기 위해 우리는 하나님의 모든 명령을 순종해야만 한다. 따라서 하나님의 영광을 위해 헌신한 사람은 좋은 부모, 사랑스런 배우자, 동료들의 격려자 그리고 하나님 왕국을 위한 비전을 실현하는 사람이 되기에 힘쓸 것이다.

그러한 모든 일을 시도할 때 여러분은 바울이 말하고 있는 엄청난 신체적, 감정적 긴장과 어려움을 경험하게 될 것이다. 그러나 만일 그것이 거룩하게 이뤄진 것이라면 여러분은 탈진하지 않을 것이다. 또한 여러분의 가족과 동료들은 당신이 자신들을 방치했다고 비난하지 않을 것이다.

그러나 문제가 있다!

비서구 세계에 살고 있는 사람들이 읽고 있는 대부분의 성경공부 교재들은 부요한 서구에서 왔으며 이 영향을 받은 많은 사람들은 아마도 내가 여기에서 제안하는 행동들을 건강하지 못한 헌신이라고 볼 것이다.

자신의 소명을 위해 대가를 지불하는 사람들은 하나님께 불순종하고 있다는 말을 듣게 될 것이고 그들의 삶의 방식을 바꾸라고 도전받게 될 것이다. 만일 여러분이 고통을 당하고 있다면 아마도 무엇인가 잘못 행하고 있는 것처럼 보일 것이다.

이 문제는 오늘날 부요한 사람들의 이동성이 잦아짐에 따라 더욱 강화되고 있다. 사람들이 자주 직업을 바꾸고 이웃을 바꾸고 교회를 바꾸면서 장기적인 헌신은 문화적으로 드문 현상이 되어가고 있다. 아무리 어렵더라도 소명을 고수하고자 할 때 여러분은 고난에 직면하게 될 것이다. 그러나 사람들은 고난과의 불편한 관계에서 벗어나 편리를 따라 혹은 더 생산성을 높일 수 있는 기회를 찾아 이곳저곳으로 옮겨 다니는 데 익숙해져 있다.

  따라서 그들은 고난이 다가오면 회피해버릴 것이다. 그러나 불편한 가운데 인내하고 수많은 난관 속에서도 열매를 맺기 위해 노력하고 고난을 떠맡고 마음에 들지 않는 관계들을 견뎌낸다면 위대한 사명을 이룰 것이다.

  그러므로 우리는 주류 세계가 세계 교회에 기여할 수 있는 풍부한 공헌을 '선교의 세계화'가 약화시키지 않도록 주의할 필요가 있다. 자신들의 헌신 때문에 사람들이 고난을 받아들일 수 있도록 가르치자. 내가 지금 경고한 추세들을 역전시키는 데 있어 여러분이 지금 손에 든 것과 같은 책들은 하나님께 쓰임을 받을 것이다.

제1장

창세기에서 요한계시록까지
- 성경의 중심 주제로서의 박해

볼프강 해데(Wolfgang Haede)

창세기에서 요한계시록에 이르기까지 성경이 문자 그대로 박해와 고난[1]에 대해서 말하고 있다는 것을 발견한다면 상당수 서구 그리스도인들은 놀랄지 모른다.[2] 성경의 많은 책들이 고난의 맥락 속에서 쓰였거나(예. 욥기, 여러 시편들, 예레미야, 바울의 옥중 서신들) 혹은 박해에 직면한 사람들을 위해 쓰였다(예. 데살로니가전서, 베드로전서, 요한계시록).

물론 이 글에서는 박해에 관한 많은 예 중 겨우 몇 가지만 언급할 수밖에 없을 것이다.

---

1 박해는 의를 위해 받는 고난이며, 고난은 하나님께 순종하기 위함이다. 좀 더 넓은 그림을 보여주기 위해 나는 이 글에서 정확히 '박해'가 아닌 고난의 몇몇 형태를 포함시켰다.
2 이 글에 나온 대부분의 생각은 Glenn Penner와 그의 책 *In the Shadow of the Cross: A Biblical Theology of Persecution and Discipleship*(2004, 중국어판으로 출간됨-편집자 주)에 힘입었다. 나는 터키에서의 박해를 증언하는 동안 그의 책을 독일어로 번역하는 특권을 누렸다.

1. 타락 이후

아담과 하와가 죄로 타락한 후 하나님은 죄에 대한 형벌로 인간에게 고난을 주셨지만(창 3:16, 19) 사탄인 뱀의 머리를 상하게 할 구세주에 대한 약속(창 3:15)을 곧바로 선포하셨다. 또한 구원과 관련하여 구세주께서 견뎌야 할 고통, 즉 뱀이 "그의 발꿈치를 상하게 할 것"이라고 하셨다.

그렇다, 구원은 성취될 것이다!

그러나 그 와중에 여자의 후손과 그의 백성들에게는 많은 고통이 있을 것이다.

세계 역사상 처음 죽은 사람은 순교자였다. 가인은 그의 동생 아벨이 의로웠기 때문에(마 23:35) 그리고 그의 "더 나은 제사"(히 11:4)를 시기했기 때문에 아벨을 죽였다. 예수께서는 나중에 "의인 아벨의 피로부터… 사가랴의 피까지"(마 23:35 [참고. 눅 11:51])라고 말씀하시며 아벨을, 메시지를 선포하느라 죽임을 당한 사가랴 선지자(대하 24:20-22)와 같은 자리에 놓으셨다.

의로운 욥에 대한 자세한 이야기는 고난이 언제나 개인적인 죄의 결과는 아니라는 것을 아주 명확하게 해준다. 이유를 분명하게 알 수는 없으나 우리는 의롭기 때문에 고난을 당할 수 있다.

2. 고난받는 하나님의 백성들

이스라엘 백성들이 애굽에서 억압받고 멸종의 위협을 당하는 장면에서 우리는 박해의 새로운 측면을 엿볼 수 있다. 이스라엘 백성들은 노예로 일을 하거나 자기 아들이 죽는 것을 지켜봐야 했다. 그것은 개인적으로 지은 죄 때문이 아니라 단지 그가 선택받은 하나님의 백성에 속했기 때문이다.

이후 하나님의 백성 중 선택받았던 다윗 왕은 수년간 박해를 받으며 쫓겨 살아야 했다(삼상 19-31장). 거부당한 사울 왕이 기름부음받은 다윗을 죽이고자 했기 때문이다.

다윗은 많은 시편들을 지었다. 그중 상당수가 명백히 고난의 현장에서 쓰였고 어떤 것들은 심지어 그 제목에서 다윗의 박해 상황이 잘 드러나 있다(예. 시 34; 52; 54; 57; 59).

3. 선지자들은 자기 백성들에 의해 박해받았다

선지자들은 이스라엘 백성들에게 하나님과 모세의 율법으로 돌아오라고 요청했고 그 일로 박해를 받았다. 예레미야 선지자는 메시지를 선포하다가 박해를 받은 하나님의 사자의 가장 전형적인 예다. 대략 사십 년 동안 예레미야는 하나님의 말씀을 전하라는 명령에 순종한 것 때문에 고난을 받아야 했다.

그는 하나님께, 악한 자가 번성하는 것과 자신이 고난받는 것 사이의 차이를 설명해달라고 부탁했고(렘 12:1) 그가 받은 유일한 답은 심지어 그 고난이 앞으로 더 심해질 것이라는 것이었다. 선지자 이사야에게 하나님이 주신 메시지는 고난에 대한 새로운 면을 보여주었다.

고난은 단순히 죄의 결과이거나 혹은 죄인들을 징계하기 위한 방법만은 아니다. 고난은 단순히 하나님에게 순종하거나 혹은 하나님 백성의 일부가 되는 것 때문에 야기되는 것만은 아니다. 이사야에 의해 선포된, 주의 종이 당하는 고난들은 용서와 구원을 가져오기 위한 하나님의 방법이다.

> 그가 징계를 받으므로 우리는 평화를 누리고(사 53:5).

고난은 구원을 가져온다.

4. 하나님 자신의 고난

고난받는 주의 종에 대해 말하는 것은 인류의 구속을 위한 예수 그리스도의 죽으심을 말하는 것으로서, 우리는 이렇게 질문하게 될 것이다.

하나님이 고난당하시는가?

심지어 그가 인간 예수로 성육신하시기도 전에?

혹은 (철학자들이 말하듯이) 고난이란 불변하는 하나님의 속성과 모순되는 것 아닌가?

> 이에 예수의 얼굴에 침 뱉으며 주먹으로 치고 어떤 사람은 손바닥으로 때리며(마 26:67).

구약은 하나님이 어떤 외부적인 힘에 의해서 강제로 고난을 받을 수 없는 분임을 보여준다. 그러나 하나님은 사랑을 선택하셨고 (Penner 2004, 89), 사랑을 선택함으로써 버림받고 고난당하는 것을 마다하지 않으셨다. 구약에서 하나님은 인간에게 거절당함으로써 고난

받으신다(창 6:6; 사 63:10). 더욱이 백성들이 억압받을 때 그분은 자신의 사랑하는 백성들과 함께 고난받으신다(출 2:24; 사 63:9).

하나님은 징벌을 행할 때, 그리고 그분이 심은 것을 뽑아야 할 때 스스로 고난을 당하신다(렘 45:2). 하나님은 자기 백성들에게 쉬운 삶을 기대하지 말라며 그 백성을 준비시키기 위해(예: 바룩, 예레미야의 종, 렘 45:5) 강한 논조로 말씀하면서 스스로 고난을 당하신다.

5. 종말적인 환난의 선포

다니엘에는 "하늘 구름을 타고 오는" 인자가 하나님으로부터 권세를 받는다(단 7:13-14). 그와 함께 "지극히 높으신 이의 성도들이 나라를 얻을 것이다"(단 7:18). 그러나 정해진 기간 동안 그들은 박해자인 짐승의 "손에 붙인 바" 될 것이다(단 7:25). 다시금 우리는 창세기 3:15의 진리, 즉 승리로의 길은 고통을 통과해야 하는 길임을 보게 된다.

6. 고난받는 종 예수

종으로 오신 예수께서는, 고난이 없는 승리의 메시아를 기다리고 있던 사람들의 기대감과 직면해야만 했다. 그분은 베드로에게서 "그리스도시요 살아 계신 하나님의 아들"(마 16:16)이라는 고백을 들었지만 그 클라이맥스 직후 동일한 제자에게 "사탄아 내 뒤로 물러 가라"(마 16:23)고 책망하셔야 했다. 이는 예수가 고난의 길에서 벗어나기를 베드로가 원했기 때문이었다.

보라 우리가 예루살렘으로 올라가노니 인자가 대제사장들과 서기관들에게 넘겨지매 그들이 죽이기로 결의하고 이방인들에게 넘겨주어 그를 조롱하며 채찍질하며 십자가에 못 박게 할것이나 제삼일에 살아나리라 (마 20:18-19).

예수께서는 제자들에게 "자기가 예루살렘에 올라가… 많은 고난을 받을 것"(마 16:21)을 가르치는 데 시간을 들이셨으며, 심지어 부활 이후 지상에서 마지막 시간을 보내는 동안에도 성경을 전부 보이며 그 고난에 대해 가르치셨다.

그리스도가 이런 고난을 받고 자기의 영광에 들어가야 할 것이 아니냐?
(눅 24:26)

7. 제자들에게 고난과 순교를 준비시키는 예수

물론 예수께서는 "지극히 높으신 이의 성도들이"(단 7:18) 환난을 통과하게 될 것이라는 말씀을 아셨다. 하나님의 아들로서 그분은 베드로가 순교하게 될 것을 아셨다(요 21:19). 또한 우리가 초대 교회 역사에서 배우게 되는 것, 즉 열두 제자 중 유다와 요한을 제외한 모두가 예수께 대한 그들의 고백 때문에 죽게 될 것을 분명히 알고 계셨다.

그래서 예수께서는 열두 제자들을 전도와 병 고침을 위해 내보내실 때(마 10장), 장차 그들이 하게 될 세계적인 사역을 준비시키며 당상부분 박해에 관해 가르치셨다(마 10:16-42). 예수께서는 선교와 박해를 아주 연관이 깊은 것으로 가르치셨다. 사역을 위한 고난, 즉 사람들의 손으로 직접 당하는 이것은 박해라 부를 수 있다.

우리는 우리가 경험하는 매일의 삶 속에서 예수의 말씀을 격하하여 적용하는 데 익숙해져 있다. 그러나 예수께서는 그분의 친구들에게 "양을 이리 가운데로 보냄과 같도다"(마 10:16)라고 말씀하실 때 그들이 이리들에게 심하게 물어뜯기고 상하게 될 것임을 알고 계셨다. 또한 제자들에게 "누구든지 나를 위하여 제 목숨을 잃으면 찾으리라"(마 16:25)고 격려하실 때 그분은 자기 앞에 있는 사람들이 문자 그대로 순교자로 죽게 될 것을 상상하실 수 있었다.

제자들은 실제로 처형당하던 순간 "자기 십자가를 지고 나를 따를 것이니라"(마 16:24)는 예수의 명령을 분명 떠올렸을 것이다. 그들은 예수께서 단지 하나님의 분노를 모면하기 위해 사소한 몇 가지 어려움을 이겨내는 것에 대해 말씀하신 것이 아님을 알고 있었다.

8. 신약 교회의 고난

히브리서는 박해받던 그리스도인들을 향해 쓰였다(히 10:32-34). '믿음의 영웅들'을 소개한 11장에는 35절에 중요한 전환점이 있다.

> 또 어떤 이들은 더 좋은 부활을 얻고자 하여 심한 고문을 받되 구차히 풀려나기를 원하지 아니하였으며(히 11:35).

하나님은 자기를 의뢰하는 자를 언제나 다 구원하지는 않으셨다. 고난 가운데 견뎌내는 것은 더 큰 승리라고 할 수 있다.

야고보는 모든 성도에게 "여러 가지 시험(고난)" 중에도 "기쁨"을 누리라고 했다(약 1:2). 베드로전서는 "여러 가지 시험으로 말미암아 잠깐 근심하게 되지 않을 수 없었"던 오늘날의 터키 지역에 있는 예수의 제자들을 격려하기 위해 쓰였다(벧전 1:6).

9. 요한계시록: 환란 가운데 승리하는 교회

요한계시록은 밧모섬에 죄수로 있던 요한에 의해 기록된 책으로, 박해를 받거나(계 2:3, 9) 순교를 당하던 에게 해 지역 교회들에게 주어졌다(계 2:13). 모든 교회에게 주어진 부르심은 "이기라"는 것이다(계2:11, 26).

12장에는 창세기 3:15의 주제가 반복되고 더 진전된다. 가령 큰 용, "옛 뱀 곧 마귀"(계 12:9)가 여자와 그 여자의 아들 그리고 "그 여자의 남은 자손"과 싸운다(계 12:17). 창세기 3:15에서와 같이 누가 최후의 승자가 될지는 분명하다.

그러나 승리를 향한 길은 박해를 통과하는 길이라는 것 또한 사실이다. 이기는 자들은 "죽기까지 자기들의 생명을 아끼지 아니"한 자들이다(계 12:11).

그렇다!

인류 구원을 위해 일하시는 하나님의 이야기는 성경 전체를 관통하는 고난과 박해 그리고 순교의 이야기다. 요한계시록 6:9-11에서 우리는 순교자의 무리가 주님에게 부르짖는 것을 본다.

> 땅에 거하는 자들을 심판하여 우리 피를 갚아 주지 아니하시기를 어느 때까지 하시려 하나이까?(계 6:10)

그들은 "아직 잠시 동안 쉬되 그들의 동무 종들과 형제들도 자기처럼 죽임을 당하여 그 수가 차기까지 하라"는 말을 듣는다(계 6:10).

언제 심판이 올 것인가?

그것은 마지막 순교자가 죽임을 당하고 난 후일 것이다!

인류 역사상 최초로 죽은 아벨이 자기 믿음 때문에 순교를 당했던 자이듯이, 예수께서 다시 오시기 전 이 세상에서 죽게 될 마지막 사람도 순교자일 것이라는 것을 우리는 알 수 있다.

10. 성찰을 위한 질문들

1) 성경의 어떤 책들이 고난과 박해의 상황에서 쓰였는가?

2) 터키로 간 이 독일 선교사의 어떤 경험이 이 글을 쓰는 것에 대한 적절성에 크게 기여했는가?

3) 저자는 고난이 성경의 중요한 주제 중 하나라고 역설한다. 비교적 풍요롭고 평화로운 서구에 있는 그리스도인들은 왜 이러한 고난의 주제를 거의 인식하지 못하고 있을까?
그리고 그 영향은 무엇인가?

4) 만약 구원을 전하는 하나님의 방법이 고난을 통한 것이라면, 이는 우리의 전도 방식에 어떤 영향을 미쳐야 하는가?

참고문헌

Penner G. 2004. *In the shadow of the cross: A biblical theology of persecution and discipleship.* Battlesville, OK: Livig Sacrifice.

글쓴이

볼프강 해데(Wolfgang Haede)는 독일인이며 스위스 바젤에 있는 FETA(Freie Evangelisch-Theologische Akademie)에서 신학 석사학위를 받았다. 터키 안티옥 출신인 아내 자넷과 딸 드보라와 함께 그는 2001년부터 터키에서 교회 개척과 신학 교육 사역을 했다.

2007년 터키 말라티아에서 살해당한 세 명의 그리스도인 중 한 명인 네자티 아이든(Necati Aydin)은 자넷의 여동생의 남편이었다. 볼프강은 터키인 네자티 아이든의 삶과 죽음에 대한 책을 집필하여 2009년 독일어로 출판했다(*Mein Schwager: Ein Märtyrer - My Brother-in-law: A Martyr*).

제2장

번영복음에 대한 성찰

페미 B. 아델리예(Femi B. Adeleye)

1. 서론

'번영' 혹은 '건강과 부'의 복음은 교파를 초월하여 만연하고 있는, 가장 빠르게 성장하고 있는 '다른 복음' 중 하나다. 이 복음은 신자들이 건강과 부의 축복에 대한 권리를 갖고 있으며, 긍정적인 신앙 고백을 통해 또는 성실한 십일조 등의 헌금을 통해 '씨를 심음으로써' 이러한 축복을 얻을 수 있다고 주장한다.

비록 성경은 하나님이 그분의 백성을 축복하시고 그들의 필요를 공급함으로써 돌보신다는 사실을 인정하고 있지만 (또한 인간의 필요를 채우는 여러 방법을 타당하다고도 말하고 있지만) 번영복음은 물질적, 신체적인 안녕 자체를 목적으로 삼곤 한다. 번영복음은 기본적으로 물질적인 소유, 신체적인 안녕, 이 세상에서의 성공에 초점을 맞춘다. 그것은 풍성한 재정 자원, 건강, 편안한 의식주, 고가의 자동차, 직장에서의 승진, 사업이나 학업 등에서의 수고에 대한 성공을 포함하고 있다. 물질적인 소유와 복지의 확장은 종종 하나님의 승인과도 동일시된다.

2. 헌금에 대한 해석

한번은 조카에게 왜 주일에 교회에 가지 않느냐고 물었다. 그러자 그는 다음과 같은 이야기를 들려주었다. 조카는 목사의 설교를 듣고서 하나님이 자기 차를 벤츠로 바꿔주실 것을 기대하고 갖고 있던 폭스바겐 차를 교회에 기부했다고 한다.

그러나 몇 달이 지나도 기대가 현실화되지 않자 그는 하나님에게 실망을 느끼며 교회 가기를 멈추었다. 나는 그에게 하나님이 그를 실망시킨 것이 아니라 오히려 그가 잘못 인도를 받았다고 말해주었다. 조카는 번영을 설교하는 교회를 다니고 있었고 헌금 시간 때문에 끌렸던 것이다.

과거에는 대부분 교회에서 예배가 말씀 선포를 중심으로 진행되었고 그 설교는 아주 경건했다. 그러나 오늘날 많은 교회에서는 (적어도 비서구에서는) '헌금 시간'이 초점이 되고 있다. 흔히들 "헌금 시간은 축복된 시간"이라고 말하는데 헌금 시간이 곧 투자하는 시간이기 때문이다. 헌금은 종종 많은 수확을 기대하는 파종처럼 여겨진다.

말씀 자체는 헌금의 당위와 중요성을 지지하기 위해 왜곡되고 심지어 어떤 교회에서는 청중에게 헌금을 촉구하는 미니 설교가 있다. 이런 일이 예배 중 한 번만 일어난다면 걱정하지 않을 것이다. 어떤

교회에서는 한 예배 중에 대여섯 번의 헌금 시간이 있기도 한다.[1]

3. 성경 왜곡하기

나의 관찰에 따르면 청중에게 돈을 내도록 동기를 유발하고 촉구하는 데 사용되는 가장 보편적인 구절은 누가복음 6:38이다.

> 주라 그리하면 너희에게 줄 것이니 곧 후히 되어 누르고 흔들어 넘치도록 하여 너희에게 안겨 주리라 너희가 헤아리는 그 헤아림으로 너희도 헤아림을 도로 받을 것이니라(눅 6:38).

하나님의 모본을 따른다면, 사랑과 자비는 다른 성도들을 판단하기를 더디 하는 가운데 이뤄져야 한다. 성도들은 하나님께서 그들이 다른 이를 대하는 방식에 따라 그들을 대하실 것임을 깨달아야 한다. 따라서 이 구절은 무엇보다도 '관계'에 관한 것이다. 우리는 우리가 판단받기를 원치 않는 것처럼 다른 사람도 그런 식으로 대하거나 판단하지 말아야 한다.

이에 대해 "너희가 헤아리는 그 헤아림으로 너희도 헤아림을 도로 받을 것이니라"(눅 6:38)고 하신 것이다. 본문은 하나님께 물질을 드리고 그 결과로 무언가를 기대하라는 메시지가 아니다. 도리어 되돌려 받을 것을 기대하지 말고 섬기며 나아가 사랑하고 용서하라고 말하는

---

[1] 나는 최근 나이지리아 라고스의 한 교회에 있었는데(2008. 9. 21), 그곳에서는 몇 가지 목적을 위해 (가령 두려움에서 벗어나기 위해) 한 번의 예배 동안 여섯 차례의 헌금 시간이 있었다.

구절이다. 그러나 이런 의미가 왜곡되어 하나님이 우리가 헌금을 드릴 때 그 드린 것의 배로 혹은 백배로 돌려주신다는 식으로 이해되고 있다. 한 번의 예배에서 여러 번의 헌금을 받는 것이 보편적이다.

"나는 백만장자입니다"(I am a millionaire), "가난한 자 부하게"(Let the poor say I am rich) 같은 노래들은 하나님이 물질적인 축복으로 보상해주실 것을 기대하는 가운데 유행했다. 건강과 부 등의 축복들에 대해 긍정적인 고백을 하라는 격려가 이뤄지고 있다.[2]

이 구절을 헌금을 걷는 데 대한 근거로 사용하고 있는 사람들 중에는 대개 같은 장에 나오는, 주 예수의 부에 관한 강력한 경고의 말씀을 예로 드는 사람은 별로 없다. 예를 들어 누가복음 6:24-25에서 예수께서는 이렇게 말씀하신다.

> 그러나 화 있을진저 너희 부요한 자여 너희는 너희의 위로를 이미 받았도다 화 있을진저 너희 지금 배부른 자여 너희는 주리리로다 화 있을진저 너희 지금 웃는 자여 너희가 애통하며 울리로다(눅 6:24-25).

마태복음 7:1-5에서는 실제로 누가복음 6:36-39 본문에 더 밝은 빛을 던져주고 있다. 두 구절 다 인간관계에 초점을 맞추고 있다.

어떤 사람은 요한삼서 2절을 번영복음에 대한 근거로 사용한다.

> 사랑하는 자여 네 영혼이 잘됨 같이 네가 범사에 잘되고(prosper) 강건하기를 내가 간구하노라(요삼 2절).

---

2 나는 이것을 나이지리아 라고스에 있는 Gabriel Oduyemi's Bethel Chapel과 다른 교회들에서 보게 되었다.

그러나 여기서 사도가 잘되기를 바란다고 한 것은 무엇을 의미하는가?

저자가 의도한 대로 이 구절의 의미를 잘 연구한다면 다음과 같은 사실을 밝혀내게 될 것이다. 즉 영어로 'prosper'(잘되다)라는 단어는 헬라어 '위오두'(euodoo)에서 왔는데 그것은 '좋은 길, 도로, 여행'을 의미한다. 그러니까 저자가 말하고 있는 것은 "나는 당신이 좋고 건강한 인생 여정을 가게 되기를 바란다"는 것이다. 그 단어들은 반드시 부나 재물을 지칭하지는 않는다.

그리스도 삶의 증인이었던 요한이 무엇 때문에 "재물이 많기를 바란다"고 했겠는가?

요한복음 10:10의 풍성한 삶에 대한 구절 또한 종종 번영(prop)으로 사용된다. 그러나 생명을 위해 쓰인 이 용어는 '조에'(zoe)로서, 신체적이고 물질적인 삶을 가리키는 데 사용되는 '비오스'(bios)보다는 '영과 혼 속에 있는 생명'을 가리킨다. 예수께서 의도하신 대로 읽는다면 이 단어는 종종 번영복음의 설교에서 강조되는 '부'를 의미하지 않고 "당신의 영혼이 풍성한 생명을 갖게 되길 원한다"는 의미가 된다.

이 번영복음의 석의(hermeneutics)는 속 시원한 답을 제공하기보다 더 많은 의문을 일으킨다.

가령 그것은 사람들에게 십자가를 강조하고 긍정하게 하는가?

그 가르침으로 도움을 얻는 사람들의 삶의 양식은 그리스도 십자가의 본질과 일치하는가?

한 가지 분명한 것은 예수께서는 번영복음을 전파하거나 가르치지 않으셨다는 것이다!

세상 소유에 대해서 그분은 오로지 경고성 메시지만 전하셨다. 예를 들어 그분은 아주 일찍이 분명히 말씀하신다.

> 삼가 모든 탐심을 물리치라 사람의 생명이 그 소유의 넉넉한 데 있지 아니하니라(눅 12:15).

현대의 설교자들과 달리 예수께서는 헛된 부에 대항하여 경고하셨다(마 13:22). 사실 그분은 세상 부를 "불의한 맘몬"(눅 16:9)이라고 부르셨다. 돈은 그 자체가 하나님께 속한 우리의 충성심과 경쟁하려는 경향이 있다. 우리의 삶을 지배하는 우상이 되려는 경향이 있다. 이것이 바로 예수께서 우리가 하나님과 관계하는 데 있어 돈에 대해 경고를 하신 이유다.

> 집 하인이 두 주인을 섬길 수 없나니 혹 이를 미워하고 저를 사랑하거나 혹 이를 중히 여기고 저를 경히 여길 것임이니라 너희는 하나님과 재물을 겸하여 섬길 수 없느니라(눅 16:13).

> 사랑하는 자들아 너희를 연단하려고 오는 불 시험을 이상한 일 당하는 것 같이 이상히 여기지 말고 오히려 너희가 그리스도의 고난에 참여하는 것으로 즐거워하라 이는 그의 영광을 나타내실 때에 너희로 즐거워하고 기뻐하게 하려 함이라(벧전 4:12-13).

어떤 사람은 물질적인 번영에 무슨 문제가 있냐고 물을지도 모른다. 반드시 문제가 있는 건 아니다. 아주 흔하게 물질적인 번영은 신체적, 정서적인 안녕과 연관되어 있고 이것은 넓게 볼 때 대부분 사람들을 위한 하나님의 뜻이다. 구약에서 하나님은 아브라함을 비롯한 여러 사람들을 축복하셨으며 그들을 물질적으로도 번성케 하셨다. 하나님은 또한 부를 만들 수 있는 능력을 주신다(신 7:16-18). 우리도 그분의 부요하심을 따라 우리의 필요를 기꺼이 채우기 원하시고 그렇게 약속하시는 하나님을 섬긴다.

문제는 많은 교회들이 물질적인 번영을 얼마만큼, 어떻게 취해야 하는지 제대로 언급하지 않는다는 것이다. 물질적 번영에 이르는 데는 다양한 방법이 있다고 볼 수 있다. 가령 "누구든지 일하기 싫어하거든 먹지도 말게 하라"(살후 3:10)는 말씀에 따라 열심히 일할 수 있다. 또 열심히 일한 대가를 투자나 저축 등의 계획적인 방법으로 증식할 수 있다.

다른 방법으로는 절도, 도박, 투기, 구걸, 차용 등이 있을 수 있다. 교회는 이런 문제에 대해 적절한 가르침을 제공해야 한다. 그러나 안타깝게도 많은 교회들은 믿음의 씨 원리, 백배의 축복, "누르고 흔드는"(눅 6:38) 것과 같은 지름길이나 '땀 흘리지 않고 얻는 승리,' '힘들이지 않는 성공'의 아이디어를 제시하는 데 열심이다.

4. 뿌리로 거슬러 올라가기

번영복음의 뿌리는 미국의 TV 전도자들의 문화로 쉽게 거슬러 올라간다. 18세기 부흥과 20세기 복음주의 전통에서 비롯된 기독교 유산을 풍성하게 한 상황이 동일한 맥락에서 번영복음을 전 세계 지역으로 퍼뜨렸다. 수년 전 이러한 발전을 개탄하면서 고든 피(Gordon Fee)는 이렇게 말했다.

> 미국 기독교는 소위 '부와 건강'의 복음(비록 그 안에는 복음의 성격이 별로 없지만)이라는 서서히 퍼지는 질병에 감염되고 있다. 그것은 더더욱

뻔뻔한 형태를 띠며 다음과 같이 말한다.

"하나님을 섬기고 부자가 되라!"

그리고 더 점잖은, 그러나 치명적인 형태로, 부유한 교외 지역에 기독교의 영광을 위한다는, 1,500만 달러의 수정교회가 세워졌다 (McConnell 1990, 170).

미국에 뿌리를 둔 번영복음은 오늘날 세계 거의 모든 지역으로 퍼져나갔다. 아프리카, 유럽, 중동 그리고 심지어 한때 공산주의의 멍에 아래 있던 동유럽과 아시아의 나라들을 포함한 전 세계 많은 지역 교회들은 건강과 부의 복음을 통해 유명인 문화의 침략을 당했다.

그것은 예수 그리스도의 십자가를 위해서는 거의 여지를 남겨두지 않는 문화다. 많은 교인들이 유명 인사와 팝 문화의 거센 유혹에 저항하지 않고 물질적인 탐욕도 부인하지 않은 채 예수를 위해 살겠다고 말한다.

5. 번영복음의 몇 가지 단점들

번영복음의 단점들 중에는 예수의 사명을 기본적으로 우리의 죄로부터 우리를 구원하기 위해 오신 것으로부터 더 나아가 우리를 부요케 하기 위해 오신 것으로 왜곡하는 경향도 포함되어 있다. 번영복음의 진영에서는 대개 회개나 죄로부터의 구원을 언급하지 않은 채 부요케 하시는 예수만 설교하곤 한다. 나아가 이 번영복음은 하나님께 드리는 모든 형태의 드림이 기본적으로 예배 행위라는 것을 인식하지 못한다.

반면에 십일조와 같이 하나님께 드리는 헌금은 어떤 보상이 돌아오게 되는 하나의 투자라고 가르친다. 이는 사람들에게 잘못된 동기를 불어넣는다. 지금 여기라는 이 세상에서 물질적인 형태의 보상이나 상급을 받아야 한다고 운을 띄우며 헌금을 하라고 압박한다. 중요한 것은 이러한 번영복음이 예수를 물질적인 부자로 가르침으로써 그리스도의 인성을 왜곡하여 사람들을 잘못 인도하고 있다는 점이다.

예수께서는 궁핍하지는 않으셨지만 성경에서 알 수 있듯이 그렇게 물질적으로 부요한 분도 아니셨다. 번영복음은 또한 추종자들을 부당하게 희생시키면서 그것을 가르치는 이들의 탐욕을 만족시킨다.

더 나아가 번영복음을 가르치는 이들은 참된 복음을 제시하거나 하나님의 백성들의 영적 건강을 촉진하기 위해 노력하기보다 모금하는 데 더 많은 에너지를 쓰는 경향이 있다. 이것은 돈이 사람이나 전도라는 시급한 과업보다 더 중요시된다는 것을 암시한다.

6. 번영복음은 가난한 이들에게 복된 소식인가?

번영복음은 종종 가난한 자의 대변자라는 가면을 쓰고 있지만 대부분의 경우 목자들이 양떼를 갈취하기 때문에 기쁜 소식이라고 말하기 힘들다. 다양한 조작 수법에 반응한다고 씨를 심은 가난한 자들이 부유하게 되지는 않는다. 오히려 목사 같은 지도자들이 더 좋은 양복을 입고 더 좋은 차를 몰고 더 큰 집을 얻게 된다.

가난한 이들이 처한 곤경과 상처받기 쉬운 상황을 생각할 때 이는 매우 불의하고 부도덕한 일이다. 번영복음에 따라 씨를 계속 심는 자들 중 일부는 매일의 양식이나 거처, 자녀 학비와 같은 기본적인 것조차 확보할 능력이 없다.

왜 예수의 제자들이 가난한 자들에게 마땅히 주어져야 하는 존엄성과 존경심을 갈취하면서 부유한 자들에게 더 많이 초점을 맞추는 그런 복음을 지지해야 하는가?

종종 어떤 설교자들은 인간 이하의 조건에서 삶을 견디고 있는 사람들을 귀히 여기거나 그들의 상태를 향상시키기 위해 노력하는 대신 유행하고 있는 문화와 공모하여 그들로 하여금 풍요에 대한 비현실적인 지름길에 매달리게 한다.

가난한 자들을 대변하는 동안 가난 퇴치는 하나의 수억원대 규모의 비즈니스가 되고, 가난한 자들은 많은 경우에 혜택을 거의 받을 수가 없다. 이것은 가난한 자들에 대한 하나의 모욕일 뿐만 아니라 하나님에 대한 모독이기도 하다.

번영복음은 그릇된 기만에 대한 유혹 그 이상도 이하도 아니다. 그것은 적어도 아프리카에 있었던 내게는 매일의 삶의 도전들에 대한 비현실적인 해결책이며, 물질적인 성공에 대한 지름길을 제시함으로써 일에 대한 성경적인 가르침을 왜곡하는 것이다. 그 외에도 그것은 하나님을 '병 속에 갇힌 요정'으로 축소시켜서, 그분의 주된 일이 인간의 조작에 반응하는 것인 양 만들어버린다.

그것을 받아들이는 것은 바울이 디모데후서 3:1-5에서 디모데에게 경고했던, 돈을 사랑하는 위험에 빠지는 것이다. 번영복음의 영향력을 간과한다면 우리는 천국보다 지상에 마음이 매이게 된다. 하나님의 나라가 이 세상에 속한 것이 아니라는 사실을 잊게 되며, 하나님의 나라가 기본적으로 먹고 마시는 것이라고 가정한다.

일각에서는 번영복음이 실제로 역사한다고 주장하는데 문제는 그것이 누구를 위해 역사하느냐는 것이다.

헌금을 하는 자에게 역사한다는 말인가?

아니면 받는 자에게 역사한다는 말인가?

중요한 것은 많은 사람들이 믿음의 씨를 심으며 기대를 품었다가 열매를 보지 못한 것 때문에 전체적으로 참된 복음에 대해 환멸을 느낀다는 것이다. 우리는 이에 대해 또 한번 질문해야 한다.

7. 그렇다면 우리는 이 복음에 어떻게 반응해야 하는가?

번영복음은 기본적으로 돈에 관한 것이다. 우리는 그것이 그리스도의 삶과 그분이 십자가에 죽으신 목적 둘 다에 모순된다는 사실을 심각하게 인식할 필요가 있다. 이 거짓 복음은 돈을 격상시켜 오직 하나님만이 차지해야 할 우리 삶의 공간을 빼앗으려 한다. 만약 돈을 사랑함이 일만 악의 뿌리라면 물질적인 번영 그리고 돈의 그물에 걸려있는 다른 재화들에 대한 사랑도 자세하게 살펴봐야 한다.

우리는 점점 우리가 누구인가에 의해서가 아니라 무엇을 소유했는가에 따라 규정되고 있다. 물질적인 가치들은 우리가 생각하는 것보다 훨씬 교묘하고 손쉬운 방법으로 하나님에 대한 우리의 관점을 흐리게 하고 그분을 향한 우리의 열정을 사그라지게 하는 우상이 될 수 있다.

프랑스 신학자 자크 엘룰(Jacques Ellul)은 그의 책 『돈과 권력』(*Money and Power*)에서 "돈은 권력이요, 하나의 영, 하나님이 될 수 있는 존재 그리고 하나의 경쟁적인 주인이다"(Petersen 1987, 33)라고 주장했다. 더 나아가 그는 돈과 부를 구분하여 다음과 같이 말했다.

'부'(wealth)는 우리의 기쁨을 위해 하나님이 창조하신 선한 것들로 구성되어 있다. 반면 '돈'(money)은 사람들에게 그것을 세상적인 방식으로 끌어모으고, 쌓아두고, 내일은 더 많이 가질 수 있다고 확신시키며 사람들을 임의적인 규칙에 따라 나눈다. 돈은 단지 유혹만 하는 게 아니라 우리를 포로로 만들어버린다. 그것은 사람 주위에 거미집을 만들어 버리고 그것을 섬기라고 강요한다(33).

자크 엘룰에 동의하지 않더라도 우리는 그의 입장이 "너희가 하나님과 재물을 겸하여 섬기지 못하느니라"(마 6:24)는 예수의 입장과 별반 다르지 않다는 사실을 인정해야 한다. 번영신학에 대하여 짐 베이커(Jim Bakker)만큼 권위 있게 얘기할 수 있는 사람은 별로 없다.

짐 베이커는 출옥 후 「카리스마」(Charisma)와의 인터뷰에서 자신이 명성을 위해 1980년대 스타일의 바벨탑을 세웠다고 시인했다(1997). 그의 바벨탑은 3,000만 달러의 급여, 2,200명이 넘는 직원 규모의 비즈니스였다. 그는 이 PTL 스캔들(PTL[Praise the Lord]이라는 선교 방송의 후원금을 횡령한 사건 - 편집자 주)에 대해 회개하고 용서를 구했다.

「카리스마」와의 인터뷰에서 베이커는 이렇게 말한다.

예수님의 말씀을 공부하는 동안 나는 그분이 돈에 대해서 어떤 식으로든 좋게 말한 곳을 성경 어디에서도 찾을 수 없었다. 누가복음 6:24에서는 "화 있을진저 너희 부요한 자여"라고 말씀하셨고 마가복음 4:19에서는 "재물의 유혹"에 대해 말씀하셨다. 또한 마태복음 6:19에서는 "보물을 땅에 쌓아 두지 말라"고 말씀하셨고 누가복음 12:15에서는 "삼가 모든 탐심을 물리치라 사람의 생명이 그 소유의 넉넉한 데 있지 아니하니라"고 말씀하셨다(1997, 33).

우리는 번영복음을 거부할 수 있을 만큼 가난한 이들의 곤경을 진지하게 생각해야 한다. 그리고 간편한 지름길을 제시하는 대신 그들의 필요를 진정으로 채울 수 있는, 더 나은 길을 모색해야 한다. 번영신학에 빠져 건전한 교리로부터 떨어져 나가는 교회에 대해 고통을 느낄 만큼 관심을 가져야 한다.

번영복음의 진영에 있는 사람들은 가난한 이들의 운명을 중진하기 위해 일하는 대신 그들을 변두리 인생으로 만든 사회 구조적 상황에 동의하고 이를 지지하기 위해 성경을 그릇되게 이용한다. 어떤 이들은 강단의 신성한 공간을 맘몬 숭배의 전당으로 바꾸었다.

불의와 탐욕이 우상으로 숭배된 탓에 우리 주님은 재물에 대해 그처럼 강한 단어를 쓰실 수밖에 없었다. 우리는 신성한 영역이 이같은 우상 숭배로 더럽혀졌을 때 주님이 유일하게 신체적으로 그분의 분노를 표현하셨다는 기록을 볼 수 있다.

존 스토트는 "삶이란 사실상 발가숭이의 한순간에서 또 다른 발가숭이 순간으로 가는 여정이다. 그래서 우리는 가볍게 여행하고 삶을 단순하게 살아야 한다"(1990, 246)고 말했다. 우리는 그가 전한 이 진리를 심각하게 받아들일 필요가 있다.

8. 성찰을 위한 질문들

1) 베풂이나 나눔, 수혜와 관련하여 번영복음은 어떻게 성경을 왜곡하고 있는가?
당신은 번영복음의 어떤 열매를 목격하고 있는가?
번영복음으로 인해 그릇된 기대를 품었다가 낙심한 이들을 어떻게 도울 수 있을까?

2) 예수께서는 물질적인 부를 추구하는 것에 대해 어떤 조언을 주셨는가?
언제 물질적인 번영에 대한 태도가 건강하다고 느꼈는가?
또한 언제 그 태도가 위험하게 되었다고 느꼈는가?

3) 아프리카의 가난한 이들이 번영복음을 따를 때 어떤 결과가 초래될까?
가난한 이들의 필요에 반응하는 더 좋은 방법은 무엇일까?

참고문헌

Bakker, J. 997. *Interview with Charisma*, February: 48.

McConnell, D. 1990. *The promise of health and wealth*. London: Hodder and Stoughton.

Peterson, R. 1987. "Modern voices: Christian and money." *Christian History,* vol. 6, no. 2.

Stott, J. 1990. *Issues facing Christians today.* London: marshall Pickering.

글쓴이

페미 B. 아델리예(Femi B. Adeleye)는 아프리카 안팎에서 30년 이상 학생 사역을 해왔다. 현재는 IFES(International Fellowship of Evangelical Students)의 '파트너십과 협력' 분과 부총재로 활동하고 있다. 또한 랭햄파트너십(Langham Partnership, 존 스토트 목사가 설립한 비영리단체로, 복음주의 목회자들 대상으로 교육, 훈련, 문서 운동을 진행하고 있다 - 편집자 주) 가나 지부에서 박사 과정 중에 있다.

본래 나이지리아 출신인 그는 나이지리아와 미국, 스코틀랜드, 짐바브웨에서 살았으며 지금은 아내와 함께 가나에서 살고 있다. 대표적인 저서로는 *Preachers of a Different Gospel*(2011), *Let No Man Despise Your Youth*(2000)가 있다.

제3장

선교사 훈련
- 고난과 박해, 순교의 상황에서

롭 브라인졸프슨(Rob Brynjolfson)

1. 위험에 노출되어

사역 훈련가들은 사람들을 하나님의 사역을 위해 준비시키는 과업을 아주 심각하게 받아들인다. 우리는 거기에 함축된 의미와 내재된 위험 부담을 의식하고 있다. 각 생명은 하나의 도박이며, 우리는 형편없이 훈련된 인력이 사역의 장으로 들어와 사역을 잠재적으로 퇴색시킬까봐 초조해한다.

물론 우리의 관심은 단순히 사역이 아니라 사람을 위한 것이다. 그러나 때로 우리는 우리가 속한 기관의 명예나 우리 자신에 대해 더 신경을 쓰기도 한다. 고난과 박해와 순교(SPM, suffering, persecution, and martyrdom)의 현장 혹은 그런 현장에서의 훈련은 또 다른 차원의 실제적인 불안을 야기한다. 이는 양심의 가책을 불러일으킬 수 있는 아주 실제적이고 긴 악몽과도 같다. 왜냐하면 우리는 우리 자신에게 "그와 같은 핍박과 고난의 지역에서 사람들이 살 수 있도록 그들을 충분히 준비시켜주었는가?"라고 질문하게 될 것이기 때문이다.

WEA-MC는 초창기부터 남반구의 선교 인력 투입과 선교사 훈련에 상당한 자원들을 투자했다. 선교 훈련은 WEA-MC가 후원한 현장 사역자의 탈락 요인과 유지 요소들에 초점을 맞춘 조사 연구를 통해 보다 체계적으로 이뤄졌다. 또한 이러한 요인과 요소들을 의도적으로 다루는 훈련도 효과적으로 개발되었다.

우리는 선교 훈련의 강조점이 내용 중심에서 결과 중심으로 옮겨가서, 타문화 사역을 위한 직업적인 기술을 습득하는 것은 물론 성품과 영적 자질들에 초점이 맞춰지기를 희망했다. 전인적, 통합적인 훈련에 초점을 맞춘 훈련은 선교 훈련에 있어 탁월성을 추구하기로 헌신한 사람들을 위한 슬로건으로 떠올랐다. 이제 우리는 고난과 박해, 순교가 실재하는 상황에서 사람들이 제대로 섬길 수 있도록 그들을 적절하게 준비시키는 훈련을 제공하고 있는지 물어야 한다.

어느 유명한 설교학 강사는 설교자들을 훈련하는 자신의 자격에 대해 다음과 같이 겸손하게 이야기했다.

"나는 최고의 설교가는 아닐지라도, 수천 편의 설교를 들었고 어떤 것이 좋은 설교인지 안다."

나는 SPM 상황에서의 선교사 훈련에 대한 연구와 문서 작업을 접하게 되었고, 적어도 이것이 그동안 내가 참여해온 어떤 훈련 프로그램에서도 초점이 된 적 없었다는 사실에 양심의 가책을 받았다. 나는 SPM 상황이나 그런 상황을 위한 훈련에 대해 전문성을 거의 갖추지는 못했다. 내가 이 주제에 대해 말할 수 있는 것이라곤 전 세계의 다양한 훈련 프로그램을 잘 알고 있다는 점 정도다.

10년 넘도록 각 선교 기관이나 프로그램의 훈련 목표 및 결과들을 수집하고 검토하면서 나는 SPM 영역에 대해 특별하고 의도적으로 제시하고 있는 교육 목표를 본 적이 한 번도 기억이 안 난다. 그래서 나는 이러한 부적절함이 알려지고 그 공백이 채워져야 한다는 걸 말하고 싶다. 이 글을 쓰는 동안 깨닫게 되었지만, 너무나 많은 우리의 프로그램들이 SPM 영역의 훈련에 대해 구체적인 교육 목표를 가지고 있지 않으며 의도적으로 언급하지도 않고 있다.

2. 성경적 모델

신약성경은 사역과 대인 관계에 대한 효과적인 훈련의 예들로 가득하다. 우리 주님은 기존의 학교 형식의 훈련 방식을 떠나서 작은 제자 공동체를 만들어 미션과 함께 걷고 숨쉬는 훈련 모델을 선택하셨다. 그분의 미션은 위험천만했고 궁극적으로는 고난과 박해, 순교로 끝나는 것이었다.

기록된 예수의 공식적인 교육적 훈시의 하나인 산상수훈은 박해 가운데 발견되는 축복에 대해 말하고 있다. 그러나 예수를 따르다가 박해받던 이들은 구약의 신실한 선지자들의 반열에서 발견될 것이다 (마 5:11-12). 다시 한 번 주님은 사역 인턴십을 끝내기 위해 제자들을 내보내실 때 다가올 어려움에 대하여 다음과 같이 제자들에게 말씀하셨다.

> 보라 내가 너희를 보냄이 양을 이리 가운데로 보냄과 같도다(마 10:16 [참고. 눅 10:3]).

제자들 사이에서는 유대 지역이 위험하다는 이야기가 공공연하게 돌고 있었다. 사도 요한은 제자들이 예수의 길을 반대하던 장면을 다음과 같이 기록했다.

> 랍비여 방금도 유대인들이 돌로 치려 하였는데 또 그리로 가시려 하나이까?(요 11:8)

잠시 뒤 도마는 동료 제자들에게 잠재적으로 죽음을 만날지도 모르는 그곳으로 가자는, 불길하고 음울한 제안을 한다. 사도는 이렇게 적고 있다.

> 디두모라고 하는 도마가 다른 제자들에게 말하되 우리도 주와 함께 죽으러 가자 하니라(요 11:16).

고난과 박해, 순교는 단순히 우연하게 만나는 사건이 아니었다. 추측컨대 주님은 제자들의 미래를 준비시키기 위해 이런 기회들을 의도적으로 사용하셨다.

에녹 완(Enock Wan)과 마크 헤딩거(Mark Hedinger)는 『21세기의 선교 훈련: 성경적 기초』(*Missionary Training for the Twenty-first Century: Biblical Foundations*, 스페인어로 출간된 책임)에서 사도 바울이 실행한 훈련 방법론과 내용의 여러 측면을 밝혀냈다.

그들은 "또 네가 많은 증인 앞에서 내게 들은 바를 충성된 사람들에게 부탁하라 그들이 또 다른 사람들을 가르칠 수 있으리라"는 디모데후서 2:2을, 사도 바울에 의해 사용된 실천적인 훈련 방법을 암시하는 결정적인 본문 중 하나로 지목하고 있다. 완과 헤딩거가 보듯이 사람들을 훈련하라는 이 명령에는 디모데와 주변 사람들이 증언했던 것들과 훈련에 필요한 요소들이 언급되어 있다. 가령 복음을 위해 감옥에 갇히고 매 맞고 고난당하는 등의 박해(행 16:22) 현황 그리고 그런 어려운 환경에서 전파되는 복음이 그려진다(행 18:5).

그들은 사도 바울의 모본을 따라 선교사 훈련 전략에는 6가지 전략이 포함되어야 한다고 결론을 맺는다. 그 전략 중의 하나는 "박해와 억압 중에서 어떻게 사역할 것인지를 강조하는 것"이다.

마크 헤딩거는 "통합적인 선교사 훈련의 패러다임을 향하여"라는 제목의 박사 논문에서 사도 바울의 선교사 훈련에서 발견되는 주제들을 살펴보고 있다. 더 강력한 주제 중 하나는 "반대에 대항하는 방어자로서의 선교사"다. 그는 디모데후서 2:9, 10, 14과 디도서 1:11의 성경 구절을 인용하여 박해를 포함한 반대에 대항하여 방어하는 네 가지 예를 열거하고 있다(93).

좀 더 자세한 분석에서 그는 사도의 훈련 모본에 근거하여 선교사 훈련에는 거절과 유기, 정부나 다른 권위자에 의한 학대, 종교적인 박해를 살피고 반대에 직면하는 방법을 모색하는 내용이 포함되어야 한다고 제안한다(154f). 또한 선교사는 반대에 대해 "하나님께서 인내에 대해 상 주실 것"(딤후 4:8)을 깨닫고 "복음과 함께 고난을 받고 인내하는 것"(딤후 1:8-12)을 기꺼이 감당하도록 훈련되어야 함을 역설한다.

3. 파노라마 살펴보기

초창기부터 WEA-MC는 고난과 핍박 같은 어려운 상황에 대해 사람들을 준비시킬 수 있는 책들을 출간해야 한다는 인식을 갖고 있었다. 로이스 맥키니(Lois McKinney)는 WEA-MC의 초기 출간인 『선교사 훈련의 국제화』(Taylor 1991)에 "선교사 교육을 위한 새 방향들"이라는 장을 실었는데, 그 글에서 선교사 훈련에 필요한 예측 요소 중 하나를 중심으로 다음과 같이 말했다.

> 북대서양과 2/3 세계에서 온 선교사들은 대개 비교적 부요한 사회적 위치에서 온 사람들이다. 그들은 점차 정치적 소요나 경제적 혼란, 종교적 박해 등에 직면하여 사역을 하게 될 것이다. 그들은 선한 생활 양식과 사랑의 선행, 사회 참여적 실천을 통해 가난하고 억압받는 이들을 어떻게 섬겨야 하는지 배워야 한다(McKinney 1991, 244).

그녀가 선교사들이 보다 부요한 나라들 출신이라고 추정한 것은 주목할 만하다. 21세기에는 이러한 패러다임이 달라지긴 했지만 어찌 되었건 선교 활동이 폭발적으로 활성화되었다. 우리는 정치적인 영향력이나 경제력이 약한 나라의 국민들이 어떻게 그들의 권리를 거부당하고 부당한 대우를 받거나 혹은 적절한 법적 절차를 밟을 수 없었는지 보아왔다.

전 세계의 신생 선교 인력은 보호와 법적 권리를 부인당하는 더 큰 위경에 처해 있다. 신생 사역자들이 정치적 소요와 경제적 혼돈, 종교적 박해 속에서 일하게 될 것이라고 한 그녀의 관찰은 정확하고 타당하다. '선한 생활 양식과 사회 참여적 실천을 통해' 섬기는 것에 대해 말한 마지막 부분은 현 상태를 완전히 반영하는 것은 아니다.

이것은 타당한 말이지만 선교사가 궁핍과 불의로 고통당하는 사람들을 위해 준비될 필요가 있음을 가정하고 있으며 위험한 환경에서 섬기는 선교사들에게 외적인 부담이 있음을 말하고 있는 것이다. 선교사들이 고난과 박해, 순교의 대상이 되지는 않을 것이라는 가정은 없어져야 한다.

서두 제목으로 나온 "위험에 노출되어"(In Harm's Way)라는 말은 이 분야에 대한 우리의 무지를 반영한 것으로, 앞으로 좀 더 많은 조사와 연구가 필요하다는 점을 암시한다. 나 역시도 현재에는 SPM 상황에서 섬길 사람들을 준비시킬 수 있는 선교 프로그램이 거의 없다는 데 동의한다.

우리는 다섯 개의 질문으로 구성된 설문지를 준비하여 경험 있는 선교 훈련가들에게 발송했다. 그들은 숙련된 훈련가들로, 각자의 담당 권역에서 이뤄지는 선교 훈련 현황에 대해 언급해줄 수 있는 사람들이었다. 실제로 이 설문지는 응답자의 담당 영역에만 한정되지 않고 일반적인 선교 훈련 프로그램에 대한 보다 포괄적인 차원의 내용을 다루고 있다. 응답자는 수가 적지만 브라질, 남아공, 서아프리카, 한국, 중동, 북미 등을 대표해주었다.

4. 이용 가능한 훈련 – 다섯 개의 질문과 일련의 대답들

첫째 질문

우리는 우선 응답자들에게 각 지역에는 고난과 박해, 순교의 상황에서 사람들을 섬기도록 훈련할 수 있는 프로그램이 있는지, 있다면 어떤 프로그램이 있는지 설명해달라고 요청했다. 한 응답자는 SPM이라는 주제가 좀 더 포괄적인 신학적 통합 속에서 다뤄져야 한다고 주장하면서 이런 식의 접근이 과연 타당한지 의문을 제기하기도 했다.

답변 1 신학적 통합

기독교 신앙에 대한 박해가 행해지는 나라에서 활동하던 한 응답자는 초창기 선교사 훈련 경험을 되돌아보며 다음과 같이 말했다.

> 우리는 '고난'에 대한 어떤 특정 과목을 갖지 않았다. 그러나 우리가 수업 중 이야기했던 모든 것은 동방 정교 / 이슬람 / 공산주의 박해의 현장이라는, 강력하고도 역동적인 상황에 깊이 뿌리박은 것이었다.

이 응답자는 "박해"와 같은 주제가 신학적인 틀 안에서 충분히 통합되어야 한다는 데 깊은 관심을 갖고 다음과 같이 말을 이어갔다.

> 최근 9년간(이 나라에서 지낸 건 총 19년) 깨닫게 된 것은 모든 신학 교육의 이론과 실제가 철저히 통합되어야 한다는 것이다. 나는 '박해'라는 특정 교육 프로그램이나 과목이 생긴다면 큰 의구심을 가질 것이다. 왜냐하면 이는 성경공부나 신학 등의 과목들이 그간 현실 세상과 제대로 상호 작용을 하지 않았음을 암시하기 때문이다.

이어서 이 응답자는 박해라는 '상황'이 없는 환경에서는 신학적인 통합이 거의 불가능하다고 말했다. 많은 서구 국가들은 짐작컨대 박해라는 것을 모르기 때문에 이런 어려운 상황 속으로 갈 선교사들을 훈련하기 위한 코스나 학습 경험을 고안하는 데 부족함이 많다는 것이다.

그에 따르면 이제는 어떤 형태로든 신학적 통합의 작업이 이뤄져야 할 때다. 그게 가능하지 않다 하더라도 이 필요를 조금은 더 직접적으로 다뤄서 미국이나 유럽, 또는 박해가 없는 지역에서 파송받는 선교사들이 그들 앞에 닥칠 과업을 얼마간 준비할 수 있게 해줘야 할 것이다.

답변 2 내재된(Implicit) 훈련

아시아의 대표적인 선교사 훈련 프로그램으로는 SPM과 관련해 고안된, '직접적인 훈련 경험들'이라는 교육 활동들을 들 수 있다. 예를 들어 사례 연구와 임무 수행 보고와 같은 위기 관리 프로그램들을 말한다. 여기에는 알차게 계획된 반간접 혹은 간접 훈련 경험들도 포함된다. 반간접 훈련 경험들이란 타문화 전도, 타문화 제자 훈련, 타문화 교회 개척, 타문화 사역 전략과 같은 것이며 SPM 상황에서의 사역 훈련 역시 포함된다.

아마도 가장 강력한 훈련을 꼽으라면 '간접적인 훈련 경험들'이라 할 수 있다. 이것은 성격상 좀 더 비형식적이고 정서적인 것이다. 그 예로는 사역 철학, 생활 방식의 형성, 개별적인 지도 모임, 선교적 삶과 사역, 경건의 시간을 들 수 있다.

라틴아메리카의 훈련 프로그램의 경우에는 그 주제와 관련된 성경 공부에 강조점을 두고 있는데, 이 공부는 보통 소그룹이나 멘토와의 개별적인 만남을 통해 이뤄진다. 또한 박해받는 교회와 선교사들을 위한 기도도 크게 강조된다.

위의 두 예는 모두 SPM을 겉으로 부각하거나 하나의 독립된 훈련 주제로 삼고 있지는 않다. 물론 프로그램에 포함된 자연스런 학습 경험들은 사람들의 삶을 바꾸고 그들이 어려운 환경에 직면하도록 도울 수 있는 강력한 도구들이다. 그러나 교육 공학자는 "어떻게 이것을 의도적으로 프로그램화하여 결코 소홀히하지 않도록 할 것인가?"라고 끈질기게 물을 것이다.

답변 3 일반화와 이론적인 접근

신학적인 통합의 결여는 SPM 상황 바깥의 사람들을 훈련하는 데 있어 하나의 도전으로 강조되었다. SPM이 없는 지역에서의 훈련에 있어 또 다른 아주 심각한 장애는 그 주제를 일반화되고 이론적인 방식으로 접근하려는 경향이다.

아프리카 남부에서는 박해가 무엇을 의미하는지 진정으로 이해할 수 있는 사람이 별로 없다고 시인하는 응답이 왔다. 실제적인 고난이나 박해에 대한 노출이 없는 곳에서는 불가피하게 학습이 피상적인 수준으로 제한된다. 이 응답자는 다음과 같이 이야기했다.

> 이곳에서는 박해와 순교가 실제로 일어나지 않을 뿐더러 그에 대한 세계관도 확립되지 못했기 때문에 그에 대한 개념이 잘 알려지지 않았다. 우리 훈련학교에서는 그것에 대해 좀 더 깊이 언급하려고 하지만 여전히 일반적이고 이론적인 차원에서만 그 개념을 말하고 있음을 본다.

브라질에서는 학생들에게 실제적인 현장과 맞닥뜨려 경험하게 하는 매우 도전적인 인턴십 프로그램들이 있다.

> 우리 학생들은 실제적인 선교지로 간다. 편안하고 풍족한 교회가 아니라 사막과 다름없는 북동부의 극빈 지역이나 아마존 강가, 길거리를

배회하는 아이들, 외곽 지대의 부족, 국경 너머 지역 등으로 간다. 멘토가 그들과 동행하며, 훈련 후 학생들은 임무 수행 보고를 하게 된다.

타문화 적응이나 언어 습득처럼 우리 프로그램들은 학생들이 SPM의 실재에 대해 이모저모로 노출을 갖는 학습 경험을 하도록 노력해야 한다. 만약 우리의 상황이 SPM의 실재와 너무 멀리 떨어져 있는 것이라면 우리의 노력은 온전치 못한 것이다.

우리는 좀 더 창의적으로 훈련 프로그램을 고안하여 학생들로 하여금 그 주제에 대해 정서적으로도 참여하도록 도와야 한다. 시뮬레이션과 사례 연구는 그 주제를 정서적이고 실제적이고 역동적으로 학습하게 할 수 있다.

우리는 너무도 쉽게 이러한 SPM 훈련의 기술을 게임이나 간단한 활동을 통해 익히려 한다. 그런 점에서 경험적인 학습은 학생들로 하여금 이 주제에 정서적으로 참여하게 하는 유일한 길이 될 것이다. 우리는 정서적인 개입 없는 학습(즉 유의미한 정서적 학습의 부재)은 삶의 변혁을 끌어낼 수 없다는 연구 결과를 상기해야 한다.

5. 학습 목표의 부재

둘째 질문과 답변

SPM 훈련을 다루는 학습 목표를 제공하고 있는가에 대한 질문에 응답자 대부분은 그렇지 않다고 대답했다. 물론 아예 없는 것은 아니었다. SPM에 관련한 학습 목표의 예가 두 개 나왔는데 하나는 '하나

님의 선교 목적 받아들이기'이고 또 하나는 '하나님의 통치 인정하기'
였다. 이는 타당하고 중요한 학습 목표다.

그렇지만 SPM 상황에 대한 대처 능력을 실제로 키우도록 교육 과정이 고안되지 않거나 SPM에 관한 사항이 명료하게 언급되지 않는다면 훈련생들은 제대로 준비된 것이라 할 수 없을 것이다.

한편 SPM 훈련 성과가 현저하게 나오고 있다는 응답도 있었는데 한 예가 아시아였다. 아시아의 한 훈련생은 "고난과 박해, 순교의 상황들을 어떻게 다뤄야 할지를 구체적으로 배우고 있다"고 응답하면서 이 주제가 명료한 학습 목표와 함께 다뤄지고 있음을 알렸다.

나이지리아 역시 비슷한 응답을 해왔다. 그곳의 선교 훈련생들은 북부 지역의 갈등 문제 해결에 헌신하려는 이들로, SPM 상황에서 섬기기 위한 12개의 훈련 목표를 지식(know), 존재(be), 행동(action)이라는 영역 안에서 다루고 있었다.

> 내가 내 친구 너희에게 말하노니 몸을 죽이고 그 후에는 능히 더 못하는 자들을 두려워하지 말라 마땅히 두려워할 자를 내가 너희에게 보이리니 곧 죽인 후에 또한 지옥에 던져 넣는 권세 있는 그를 두려워하라 내가 참으로 너희에게 이르노니 그를 두려워하라(눅 12:4-5).

이러한 학습 목표들 중 몇 개는 아주 충격적이다. 풍요롭고 안전한 나라에 있는 기관들과 그곳 프로그램들 중에서 얼마나 많은 선교 훈련생들이 '대가를 지불할 준비가 되도록' 혹은 '죽을 각오를 하도록' 훈련하고 있다고 말할 수 있을까?

나는 45구경 피스톨을 몸에 소지하고 다니는 선교사를 알고 있다. 하지만 나는 우리 응답자들이 이런 식으로 '자기 방어 기술'을 학습하려 한다고 생각하지 않는다. 하지만 훈련생들이 박해에 직면할 것을 기대하는 상황에서 나온 학습 목표의 예는 훈련의 필요가 상황에 따라 어떻게 크게 달라지는지를 말해준다. SPM 상황에서 섬길 사람들의 '필요'에 초점을 맞춰 학습 목표를 만들지 않는다면 우리는 목숨을 위협받는 도전에 대해 사람들을 준비시키는 일에 실패할 수밖에 없을 것이다.

6. 우선권 세우기

셋째 질문과 답변

고난과 박해, 순교의 상황에서 섬길 수 있도록 사람들을 준비시키는 데 가장 우선시되는 것은 무엇인가?

이 질문에 대해 대부분의 응답자들은 영적인 기초라고 말했다. 어떤 응답자들은 이것을 좀 더 확장하여 영적 기초의 몇 가지 측면들을 언급하기도 했다.

그들에 따르면 훈련생들은 잃어버린 자에 대한 하나님의 궁극적인 목적을 이해하고 SPM에서의 하나님의 주권적인 목적을 파악할 필요가 있다. 또한 자신과 다른 사람의 생명을 보호하는 법과 성육신적인 영성 및 선교사의 희생적인 삶을 이해할 수 있어야 한다.

영적 기초와 더불어 지속적인 영적 성장도 강조되었다.

중동의 한 응답자는 "사람들이 그리스도의 고난에 참여하는 것에 대한 깊고 풍성한 신학적인 틀을 인식하고 있는지" 질문하고 있다. 그는 "젊은 지도자들을 위한 콘퍼런스에서 참석자들이 '만약 비자를 얻을 수 있다면 이민을 갈 것인가'라는 질문에 모두 손을 들었다"고 말하면서 다음과 물었다.

"SPM 상황에서 섬기는 것 외에는 다른 선택의 여지가 없는 사람들을 위한 훈련의 필요에 대해 우리는 어떻게 다룰 수 있을까요?"

7. 직면하는 도전들

넷째 질문

"SPM을 위한 훈련에서 직면하게 되는 가장 큰 도전은 무엇인가"라는 질문에 다양한 응답이 나왔다. 그 응답은 크게 '경험 있는 훈련자의 부족'과 '실제 상황에 대한 노출 부족'으로 나눌 수 있다.

답변 1 경험 있는 훈련자의 부족

선교 현장에 투입할 자원이 충분치 않은 것도 문제이지만 무엇보다 실제적인 경험이 풍부한 훈련자가 많지 않다는 점도 큰 문제다. 중동의 한 응답자는 이렇게 말했다.

> 고난에 대한 말은 고난받지 않는 사람들에게는 공허한 것이다. 우리가 직면하는 도전 중 하나다. 다양한 상황에서의 고난과 박해, 순교의 이슈들을 다룰 시간과 전문적인 자문이 부족하다는 것이다.

답변 2 실제 상황에 대한 노출 부족

대부분의 응답자들은 SPM의 상황과 동떨어져 있다는 것은 훈련이 일반화되고 이론적인 수준에 머물러 있다는 것이라고 개탄했다. 그들은 SPM이 아닌 상황에서 이를 실제로 직면할 수 있도록 훈련하는 것은 어렵다고 말했다. 이것은 단순히 상황화된 선교사 훈련 커리큘럼이 부족하다고 말했던 한 응답자에 의해 암시되었다. 훈련은 교실 안이나 채플 경험으로 축소되고, 사람들은 이론과 실제를 통합할 수가 없다.

특히 부요하고 편안한 데 사는 사람들은 최일선에서 사는 사람들보다 더 큰 학습적 괴리를 직면한다는 것이다. SPM 상황에 가까운 훈련을 하는 어떤 사람은 여전히 이것을 하나의 문제로 보았고, "교인들이 제자화가 잘 되어 있지 않으며 선교를 위한 훈련도 잘 안되어 있다"고 언급했다.

어떤 면에서 이는 한국과 마찬가지로 하나의 세대적인(generational) 이슈다. 구세대 선교사들은 전쟁의 고난과 생존의 이야기들과 함께 자랐지만 이에 반해 신세대 선교사들은 풍요와 보호에 길들여진 채 훈련에 임한다.

라틴아메리카의 한 응답자는 성공과 번영의 가르침에 대한 강조가 특별한 도전이라고 했다. 사람들은 고난이 어떻게 우리 그리스도인의 증언 일부로 포함될 수 있는지 이해하지 못하고 있다. 중동에서는 이런 언급이 나왔다.

> 조금이라도 상황이 힘들어지면 선교사들이 이전보다 급속히 이탈해버리는데 이는 우리에게 분명한 메시지로 다가온다.

과거의 선교 운동 모델들이 박해나 고난에 대해 도피로 반응했던 점을 생각할 때 오늘날 선교사를 훈련한다는 것은 매우 큰 도전이다.

8. 더 나은 미래

다섯째 질문

고난과 박해, 순교의 상황에서 섬길 사람들을 준비시키는 데 있어서 당신은 무엇을 해야 하며 또 무엇을 할 수 있는가?

이에 대해 활기차고 열정적인 대답들이 나왔다. 나이지리아에서는 SPM 상황에서의 선교 훈련 프로그램 활성화를 위해 우리를 초대했는데 당시 공유했던 문서는 www.WEAResources.org 선교 부문에서 열람할 수 있다.

답변 1 고난의 신학

응답자들은 거의 동일하게 고난과 박해, 순교에 대한 진정한 신학을 개발하고 가르쳐야 할 긴급한 필요를 표현했다. 중동의 한 응답자는 기꺼이 대가를 지불하고자 했던 믿음의 영웅들의 영감 있는 이야기들을 나란히 가르쳐야 한다고 말했다.

아시아에서는 선교사들이 이러한 가르침을 사역 현장에서 상황화하는 데 도움을 받을 필요가 있다는 점에 관심을 표했다. 라틴아메리카에서는 고난의 신학이 교회에도 역시 흘러가야 한다고 제안했다.

고난에 대한 강력한 신학은 교회와 선교가 보다 희생적인 모습을 갖추도록 할 것이다. 요한복음에 나타난 지상명령은 예수의 말씀 속에 함축되어 있는 희생의 의미를 생각할 수 없는 자들에게 명백하게 이렇게 말한다.

아버지께서 나를 보내신 것 같이 나도 너희를 보내노라(요 20:21).

답변 2 이론과 실천

많은 훈련 프로그램들이 박해나 순교가 실제로 일어나지 않는 곳에서 이뤄지고 있기 때문에 응답자들은 고난과 박해가 실재하는 곳의 사람들과 상황들에 훈련생들을 연결시킬 필요가 있음을 보았다. 교실에서의 배움은 사람들을 박해에 대해 준비시키기에 확실히 부적합한 방법이다.

선교 기관들은 이론과 실천을 통합하는 학습 활동과 프로그램을 창의적으로 개발해야 한다. 그리고 훈련생들은 고난과 박해의 실재를 직접 보고 느낄 필요가 있다. 물론 실제 상황에 훈련생들을 노출시키는 것은 관리가 매우 어렵다. 인턴십이나 경험적인 학습 방법을 신중하고 조심스럽게 고안한다 하더라도 훈련생들은 SPM 상황에서의 사역이나 그 정서적 실재(realities)에 의해 충격을 받을 수 있다.

한 응답자는 선교사들이 여러 사례로부터 도움을 받고, 고난의 시간에 기꺼이 함께할 수 있는 외부자를 곁에 두도록 가르쳐야 한다고 제안했다.

답변 3 영적으로 성장하기

박해의 목전에서 효과적인 증언을 한다는 것은 많은 기술을 필요로 하지만 무엇보다 그것은 영적 성장과 성품 형성의 영역에 속한 것이다. 한 응답자는 이렇게 지적했다.

> 분명하게도 세상의 많은 미전도 종족들이 그 어느 때보다 폭력적이 되었다. 따라서 이제는 성품과 영성 형성을 강조하는 '지식 – 존재 – 행동의 훈련 철학' 속에서 선교사들을 강인하게 세우고 준비시켜야 한다.

지식 - 존재 - 행동의 훈련 철학이라는 말에서 응답자가 의미하는 바는 훈련에 관한 전인적, 통합적인 접근이라고 우리는 추정할 수 있다. 즉 단순히 지식이나 학적인 기술 습득에만 초점을 맞추는 것이 아니라 전인적인 면에서 훈련의 필요를 다루는 것이다.

9. 북반구와 남반구에서의 선교사 훈련

리서치에 참여하는 것은 그 자체가 경각심을 일으키고 해결책의 발견을 격려하는 학습 활동이다. 앞선 다섯 가지 질문의 설문지에 참여한 사람들은 SPM 훈련을 더 강조할 필요가 있다는 언급을 했다. 이는 나로 하여금 이전에는 간과되었던 이 주제에 대한 관심이 보다 확산되고 강화될 것이라는 확신을 갖게 만든다. 이제 각 기관들은 이런 훈련을 위한 프로그램과 학습 목표를 만들기 시작해야 할 것이다.

새롭게 만들어질 훈련은 우리 응답자들의 조언으로부터 유익을 얻을 수 있을 것이다. 즉 그 훈련은 반드시 강한 고난의 신학에 뿌리를 두고 이론과 실천의 통합, 영성과 성품 형성에 대한 강조를 특징으로 삼아야 한다는 것이다.

나는 고난과 박해, 순교의 상황에서 하나님 섬기는 것을 신실한 삶의 양식과 불가분의 것으로 이해하며 이를 배우고 있는 형제자매들에게 마지막으로 다음과 같이 호소하고 싶다.

비교적 편안하고 안전하며 풍요로운 상황에서 훈련을 구상하고 실행하고 있는 우리에게 선교 훈련이란 마땅히 어떠해야 하는지 보여주기 바란다. 또한 우리의 증언이 사람들을 구원하는 일에 긴요하고도 효율적으로 사용될 수 있도록 해달라. 우리로 하여금 영적인 성장을 통해 고난과 박해, 순교의 상황에 있는 신실한 종들의 성품에 기꺼이 참여할 수 있게 해주기를 바란다.

10. 성찰을 위한 질문들

1) 선교사 훈련의 도전들 중 하나는 이론과 실제의 통합이라고 밝혀졌다.
왜 이것이 중요할까?
선교사들을 훈련하고자 하는 상황에서 어떻게 이론과 실제를 통합할 수 있을까?

2) (이 장의 부록에 나오는) 나이지리아의 예, 즉 '고난과 박해 그리고 순교의 상황에서 섬기는 선교사들을 위한 결과 프로파일'을 읽

고, 다음 질문들에 답해보라.
이 훈련 목표들을 읽을 때 당신이 처음 주목한 부분은 무엇인가?
리스트에서 빠진 내용은 무엇이라고 생각하는가?

3) 성품과 영적 자질에 초점을 맞추기 위해 당신은 무엇을 제안할 것인가?(우리는 '존재'[Be]의 특징과 영적 자질을 상기하기 위해 이 프로파일을 사용할 수 있다.)

4) 훈련이라는 관점에서 당신은 어떤 기술이 필요하다고 생각하는가?(우리는 '행동'[Do]의 기술과 능력을 상기하기 위해 이 프로파일을 사용할 수 있다.)

부록

고난과 박해 그리고 순교의 상황에서 섬기는 선교사들을 위한 결과 프로파일

Missionary Training Partners International
Nigeria Graduate School of International Studies
P.O. Box 2723, Jos Plateau State
E-mail: mtpinigeria@yahoo.com

위 프로파일은 세군 아데코야(Segun Adekoya)가 만든 '고난과 박해, 순교의 상황, 특히 이슬람의 상황에서 섬기는 선교사들을 위한 역량

프로파일'을 각색한 것이다.

지식(KNOW)

① 옹호(advocacy)의 영역을 이해한다.
② 바람직한 통치(governance)의 특징을 묘사할 수 있다.
③ 이슬람의 역사와 친숙해진다.
④ 위기의 원인과 갈등 해결책을 말할 수 있다.
⑤ 적대적인 환경에서 사는 것과 극복하는 것을 이해한다.
⑥ 아랍어와 쿠란과 친숙하다.
⑦ 위기 예방과 관리를 위한 원리를 말할 수 있다.
⑧ 북 나이지리아에서의 상황화와 교회 개척의 기본을 이해한다.
⑨ 샤리아의 법적 시스템과 친숙하다.
⑩ 무슬림 세계관 내에서의 전도 원리들을 이해한다.
⑪ '지하드가 무엇인가?'라는 질문에 정확히 대답할 수 있다.
⑫ 성경과 쿠란의 유사점을 이해한다.
⑬ 성경과 쿠란이 이사 알 마시에 대해 무엇이라 말하는지에 대해 답할 수 있다.

존재(BE)

① 친화적이고 우호적인 성격을 갖는다.
② 생활 양식이 단순하다.
③ 순종으로 연단된 삶을 보여준다.
④ 용기 있는 태도를 갖고 있다.

⑤ 쉽사리 낙망하지 않는다.
⑥ 하나님의 음성을 경청한다.
⑦ 위험 부담을 안는 것을 두려워하지 않는다.
⑧ 하나님을 두려움 없이 섬긴다.
⑨ 다른 사람과 진정한 사랑으로 관계한다.
⑩ 다른 사람과 관대한 정신으로 관계한다.
⑪ 일이 잘못되었을 때 복수하려고 하지 않는다.
⑫ 용서의 본을 보인다.
⑬ 참된 지혜로 살고 다른 사람을 인도한다.
⑭ 은혜와 진리로 관용의 본을 보인다.
⑮ 기꺼이 대가를 지불하려는 희생적인 태도를 보인다.
⑯ 죽음에 대해 준비된 자세를 가진다.
⑰ 보호를 위해 하나님을 의뢰한다.

행동(DO)

① 축산에 능란하다.
② 언어를 배우기 위한 능력과 인내심을 보여준다.
③ 위기(트라우마) 후 상담과 트라우마 피해자의 재활을 위한 기술이 있다.
④ 북부의 문화(음식, 옷, 의사 전달 등)에 잘 적응한다.
⑤ 전도를 위한 중보기도와 영적 전투의 기술을 갖추고 있다.
⑥ 무슬림과 기독교 기관들 간 사업적 네트워크를 잘 운영한다.
⑦ 자기 자신을 적절하게 잘 방어할 수 있다.
⑧ 주어진 상황과 환경을 잘 이해하고 분별한다.

⑨ 문제나 박해의 초기 조짐을 알아보고 적절히 반응할 수 있다.
⑩ 타깃이 되는 확률을 줄이는 기술이 있다.
⑪ 적절한 생활 환경을 선택함으로써 안전을 증진시킨다.
⑫ 여성을 위한 사역의 기술이 있다.
⑬ 가르칠 수 있다.

참고문헌

Agron, D. 2002. *Learning objectives and instructional methods for eompentency based missionary training*. Ann Arbor, MI: Proquest Information and Learning Company.

Harley, D. n.d. *Equipping for ministry and mission.* http://oikoumene.org/fileadmin'files/wee-main/documents/p.5/ete/Equpping%20for%20ministry%20and%20mission%20-%20David%20Harley.pdf.

Hedingerm M. 2006. *Towards a paradigm of integrated missionary training.* http://www.globalmissiology.org/english/resource/Hedinger_missionary_training_2006.pdf.

Lewis, J.P. 1992. *International stakeholders' perceptions of missionary competenceis training profile*. Fort Collins, CO: Colorado State University.

McKinney, L. 1991. *New directions in missionary education, In Internationalising missionary training,* ed. W.D. Taylor, 241-250. Grand Rapids, MI: Baker Book House.

Sauer, C. 2008. Between advocacy and readiness to suffer: Religious liberty and persecution of Christians as topics at the World Evangelical Alliance General Assembly and its Mission Commisiion Consultation. http://worldevangelicals.org/pdf/Christof%20Sauer%20Pattaya%2009.pdf.

Wan, E., and M. Hedinger, n.d. *Missionary training for the twenty-first century: Biblical foundations.* http://ojs.globalmissiology.org/index.php/english/article/view/616/1550.

글쓴이

롭 브라인졸프슨(Rob Brynjolfson)은 캐나다인으로, 국제선교훈련 네트워크의 선교 분과 디렉터로 활동했었다. 현재는 WEA리더십연구소(World Evangelical Alliance Leadership Institute)의 소장으로 있다.

『통합적인 사역 훈련 설계와 평가』(*Integral Ministry Training Design and Evaluation*. William Carey Library, 2006)의 공동 편집인이자 '결과 중심의 교육 과정 설계 및 선교사 훈련'의 전문가다.

제4장

고난과 박해, 순교에 대해
- 교회와 선교단체 준비시키기

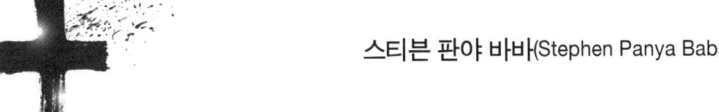

스티븐 판야 바바(Stephen Panya Baba)

1. 준비의 필요성

수년에 걸쳐 미전도 종족 그룹에 복음을 전하는 일은 놀라운 진전을 보여왔고 우리는 이로 인해 하나님께 영광을 돌린다. 그러나 하나님이 여호수아에게 "얻을 땅이 매우 많이 남아 있도다"(수 13:1)라고 말씀하셨던 것처럼 아직도 차지해야 할 땅들이 많이 남아 있다.

『세계 기도 정보』(Operation World [서울: 죠이선교회, 2011])에 따르면 여호수아 프로젝트 목록에 있는 16,350 종족 그룹 중에서 40.6%에 해당하는 6,645 종족만 미전도 혹은 최소의 전도만 이뤄진 곳으로 분류되었다. 더 나아가 미전도 종족에 속하는 28억 4,000만 명은 전체 인구의 41.1%다. 미전도 종족의 거의 대부분이 '10/40 창'에 속해 있다는 것이 우리의 관심을 크게 끌고 우리의 주제와도 특별한 연관성이 있다.

10/40 창은 대략 위도 10도와 40도 사이에 놓인 북아프리카와 중동 그리고 아시아의 사각형 지역을 말한다. 전 세계에서 가장 그리스도인이 적고 전도가 덜 된 50개 나라 모두가 이 지역에 위치해 있다. 이곳은 세상에 있는 미전도 종족 그룹의 90% 이상을 포함하고 있는데, 이는 복음이 거의 혹은 전혀 증거되지 못한 5,000개 이상의 부족과 언어 그룹이 있다는 말이다.

이 지역은 복음에 대해 저항이 높고 사탄의 진이 견고한 지역이다. 존 파이퍼에 따르면, 예수께서 명하신 것처럼 그들에게 전도하는 것은 위험 부담과 대가를 감수해야 하는 일이다. 선교하는 당사자나 그 가족 중 일부가 죽임을 당할 수 있다. 그래서 이 지역에 선교사 수가 가장 적다는 사실은 놀라운 일이 아니다.

이 광대한 미전도 지역에서 그리스도를 증거하는 일은 매우 큰 대가를 요구하는데 많은 사람들이 그 대가를 지불할 준비가 되어 있지 않거나 혹은 기꺼이 대가를 지불할 의사가 없다. 세계 복음화의 과업이 성취되기 위해서는 각 교회와 교회 파송 선교사들이 미전도 종족 그룹, 특히 10/40 창에 있는 종족들에게 가기 위한 대가 지불을 준비해야 한다. 즉 고난과 박해, 순교를 각오해야 한다는 말이다.

2. 교회와 선교단체의 준비 현황

복음의 증인이 되기 위해 다양한 교회와 교단 선교부로부터 선교사들이 선교지로 파송되고 있다. 이런 교단들은 수년에 걸쳐 어떤 특징들을 만들어내게 되었는데, 그것은 그들의 운영에 관한 신학적이고 교리적인 신조, 종교사회적이고 심지어 경제적인 환경 등을 포함하고 있다. 그러므로 어떤 교회들과 선교사들은 고난과 박해, 순교에 대한 그들의 의도적이고 성경적인 강조와 올바른 신학적, 교리적 관점 때문에 그것에 직면할 준비를 좀 더 잘할 수 있다.

예를 들어 2/3 세계의 많은 교회들은 고난과 박해, 순교의 면에서 많은 희생을 치른 서구 선교사들에 의해 개척되었다. 그리고 이렇게 개척된 교회들은 결과적으로 자신들을 위해 희생한 선교사들의 성경적 가르침을 따르게 되었다. 즉 그들은 기본적으로 선교 지향적인 교회들이 되어 희생과 인내로 잘 준비된 토착 선교사들을 수많은 다른 미전도 지역으로 파송할 수 있게 되었다.

사실상 내가 속한 교단 교회를 비롯해 많은 교단들이 가난을 영적인 덕목이라고 설교하거나 혹은 가난과 고난을 영성과 동일시하고 있다는 부당한 고소를 받아오고 있다. 나는 초창기 수단내지선교회(SIM, Sudan Interior Mission)의 원칙 중 하나는 선교 지향적인 교회들을 개척하는 일이라고 언급해왔다.

이것은 문서 사역과 성경공부 그리고 젊은 회심자들이 복음 사역에 참여하며 그들이 배웠던 것을 실천해나가는 도제 방식을 통해 이뤄졌다. 이는 SIM이 나이지리아에서 사역할 때 처음부터 그들이 실천하던 것이었다. 그들의 방식과 실천은 자연스럽게 선교 지향적인 토착 교회의 개척으로 이어졌고, 그들은 커다란 희생을 치르면서라도 기꺼이 다른 지역에 복음을 전하고자 했다.

유수프 투라키(Yusuf Turaki)는 고완스(Gowans)가 그의 어머니에게 보낸 편지 중 일부를 인용하면서 기존 교회에 전수된 SIM의 개척자적인 선교사들의 태도에 대해 회상하고 있다.

우리에게 있어 이 일에서의 성공이란 단지 이 나라에서 복음의 문을 여는 것이요, 실패란 기껏해야 두세 명의 현혹된 광신자가 죽는 것일 뿐입니다. 만약 우리가 실패한다면 그것은 믿음이 부족한 우리의 잘못입니다. 하나님은 신실하십니다. 그분은 실패하지 않으십니다. 심지어 죽음조차도 실패가 아닙니다. 그분의 목적은 성취됩니다. 하나님은 그분의 목적을 진전시키기 위해 산 자와 마찬가지로 죽음도 사용하십니다.
이만한 모험은 충분히 치를 만한 가치가 있지 않겠습니까?
6,000만 명이 위험에 처해 있습니다!
그렇게 많은 사람들을 위해서라면 우리의 생명도 버릴 만한 가치가 있지 않겠습니까?

투라키에 따르면 이러한 개척자적인 선교사들은 수단에 복음을 전하는 일에 착수하기 위해서 그들 앞에 있는 어떤 어려움이나 위험도 직면할 수 있는 영적 준비가 되어 있었다. 진실로 그들은 그랬다. 초창기 개척 선교사 3명 중 2명은 오늘날 나이지리아가 된 땅에서 1년도 채 안되어 죽었다.

그러나 하나님은 섭리적으로 롤란드 빙햄(Roland Bingham)을 살리셨고 그는 모든 난관을 거슬러 전진했으며 마침내 SIM 교회들을 세웠다. 이 교회들은 현재 ECWA(Evangelical Church Winning All, 모든 사람을 구원하는 복음주의 교회)라고 불리는 5,000개의 교회로 확장되었고 전 세계적으로 교인들이 600만 명을 넘는다.

무엇보다도 ECWA 교단의 '복음주의선교사회'(Evangelical Missionary Society) 선교사들은 북부 나이지리아의 질병이 만연한 오지와 극렬 이슬람 지역에서 사역을 계속해왔다. 이것은 개척자적인 선교사들로부터 이어받은 유산이며 다음 세대에게도 계속 전수되어야 할 유산이다. 최근 2011년 4월에 북부 나이지리아에서 있었던 그리스도인들을 대항한 무슬림의 소요 사태에서, EMS 선교사 중 한 사람인 이스마 도가리(Isma Dogari)는 납치를 당하여 모스크 안에서 그리스도를 부인하고 이슬람을 받아들이도록 강요당했다. 그가 거절하자 무슬림들은 그의 두 눈을 도려내고 얼마 지나지 않아 그를 죽였다.

어떤 교단들은 개척자적인 선교사들에 의해서 설립되었는데, 이들은 사역 초창기에 고난과 박해, 순교에 시달렸으며 결과적으로 강력한 탄력성을 갖게 되었다. 이것은 불타는 용광로에서 그들이 생존하도록 도왔을 뿐 아니라 그들로 하여금 비슷한 상황의 고난 가운데서 복음의 증인으로 준비되도록 가장 잘 도와주었다.

예를 들어 중국의 가정 교회가, 중국과 이웃한 미전도 국가들에서 예루살렘까지 가는 길에 복음을 전하자는 바람으로 시작한 운동 '백투 예루살렘 비전'을 전개하기로 했을 때 그들은 제일 먼저 그들 중에 있는 최고의 사역자들을 파송해야 한다고 생각했다.

누가 이런 최고의 지도자들인지 결정할 때 그들은 가정 교회의 지도자로서 적어도 10년을 지낸 자, 하나님의 왕국을 위해 많은 고난을 겪어낸 자 그리고 오랜 동안 사역의 열매를 많이 맺은 자들 가운데서 찾았다. 36명의 사역자 중 29명이 선교사로 파송된 후 며칠 만에 체포된 것을 보면 이런 기준은 꼭 필요한 것이었다. 그들은 예상했던 상황과 마주했고 이미 이에 대한 준비는 잘되어 있었다.

> 나의 교훈과 행실과 의향과 믿음과 오래 참음과 사랑과 인내와 박해를 받음과 고난과 또한 안디옥과 이고니온과 루스드라에서 당한 일과 어떠한 박해를 받은 것을 네가 과연 보고 알았거니와 주께서 이 모든 것

가운데서 나를 건지셨느니라 무릇 그리스도 예수 안에서 경건하게 살고자 하는 자는 박해를 받으리라(딤후 3:10-12).

희생적인 선교사의 모험에서 비롯된 열매이거나 고난, 박해, 순교의 와중에서 성장하고 발전한 대부분의 교단들은 자연히 그와 비슷한 고난의 지역을 전도하기에 더 잘 준비되고 적응되어 있을 것이다. 불행하게도 현대의 교단들이 개척한 많은 교회들은 이러한 어려운 배경으로부터 생겨난 특권을 갖지 못하고, 오히려 현대적인 쇼맨십 전도나 소위 번영신학적 복음의 소산이 되어버렸다.

번영신학적 복음은 주로 복음화된 사람들에게 기독교를 전파하고 있으며, 신자들이 자기 십자가를 지고 바울과 같이 그리스도의 몸인 교회를 위하여 그리스도의 고난의 남은 부분을 자신의 육체에 채우고자("나는 이제 너희를 위하여 받는 괴로움을 기뻐하고 그리스도의 남은 고난을 그의 몸된 교회를 위하여 내 육체에 채우노라"[골 1:24]) 하는 책임이 결여된 그러한 복음이다.

따라서 그들은 미전도 지역이나 복음화율이 낮은 지역으로 복음을 갖고 나가는 데 있어 준비되어 있지 않거나 기꺼이 그 대가를 지불하려 하지 않는다.

특히 서구 진영에 있거나 세계 인구의 대다수가 사는 남부의 일부 교회들은 시간이 흐름에 따라 안이해지고 자족하게 되었다. 그들은 전도의 불꽃과 선교사 열정을 잃어버렸고, 영혼들을 구원하는 유일한 수단과 능력이 된다고 그들이 고백하던 복음을 전파하기 위해서 안전지대를 벗어나 그 어떤 것도 불사하는 그런 모험을 꺼려한다.

역대상 12:32에 따르면 잇사갈 사람들은 시대를 이해하고 이스라엘이 행해야 할 바를 아는 자들이었다. 오늘날 우리는 교회와 선교단체들을 의식적으로 새롭게 일깨우고 준비시켜 21세기의 선교 도전에 직면할 수 있도록 해야 한다. 이것은 그들을 고난과 박해, 순교에 대해 준비시키는 것을 필수적으로 동반한다.

3. 이중적인 접근

일반적으로, 교회와 선교단체들을 고난과 박해, 순교를 위해 준비시키는 것은 두 가지 주요 관점에서 고려해볼 수 있다.

1) 신학적, 교리적, 영적 관점

현대 선교의 아버지로 알려진 위대한 윌리엄 케리(William Carey)가 세상의 미전도 종족 그룹들에게 복음을 전해야 할 교회의 신성한 책임에 대해 그리스도의 전체 교회를 다시 일깨우도록 영감을 준 것은 올바른 성경적, 신학적, 교리적, 영적 관점이었다.

현 시대에 교회가 소위 창의적 접근 지역, 즉 아직도 미전도 종족 그룹으로 남아 있는 곳에 복음을 전하도록 박차를 가하는 데에는 고난과 박해, 순교에 대한 올바른 성경적, 신학적, 교리적, 영적인 관점이 필요하다. 그들에게 복음을 전하기 위해서는 희생, 심지어 우리 생명을 내놓는 희생이 필요할 것이다.

교회는 촌(Tson) 목사가 "그리스도의 고난은 우리의 속죄(propitiation)를 위한 것이고, 우리의 고난은 전파(propagation)를 위한 것이다"라고 한 복음 진리에 대해 눈뜰 필요가 있다. 복음 전파를 위해 치러야 할 필수적인 대가로서 고난과 박해 그리고 순교는 성경에서 강조되고 있다. 이러한 것들은 교회와 선교단체에서 가르쳐지고 강조되어야 할 필요가 있다. 선교단체는 파송되어 나가는 선교사들이 이런 특정 성경 구절들에 아주 친숙하도록 해야 할 필요가 있다.

그 몇 구절들을 살펴보면 다음과 같다.

> 이에 예수께서 제자들에게 이르시되 누구든지 나를 따라오려거든 자기를 부인하고 자기 십자가를 지고 나를 따를 것이니라(마 16:24).

> 제자들의 마음을 굳게 하여 이 믿음에 머물러 있으라 권하고 또 우리가 하나님의 나라에 들어가려면 많은 환난을 겪어야 할 것이라 하고 (행 14:22).

> 사람들이 너희를 출교할 뿐 아니라 때가 이르면 무릇 너희를 죽이는 자가 생각하기를 이것이 하나님을 섬기는 일이라 하리라(요 16:2).

알라의 뜻을 수행한다는 명목으로 이슬람 광신도들이 죽이고 있는 수많은 순교자들에게 이는 얼마나 진실인지 모른다.

> 사랑하는 자들아 너희를 연단하려고 오는 불 시험을 이상한 일 당하는 것 같이 이상히 여기지 말고(벧전 4:12).

> 내 형제들아 너희가 여러 가지 시험을 당하거든 온전히 기쁘게 여기라 이는 너희 믿음의 시련이 인내를 만들어 내는 줄 너희가 앎이라 인내를 온전히 이루라 이는 너희로 온전하고 구비하여 조금도 부족함이 없게 하려 함이라(약 1:2-4).

우리가 처한 말세에 대해 요한계시록 13:5-7은 다음과 같이 말씀하고 있다.

> 또 짐승이 과장되고 신성 모독을 말하는 입을 받고 또 마흔두 달 동안 일할 권세를 받으니라 짐승이 입을 벌려 하나님을 향하여 비방하되 그의 이름과 그의 장막 곧 하늘에 사는 자들을 비방하더라 또 권세를 받아 성도들과 싸워 이기게 되고 각 족속과 백성과 방언과 나라를 다스리는 권세를 받으니(계 13:5-7).

분명 순교는 어떤 성도들에게 확실히 하나님의 뜻이다. 그러나 교회와 선교단체는 성도들이나 선교사들이 복음을 위하여 박해나 고난, 순교를 바라거나 추구하도록 격려해서는 안 된다. 고든 히스(Gorden Heath)는 박해를 고대하는 것에 대해 글을 쓰면서 초기 그리스도인들은 박해를 추구하는 사람들에 대해 경계했다고 말하고 있다.

초대 교회는 박해를 추구하는 사람들이 보통은 그것을 견뎌낼 수 없는 사람들이었음을 금방 알게 되었다. 고든 히스는 "박해란 있는 그대로 '피가 낭자하고, 고통스러우며, 비극적인 것'으로 보여질 필요가 있다"고 했다.

그리스도인은 박해를 예측하고 그에 대해 준비되어야 하지만 그것을 바라거나 추구해서는 안 된다. 만약 박해를 피할 수 없는 상황이라면 그때에는 고난당하라.

그러나 박해가 닥치지 않는 상황이라면 그것이 오기를 바라거나 의도적으로 자초하지는 말라.

교회와 달리 선교단체는 고난과 박해, 순교를 그들의 소명이라는 관점에서 하나님의 계획과 목적의 일부로 받아들일 준비가 되어 있어야 하며, 이것은 그들의 가장 위대한 성취(행함으로가 아닌)가 될 수 있다. 아도니람 저드슨(Adoniram Judson)은 하나님의 주권적인 은혜의 높은 동산 위에서 살았다. 그는 선교지에서 아내들과 자녀들을 잃었고 심리적으로는 우울증에 빠지는 등 너무나 많은 어려움에 직면했기에 다음과 같이 고백했다.

> 만약 이런 모든 부수적인 시련이 한없는 사랑과 자비에 의해 예비된 것이었음을 확실히 느끼지 못했다면 나는 산더미 같은 이 모든 고난 가운데서 살아남지 못했을 것이다.

성도들과 선교사들이 고난과 박해, 순교의 상황을 극복하고 전진해가도록 하기 위해서 교회와 선교단체는 성도들이 주님과의 개인적인 교제를 깊이 이어갈 수 있도록 거듭 강조할 필요가 있다. 많은 경우에 선교사는 고립되고 아주 어려운 상황 가운데서 사역하는 지경에 이르게 되는데, 이때 선교사의 개인 기도 습관과 주님과의 교제를 통하여 생겨나고 유지되는 내면의 영성이야말로 그들을 지탱해주는 것이 된다.

선교사들에게 체포나 구금, 심한 강제 노동을 강요받는 것은 드문 일이 아니다. 그러한 경우에는 대개 인간적인 교제와 도움이 박탈되기 때문에 그들의 생존을 위해서는 내면의 영적 역량이 유일한 자원이 된다. 만약 성도들과 선교사들이 내면의 영적 자원을 계발하는 데 충분한 주의를 기울인 자라면 고난과 박해, 순교의 상황에서도 전진할 수 있다. 이것은 중국 교회와 비슷한 환경에 처한 대부분의 나라에서 일어나는 보편적인 경험이다.

중국에서는 교회에 대한 잔인한 박해의 결과로 교회가 기독교와 관계된 모든 외적인 것들을 박탈당하게 되었다. 교회 건물은 몰수당하여 파괴되거나 집, 체육관, 창고 등으로 사용되었다. 거의 모든 교회 지도자들이 축출되고 성경과 찬송가들이 불태워졌다.

그러나 중국 교회들은 그들을 멸망시키려고 작정한 시스템 한가운데 살고 있음에도 불구하고 두려워하지 않는 법을 배웠는데, 그것은 그들이 박해와 고문을 즐겼기 때문이 아니라 하나님을 만나 깊이 변화되었기 때문이다. 그들은 하나님의 깊고도 친밀한 사랑을 경험했으며 그분이 약속하신 진리에 대해 개인적으로 알게 되었다.

2) 신체적인 준비

교회와 선교단체가 고난과 박해, 순교의 이슈를 어떻게 다뤄야 하는지에 대해서는 마태복음 10:16이 잘 언급해주고 있다.

> 보라 내가 너희를 보냄이 양을 이리 가운데로 보냄과 같도다 그러므로 너희는 뱀 같이 지혜롭고 비둘기 같이 순결하라(마 10:16).

우리는 뱀보다 지혜롭고 비둘기보다 순결할 필요가 있다. 교회는 성도들과 선교사들이 예측 불허의 사건에 대해서도 대응하며, 앞서 강조했듯이 진리를 증거하다가 불가피하게 핍박을 받는 상황에 처하게 되면 기꺼이 죽음도 감내할 수 있도록 그들을 준비시켜야 한다. 교회가 성도들과 선교사들을 실제적인 반응에 대해 신체적으로 준비시키는 데 있어 합리적인 단계를 취하는 것에는 신학적인 근거가 있다.

어떤 고난과 박해들은 이를 민감하게 감지하지 못하거나 혹은 현지 문화 및 전통, 주류 종교를 간과한 탓에 유발되곤 한다. 그러므로 선교사들은 고난을 자초하지 않도록 현지의 문화, 사회종교적 상황에 적절히 적응하여 사역할 필요가 있다.

오늘날 많은(물론 전체가 그런 건 아니고) 서구 선교사의 태도 중에는 옛날 베테랑 선교사들에 비해 하나의 주된 변화가 또한 생겨났다. 적어도 평범한 아프리카인 관찰자의 눈에는 그렇게 보인다.

'옛날 베테랑들'은 확실히 아주 어려운 환경에도 더 잘 준비되어 있었다. 이것은 그들이 선교지에 가져갔던 아주 단출한 소지품만 봐도 알 수 있다. 더 나아가 그들은 전 생애 동안 토착적인 선교지 거민들과 함께 흔쾌히 기초적인 생존 수준으로 살고자 했다. 어떤 선교사들은 실제로 고국에 사는 동안 소박한 음식을 먹는 등 사치와 동떨어진 삶을 살면서 선교지에서 어떻게 살아야 하는지를 실천하기 시작했다.

반면에 오늘날 많은 선교사들은 다양하고도 무거운 장비들과 수입 식품들 그리고 삶을 편안하고 편리하게 해줄 물건들을 가지고 온다. 그리고 이전과 달리 그들의 선교 베이스는 종종 '안전과 건강 문제'라는 이유 때문에 대도시나 중소도시로 제한된다. 오늘날 많은 선교사들은 도시에 있는 안락한 베이스에 살면서 가끔씩 매우 위험하고 어려운 지역에서 수고하고 있는 토착 선교사들을 방문하는 식으로 사역을 하고 있다.

그런 선교사들은 보통 편안하게 느껴지는 동안만 선교지에 머물러 있는다. 약간만이라도 위험이나 분쟁의 조짐이 보이면 비행기를 타고 가버리곤 한다. 이런 태도는 옳든 그르든 남반구의 선교단체들이 북반구의 파트너들에게서 단지 재정적인 지원만 바란다고 하는 생각이 퍼지게 되는 주된 이유 중 하나가 된다. 이런 생각은 이미 역경에 익숙하고 그래서 비용적 측면에서 볼 때 서구 선교사보다 더욱 효율적인 토착 선교사들을 지원하는 편이 더 낫겠다는 생각으로 이어진다.

그러므로 예수님은 고난의 '피할 수 없음'이 자신뿐만 아니라 제자들에게도 의심할 바 없이 똑같이 적용된다는 것을 아주 분명히 해야 했다. 그리스도께서 오직 자신의 고난과 배척으로 인해 그리스도가 되신 것처럼 제자들도 주님의 고난과 배척, 십자가를 함께 나눠질 때만 제자가 된다. 제자도란 인간 예수를 쫓는 것이요, 따라서 십자가의 도인 그리스도의 법에 순복하는 것을 의미한다.

- D. 본회퍼, 『제자도의 대가』(*The Cost of Discipleship*, 1976, 96)

선진국, 특히 서구에서 온 선교사들은 토착 선교 종족 그룹에게 증인이 되겠다는 마음을 온전히 가져야 한다. 또 아주 작은 위협이라도 생기면 도망치는 삯꾼처럼 행동하지 말고 주님이 그들에게 돌보라고 주신 양들과 함께 낮은 생활 수준과 박해, 심지어 순교까지도 기꺼이 감내할 수 있어야 한다.

비록 선교사들은 하나님의 주권적인 뜻이면 기꺼이 고난을 당하고 심지어 죽기까지라도 할 준비가 되어 있어야 하지만, 그리스도의 탄생 직후(마 2:13)의 경험은 박해를 피하여 실제로 도망쳐야 할 때가 있을 수도 있음을 우리에게 가르쳐준다.

> 그들이 떠난 후에 주의 사자가 요셉에게 현몽하여 이르되 헤롯이 아기를 찾아 죽이려 하니 일어나 아기와 그의 어머니를 데리고 애굽으로 피하여 내가 네게 이르기까지 거기 있으라 하시니(마 2:13).

헤롯 왕이 두 살 이하의 아기들을 죽이라고 명령했을 때 하나님은 아기 예수의 부모에게 그 다스리는 왕이 죽을 때까지 이집트로 도망가 있으라고 명하셨다.

또한 바울의 경우도 그와 같은 상황에서 하나님의 인도와 지시에 대해 열려 있어야 할 필요에 대해 아주 좋은 예가 된다. 초기에 그는 유대인들에게 박해를 받을 때 성벽 위의 창에서 광주리에 달려 내려졌다. 그러나 다른 경우에 그는 당면한 죽음의 위험에 대해 경고를 받았지만 복음을 전하는 일을 마치기 위해서는 자신의 목숨을 조금도 귀한 것으로 여기지 않는다고 반응했다(행 20:24).

> 내가 달려갈 길과 주 예수께 받은 사명 곧 하나님의 은혜의 복음을 증언하는 일을 마치려 함에는 나의 생명조차 조금도 귀한 것으로 여기지 아니하노라(행 20:24).

중국 교회는 만약 주님이 그렇게 인도하신다면 도망해서 탈출하라고 선교사들을 준비시켰다. 그들은 이렇게 말한다.

> 주님은 우리를 감옥에 보내어 그곳에서도 증거하게 하십니다. 그러나 우리는 또한 마귀가 원하는 것은 때로 우리가 감옥에 갇혀서 하나님이 원하시는 사역을 하지 못하게 하는 것임을 알고 있습니다. 그래서 우리는 선교사들에게 어떻게 하면 30초 안에 수갑을 풀고서 다치지 않고 이층 창문에서 뛰어내릴 수 있는지와 같은 특별한 기술들을 가르칩니다.

이와 같은 준비는 10/40 창 국가들과 같이 박해가 심한 나라들에서 섬기기를 원하는 교회와 특히 선교사들에게 거의 행해진다. 비록 선교단체는 위험한 경우 선교사들에게 긴급 철수하도록 권고할 수 있지만 궁극적으로 선교지에 머물지 말지에 대한 결정은 선교사가 해야지 일반 정책으로서 그들에게 강요해서는 안 된다. 우리 교단(ECWA) 교회의 경험에서 볼 때 교회는 고난과 박해 그리고 순교를 준비하기 위해 다음과 같은 것들을 갖출 필요가 있다.

(1) 기도

교회는 폭력이 더 이상 일어나지 않도록, 그리고 폭력의 희생자들에게 위로와 격려가 있도록 지속적으로 기도해야 한다.

(2) 분쟁의 초기 조짐을 파악하고 해결하도록 돕기

경험상 그리스도인들은 분쟁에 미리 대처하기보다 사후 반응적이었다. 교인들에게 어떻게 임박한 공격을 감지하는지, 그와 같은 공격에 어떻게 대처해야 하는지를 제대로 알리고 가르칠 필요가 있다.

(3) 즉각적인 구조 제공

공격이 빈번하게 이뤄지고 있는 상황에서 교회는 언제라도 피해 지역으로 움직여 교인들의 상태를 점검하고, 거처 잃은 사람들의 재정착을 돕고, 음식과 옷, 의료적 돌봄, 이불 등의 필수품과 즉각적인 구조를 제공할 수 있도록 준비를 갖춰야 한다.

또한 긴급한 상황이 발생할 때 피해 지역으로 인력을 보내어 도움이 필요한 형제자매들을 즉각적으로 혹은 장기적으로 도울 수 있도록 그리스도인들의 네트워크를 형성해야 한다.

(4) 집과 교회의 재건 지원하기

교회는 교인들이 집과 예배 처소를 재건하도록 위기 지원금을 마련해야 한다. 이것은 그들의 고난을 경감하는 수단인 동시에 그 지역에서 그리스도인의 증거를 확실하게 유지시키는 것이기도 하다.

(5) 교회의 사전 조사와 보고

사건 발생에 대한 언론 보도와 조사 파견단의 활동에 앞서 교회는 먼저 교회 지도자들로 하여금 위기 상황의 원인 및 피해 정도 등을 객관적으로 분석하게 할 필요가 있다. 나이지리아와 같은 나라에서는 정부가 전통적으로 위기 지역에 조사단을 파견한다. 교회의 보고서는 피해 교인들의 목소리로서 파견단에 주어질 수 있다.

(6) 체포된 교인을 위한 법적 서비스 제공

종교적인 폭력 사건 중에 교인들은 종종 종교적으로 편향된 경찰에 의해 부당하게 체포되곤 하는데, 대부분의 경우 가족들을 먹여 살리는 가장들이 체포되곤 하여 그 가족의 고난을 가중시킨다. 교회는 체포된 이들이 반드시 공의롭게 처우받고 석방될 수 있도록 그들에게 무료 법적 서비스를 제공해줄 수 있어야 한다.

(7) 폭력 지양, 평화 추구

종종 그리스도인들을 박해하는 집단들은 예배 장소에서도 폭력과 소동을 일으켜 고통을 야기하지만 이들과 달리 교회는 폭력을 피하고 가능한 한 모든 수단을 동원하여 평화를 추구해야 한다. 그리고 박해 앞에서도 잠잠할 수 있도록 교인들을 인도해야 한다.

(8) 정부 및 타 종교 그룹들과 협의하기

교회는 증대되는 종교적인 불관용으로 인해 그 나라에서 더 이상의 위기가 일어나지 않도록 정부 관계자와 지속적으로 만나 유용한 제안과 자문을 구해야 한다.

(9) 안전을 위한 노력

교회는 폭력 사태를 사전에 방지하거나 폭력 상황을 통제하기 위해서라도 그들을 도울 수 있는 군대와 경찰 그리고 그 밖의 안전 기관과 지속적인 관계를 가져야 한다.

한편 그리스도인과 선교단체는 "전쟁 무기를 사용함으로써 자기 자신을 방어하도록 준비해야 하는가"라는 질문을 만나게 된다. 이것은 또 다른 차원에서 고려해봐야 할 아주 어려운 문제다. 그러나 분명한 것은 이슬람 포교 활동 중 죽이거나 죽임을 당하거나 혹은 자살하는 지하드를 순교자로 여기는 무슬림과 달리, 그리스도인은 그리스도의 증인으로서 불가피하게 희생해야 하는 상황에서 기꺼이 죽는 사람 외에는 순교자로 여기지 않는다는 것이다.

4. 성찰을 위한 질문들

1) 개척자직인 SIM 선교사들은 아프리카 내지에 교회들을 세우기 위해 기꺼이 치러야 했던 대가에 대해 어떤 원칙들을 갖고 있었는가?

2) 바바는 교회가 어떻게 하면 고난과 박해, 순교에 대해 준비될 수 있다고 말하는가?
그러한 어려움들에 대한 반응으로서 부적절한 태도들은 어떤 것들이 있는가?
당신의 교회는 지역 교회로서 그리고 우주적인 그리스도의 교회로서 그러한 질문에 어떻게 반응하는가?

3) ECWA 교회들이 위기나 박해와 관련하여 발전시킨 도구들에 대해 어떻게 생각하는가?
그들이 제공한 지침들을 우리의 상황 혹은 다른 선교지 상황에 어떻게 적용할 수 있을까?

참고문헌

Abu, S. n.c. *ECWA's response to the religious conflict in Plateau and other northern staes of Nigeria.* Paper presentation to the ECWA conflict response secretary.

Baba, P. 2009. *A vision received, a vision passed on.* Jos, Nigeria: ACTS.

Hartaway, P. 2003. *Back to Jerusalem.* Tyrone, GA: Authentic Media.

Heath, G. L. 2010 Wishing for persecution? *International Journal for Religious Persecution* 3 no. 1, 15-22. www.iirf.eu.

Mandryk, J. 2010. *Operation world.* Colorado Springs, CO: Biblica.

Piper, J. 2009. *Filling up the afflictions of Christ.* Wheaton, IL: Crossway.

Turak, Y. 1993. *An introduction to the history of SIM/ECWA in Nigeria 1893-1993.* Jos, Nigeria: ECWA Publicaitons.

글쓴이

스티븐 판야 바바(Stephen Panya Baba)는 대학교에서 회계학을 전공하고 나이지리아 익바자에 있는 ECWA신학대학원에서 성경 석사학위(MABS)를 받았다.

나이지리아의 연방 수도 영역인 아부자에서 교회 개척자와 목사로 12년간 사역을 하다가 현재는 ECWA(Evangelical Church Winning All)의 복음주의선교회(EMS, Evangelical Missionary Society)에서 디렉터로 섬기고 있다. 그는 중부 나이지리아의 요스에 베이스를 두고 있다.

노래 1-14
"나는 거절하고 나는 참네"

— 테스파예 가비소(Tesfaye Gabbiso)

1절

죽은 자의 친구

나는 죄인이었네

나 주님을 믿어, 멸망에서 구원받았네

나의 이 생명

비록 지금 부인하도록 강요받지만

나의 예수님은 부인하지 않으리

그분만을 경배하리

거절하네, 거절하네, 나는 거절하네

2절
풀무불을 볼 수 있네
그 열기를 느낄 수 있네
두려움 때문에 싫어하지는 않으리
그것은 나를 정화하며 깨끗케 하리
하나님 왕국에 걸맞는 자로 만들어주리
사람들이 생각하는 것처럼 결코 나를 상하게 하지 못하리

3절
불 속에 있는 자들은
심지어 그 연기조차도 그들을 건드리지 못하네
그러나 그들을 묶어서 불 속에 던진 자들은
불꽃이 그들을 불살라버렸네
그처럼 능력 많으신 주님 계시니
그 열을 칠 배나 더한들
내게 무슨 상관있으랴?

후렴
나는 거절하고 나는 참네
우상을 예배하지 않으며
사람이 만든 것 앞에 무릎 꿇지 않으리
느부갓네살의 성난 풀무불에서
내가 섬기는 내 주님
반드시 날 건져내주시리

에티오피아의 공산주의 시절(1974-1991), 많은 교회들은 생존을 위해 지하로 들어가고 1960-1970년대 독창곡, 합창곡 할 것 없이 새로운 토착 노래들이 온 나라에 퍼졌다. 탁월한 솔로 가수이던 테스파예 가비소(Tesfaye Gabbiso)는 그의 노래와 신앙 때문에 7년이나 투옥되었다.

그리하여 그 노래들은 더욱 강력한 힘을 갖게 되었다. 그 노래들은 카세트 테이프를 통해 보급되었고 그리스도인들과 무슬림들의 음악 가게, 일반 시장, 집 등에서 울렸다.

첫 번째 음반에 수록된 노래 "나는 거절하고 나는 참네"는 구약에 나오는 느부갓네살과 풀무불 이야기에 나오는 청년들의 간증이다. 이 이야기는 테스파예의 노래 중 적어도 다섯 개의 노래 속에 나타난다.

현재 에티오피아 아와사에서 목회를 하고 있는 테스파예는 최근 암하리어로 된 자서전 『그때 그 시절』(At That Time)을 출판했는데, 이 책은 그가 박해당했던 시절을 다루고 있다. 또한 이중 언어(영어와 암하리어)로 된 그의 노래 104곡이 아디스 아바바에서 곧 발매될 예정이다. 테스파예 목사는 전 세계에 흩어져 있는 에티오피아인들의 콘퍼런스에 자주 초청되어 설교와 특송을 한다.

추가된 참고문헌

Balisky, Lila. 1997. Theology in song: Ethiopia's Tesfaye Gabbiso. Missiology: *An International Review 25, no.4, October: 447-56.*

_____. 2011. *Afewerk Tekle: Mother Ethiopia.* September 4. www.artway.eu, (이 묵상은 테스파예 가비소의 기도송을 포함하고 있다)

Gabbiso, Tesfaye. *2002. [At That Time*(그때 그 시절)*].* Addis

Ababa: Ethiopian Full Gospel Believers' Church.

　　_____. Seven cassettes presenting a total of 104 song.--

제5장

교회와 현지 선교사들을 준비시키기
- 북반구

폴 에스타브룩스(Paul Estabrooks)

2004년 1월 나는 캐나다에 있는 나의 모교회에서 쿠바로 선교여행을 간 한 그룹을 인도하고 있었다. 쿠바에 있는 교회는 괄목할 만한 부흥 운동을 경험했고 급성장하고 있는 가정 교회 운동은 새로운 신자들로 넘쳐나고 있었다.

하바나에서 우리는 침례교신학교를 방문해 나이 지긋한 총장 베길라(Dr. Vegilla) 박사와 약간의 즐거운 시간을 가질 수 있었다. 베길라 박사의 영어는 완벽했고, 그는 우리에게 그가 단지 기독교 목사라는 이유로 어떻게 카스트로의 감옥 시스템에서 1960년대 5년을 보내야 했는지 이야기해주었다.

더 나아가 그는 교회가 카스트로 정권하에서 지난 45년간 경험했던 압력들에 대해 조목조목 말했다. 그러고나서 미소 지으며 아주 긍정적이고 부드러운 태도로 다음과 같이 결론을 맺었다.

"그러나 우리는 이 모든 기간을 통해서 세 가지를 배웠습니다. 우리는 두려워하지 않고, 미워하지 않으며, 해를 가하지 않는 법을 배웠습니다!"

나는 이 말을 얼마 동안 묵상해보면서 그것이 어떤 풍랑 속에서도 견고하게 서 있는 것에 대한 성경적인 본질을 아주 극명하게 표현하고 있다는 결론을 내렸다.

"두려워하지 않기"를 배우는 것은 담대함과 용기를 기르는 것을 의미한다.

"미워하지 않기"를 배운다는 것은 사랑과 용서, 은혜에 초점을 맞춘다는 뜻을 함축한다.

"해를 가하지 않기"를 배우는 것은 비폭력과 적극적인 사랑에 대한 성경의 원리에 헌신한다는 의미다.

세 가지 모두 소중한 통찰이다!

냉전 시대 공산국가에서 박해받는 그리스도인들을 섬기던 브라더 앤드류와 오픈도어즈(Brother Andrew and his Open Doors) 팀들은 박해의 잠재적인 위협을 받고 있는 지역에 사는 그리스도인들을 준비시키기 위한 훈련이 필요하다는 인식을 재빨리 해나가게 되었다. 그리고 접근 제한 지역에서 승리하는 그리스도인 생활의 원리들과 실패 사례들에 대해 수년간 청취하고 관찰하며 그러한 훈련에 대한 기초적인 틀을 만들어냈다.

오픈도어즈 아시아팀의 에버렛 보이스(Everett Boyce) 박사는 "넉넉히 이기는 정복자"(More than Conquerors)라는 제목의 첫 훈련 매뉴얼을 만들어냈다. 그리고 1980년대 초기 동남아시아 전 지역에 있는 다양한 교파의 그리스도인들을 대상으로, 공산주의 위협에 대한 준비와 대응에 대한 성경적이고 실천적인 방법론 중심의 내용을 가르쳤다.

이슬람의 호전성과 힌두교, 불교의 종교적 비관용이 거세지자 이러한 준비 프로그램의 필요는 보다 시급하고 명백해졌다. 이것이 SSTS(Standing Strong through the Storm, 폭풍 속에서 견고하게 서 있기) 훈련 매뉴얼의 출발이었다. 동남아시아와 페르시아만, 라틴아메리카, 중국, 아프리카에서 온 오픈도어즈의 재능 있는 현장 사역자들은 수년간 함께하며 성경적이고 효과적인 교육 프로그램을 만들었다.

나 역시 필진으로 참여하는 특권을 누렸고, 트리니티웨스턴대학교 캐나다 언어연구소의 짐 커닝햄(Jim Cunningham) 박사는 학생과 교사를 위한 매뉴얼을 만들었다. 스리랑카와 북인도에서 성공적인 현장 테스트가 있었지만 처음으로 실제적인 결과를 볼 수 있는 의미 있는 기회를 가져다준 것은 인도네시아 암본에서 발생한 무슬림-그리스도인의 분쟁이었다.

1998년 두 명의 오픈도어즈 사역자가 그 섬의 교회 지도자들을 만나 SSTS 세미나에 참석할 것을 권했다. 하지만 그들은 세미나의 필요성을 그다지 느끼고 있지 않았다. 그들의 반응은 예상치 못한 바는 아니었다. 극단주의 이슬람과의 분쟁은 수도인 자카르타에서는 일어날지 모르지만, 무슬림과 그리스도인들이 수세기 동안 평화롭게 살아온 그들의 섬에서는 별로 도전이 되지 않았기 때문이다.

인도네시아는 '세계의 종교들이 만나는 장소'로 묘사되어왔다. 거기에는 주요 종교인 기독교, 불교, 힌두교와 함께 세계 최대 인구의 무슬림 공동체가 있다. 비록 대다수 인구가 무슬림이지만 인도네시아는 종교적인 국가가 아니다. '빤따실라'(Pancasila)라고 불리는 국가 철학인 '다양성 속의 연합'은 다음 5가지의 원리에 근거한다.

① 유일하고 전능한 하나님에 대한 믿음.
② 공의롭고 평등하며 개화된 박애주의.

③ 지혜와 대표성에 의해 인도되는 민주주의.
④ 모든 사람을 위한 사회적 정의.
⑤ 연합된 인도네시아.

1999년 초 '라스카 지하드'(Laskar Jihad)라고 알려진 극단주의 무슬림 그룹이 아프가니스탄에서 온 외국인의 도움을 받아 말루쿠 주의 주도인 암본 섬 암본 시에 있는 무슬림 공동체를 휘젓기 시작했다. 그리고 그리스도인 버스 기사와 무슬림 승객 사이에 불미스러운 폭력 사건이 일어났다. 기독교 공동체는 공격을 받아 교회가 불타고 집들이 파괴되고, 많은 난민과 사망자가 생겼다.

기독교 공동체는 즉각 반응했다. 그들은 전 세계, 특히 수단과 나이지리아 같은 나라에서 널리 받아들여지고 있는 개념으로부터 영향을 받았는데 말하자면 "우리는 우리 하나님이 그들의 신보다 강하다는 것을 무슬림에게 보여줘야 한다"는 생각을 갖고 있었다.

그들은 무장을 했고 모스크와 무슬림의 집들과 사람들을 파괴했다. 이것은 더 큰 폭력 사건으로 이어졌다. 얼마 안 가서 양측에서 수천 명이 죽었고, 수천수만 명이 집 잃은 난민으로 남았다. 경찰과 군대는 싸움을 멈추게 하는 데 중요한 역할을 했지만 사실상 라스카 지하드 편에 설 때가 많았다.

그러나 폭력 사태의 한가운데서 그리스도인의 강력한 증거들이 나타난 사례들이 보고되었다. 그중 하나는 순교에 자신을 내어준 로이 뽄또(Roy Pontoh)라는 15세 그리스도인 소년에 대한 것이다. 1999년 여름 그는 암본 섬에서 "예수 그리스도를 위한 군사"라는 주제의 기독교 캠프에 참석하여 디모데후서 성경공부를 하고 있었다. 한 무리의 무장 무슬림이 캠프를 공격하여 성경을 손에 들고 있는 어린 로이를 발견했다. 그들은 다른 사람들 앞에서 그를 하나의 본보기로 삼아 위협적인 질문을 해댔는데 로이는 부드러운 태도로 대답했다. 이후 그는 칼로 살육을 당했고 그의 마지막 말은 '예수님'이었다.

2001년 후반기 이런 폭력의 악순환은 교회 지도자들이 거의 평화로운 해결책을 찾는 것을 포기할 정도로 심각한 수준에 이르렀다. 그들은 이제 오픈도어즈를 초대하여 SSTS 세미나를 개최할 때라고 결정했다. 우리는 지체하지 않고 암본 시에 있는 50명의 교회 지도자들을 만나러 갔고 그때에도 역시 폭력과 파괴가 우리 모두의 주변에서 일어나고 있었다.

우리가 본 슬픈 장면 중 하나는 새까만 벽만 남은 모스크였다. 그 위에는 빨간 스프레이로 "I love Jesus!"(나는 예수님을 사랑합니다)라고 쓰여 있었다. 우리는 예수님이 암본 상황을 보며 울고 계심을 알았다.

> 군인들이 예수를 끌고 브라이도리온이라는 뜰 안으로 들어가서 온 군대를 모으고 예수에게 자색 옷을 입히고 가시관을 엮어 씌우고 경례하여 이르되 유대인의 왕이여 평안할지어다 하고 갈대로 그의 머리를 치며 침을 뱉으며 꿇어 절하더라(막 15:16-19).

SSTS 세미나에 대한 반응은 처음에는 소극적이었으나 나중에는 아주 긍정적이었다. 특히 다른 나라의 박해 이야기들과 용서와 기도에 대한 성경의 가르침에 대해서 그랬다. 피드백 중에는 이런 언급도 포함되어 있었다.

> 문제는 "내가 지금 예수를 위해 살 것인가?" 하는 것이다. 예수를 위해 매일 사는 것이 그분을 위해 한 번 죽는 것보다 더 어렵다.

또 다른 사람은 이렇게 말했다.

용서에 대한 가르침은 내게 엄청난 축복이 되었다. 우리에게 깊은 상처를 주고 너무나 많은 파괴를 불러일으켰던 사람들을 상키시켜준 것은 내 삶에 변화를 주었다. 사실 때때로는 용서하고 싶지 않은 마음이 생긴다는 것을 시인한다.
그렇지만 나는 예수께서 우리에게 하라고 명하신 것을 바꿀 수 없다는 것과 그 예수의 명령에는 우리의 적까지도 용서하라는 말씀이 포함된다는 것을 알고 있다. 나는 더욱 헌신하기 원하고 이것을 실천에 옮기기 원한다.

어느 존경받는 목사가 회중에게 하나의 기념비적인 고백을 했다.

이 세미나의 가장 어려운 가르침은 용서에 관한 것이었습니다. 용서에 관한 예수님의 말씀 "아버지 저들을 사하여 주옵소서 자기들이 하는 것을 알지 못함이니이다"(눅 23:3)라고 말씀하신 것을 인용하기는 쉽습니다. 그러나 나는 무슬림들이 내 집을 불태울 때 그들은 자신이 무엇을 하는지 알고 있었기 때문에 그들을 용서할 수 없다고 나 자신에게 말했습니다.
그들은 내 아내를 죽이면서 자신이 무슨 짓을 하는지 알고 있었습니다. 그들은 내 교회를 불태울 때 자신이 무엇을 하고 있는지 알고 있었습니다. 나는 오늘까지도 그들을 용서할 수 없었습니다. 하지만 하나님의 은혜로 나는 이제 그들을 용서합니다. 그리고 앞으로도 그들을 용서할 것입니다.

그의 언급에 이어서 우리는 "우리가 다음에 취할 발걸음은 무엇인가?"에 대한 일련의 대화를 이어갔다. 그 세미나는 목사들에게 깊이 영향을 주었으며 그들은 이제 어떻게 반응해야 할지에 대한 지혜를 구하기 시작했다. 인도네시아 기도 운동의 지도자인 이만 산토소(Iman Santoso)는 우리 팀의 일원이었다. 그는 목사들에게 라마단 첫날을 다함께 기도하며 보내자고 제안했다.

이것은 놀라운 결과를 가져왔다!

주님 앞에서 무릎을 꿇고 용서와 치유 그리고 화해를 위해 다같이 기도한 후 그들은 주일날 각자의 강단으로 돌아가 교인들에게 다음과 같은 요청을 하기로 동의했다.

> 앞으로 사흘 동안, 할 수 있으면 집에 머무십시오.
> 꼭 가야만 하는 경우에만 일하러 가십시오.
> 그러나 주님 앞에서 기도와 금식을 위해 시간을 구별하십시오.
> 그러면 에스더처럼, 여러분이 사흘간 금식하고 기도한 후 우리는 무슬림
> 지도자들에게 평화 협정을 제의할 것입니다(Bohm 2005, 201-202).

목사들과 교구민들이 기도하고 금식하는 동안 그들도 알지 못하는 사이에, 아프간 지하드 침략군들은 9/11에 대한 응전으로 예상되는 미군의 반격에 준비하기 위해 그 섬을 떠나 카불로 가기 시작했다.

그 다음 주 소수의 대표단이 무슬림 공동체의 지도자들에게 가서 용서와 평화를 요청했다. 암본 무슬림 지도자들은 '평화를 위한 사죄'를 받아들였고 2001년 크리스마스 즈음에는 정부가 중재한 평화 협정이 체결되었다. 그리고 철조망으로 된 바리케이드가 제거되고 그리스도인들과 무슬림들은 다시금 서로의 가게에서 물건을 사게 되었다.

일단의 그리스도인들은 처음 SSTS 세미나와 기도회가 열렸던 호텔의 꼭대기 층에 24/7(일주일 내내 24시간) 기도의 탑을 세우기로 작정했다. 그 기도의 불침번은 오늘날까지도 지속되고 있다.

SSTS는 이제 사흘간의 세미나 형태로 그리스도인들이 억압 중에 살고 있는 전 세계의 많은 나라들에서 27개 이상의 언어로 가르쳐지고 있다. 그것은 서문에 이어 여섯 부분으로 구성되어 있다.

1. 십자가의 길

그리스도의 독특성은 이사야가 예수를 "고난의 종"으로 예언한 것을 기초로 한다는 데 있다. 예수께서는 그가 박해를 받았듯이 그의 제자들도 또한 그러할 것이라고 반복적으로 언급하셨다.

누가복음 6:22에 나오는 박해에 관한 성경적 정의는 "세상에서 당하는 고난은 무엇이며 그리스도인으로서 그러한 고난과 박해에 대해 어떻게 반응할 것인가"에 대한 다양한 성경적인 기초로 인도한다. 요점은 "십자가의 길을 걷는가 아니면 문화의 길을 걷는가?"이다.

2. 승리하는 교회와 가정

"교회가 무엇인가"를 이해하려면 반목과 갈등으로 점철된 세상에서 승리할 수 있도록 교회를 유연하고 영속적이고 확장적으로 만드는 교회의 본질과 기능, 형태를 이해해야 한다.

3. 사탄의 전략 알기

우리를 대적하는 사탄의 수법은 내적인 것이든 외적인 것이든 모두 거짓과 위협의 성격을 띤다. 승리는 우리가 사탄을 대적할 때 찾아온다. 특히 사탄이 선호하는 죽음이라는 수법을 대적할 때 온다.

4. 승리를 위해 하나님이 공급하시는 자원들

하나님은 우리가 굳건히 서도록 우리에게 효과적인 자원들을 공급하신다. 그것은 바로 하나님의 전신갑주, 성경과 기도 그리고 성령이다.

5. 의로 교육함(종의 영을 계발함)

그리스도를 닮은 사람은 공동체 가운데서 모든 사람에게 사랑을 나타내는 소금과 빛으로 행동한다. 힘든 상황이나 사람에 대해 인내하고 격려를 아끼지 않는다. 기본은 예수 그리스도의 종으로서 용서와 은혜의 삶을 사는 것이다.

6. 승리(승리하는 정복자들)

굳게 설 수 있는 비결은 무엇일까?
그것은 아무런 문제 없이 풍요와 번영의 환경 속에 있다고 가능한

게 아니다. 비결은 시험과 환난 중에도 순종하는 데 있다.

서구의 어떤 교회들은 이 가르침이 그들에게도 역시 중요하다고 느낀다. 사탄은 소위 자유 국가에 살고 있는 우리에 대해서는 다른 수법을 사용한다. 노르웨이에 있는 한 목사는 나에게 말했다.

"우리는 여기서 박해를 당하지는 않습니다. 우리는 단지 유혹에 빠져들 뿐이죠!"

그래서 SSTS 세미나는 서구에서도 진행되고 있으며 소그룹 교재로도 제작되었다. 『새벽녘 붉은 하늘: 다가오는 폭풍』(Red Skies@ Down: The Coming Storms, 2005)이란 제목의 소책자가 한 예다.

그러자 SSTS를 사용하는 국가들의 신학교에서는 목사 후보생과 교회 지도자들을 학문적인 수준으로 훈련할 수 있는 교육 과정을 만들어달라는 요청을 해왔다. 짐 커닝햄(Jim Cunningham) 박사는 '박해와 제자훈련의 신학'(Theology of Persecution and Discipleship) 교육 과정을 개발하는 것을 돕기 위해 스리랑카와 방글라데시 같은 나라들을 방문했다. 현재 그가 머물고 있는 인도네시아 암본에서는 11개의 신학교 중 8개의 신학교가 이 과정을 편성하기를 원하고 있다.

주교재는 에스타브룩스와 커닝햄이 공저한 『폭풍 속에서 굳건히 서기』(Standing Strong through the Storm, 2004), 루마니아 출신의 요세프 톤(Yosef Ton) 목사가 "고난과 박해, 순교"를 주제로 쓴 박사학위 논문, 글렌 페너(Glenn Penner)의 『십자가 그늘 아래』(In the Shadow of the Cross, 2004) 그리고 오픈도어즈의 유명한 저자 론 보이드-맥밀란(Ron Boyd-MacMillan) 박사의 『견디는 믿음: 박해받는 교회에 대한 핵심 가이드』(Faith That Endures: The Essential Guide to the Persecuted Church, 2006)다.

커닝햄 박사와 나는 2010년 이 코스를 캐나다 브리시티 콜럼비아 주 랭리의 트리니티웨스턴대학교 내에 있는 ACTS신학교에서 집중 선택 코스로 가르친 적이 있다. 다른 신학교들도 이제는 이 교과목을 요청하고 있다. 예수께서는 십자가 고난이 있기 며칠 전 다락방 설교에서 제자들에게 다음과 같이 말씀하셨다.

> 세상이 너희를 미워하면 너희보다 먼저 나를 미워한 줄을 알라(요 15:18).

그리스도인들에 대한 미움이 아무리 심하다 해도 예수 그리스도에 대한 미움이 박해의 기초다. 오늘날 자유 사회에 있는 복음주의 그리스도인들은 초자연적인 예수에 대한 그들의 믿음 때문에 많은 사람들에 의해 미움을 받는다(비록 예수가 목에 둘린 보석이나 영화, 음악 그리고 심지어 문신의 형태로 다소 유행이 되기는 했지만 말이다). 예수에 대한 우리의 믿음에 대항하는 공격과 마찬가지로 성경과 교회 그리고 교회의 선교에 대항하는 공격이 또한 있다. 이러한 폭풍들이 돌풍이 되기 시작하고 있다.

그렇다면 서구 사회에 살고 있는 그리스도인들은 이러한 폭풍들에 어떻게 반응하고 있는가?

우리는 사람을 마비시키는 두려움 속에서 위축되어 폭풍 가운데 혹은 폭풍 전후 다른 사람들을 돕는 선한 일을 하는 데 있어 에너지를 잃어버리고 있는가?

우리는 다가오는 폭풍을 피하여 숨으려고 하는가?

걷잡을 수 없는 시스템을 변화시키기 위해 의로운 분노 속에서 채찍을 휘두르며 언어와 행동으로 공격적이 되어가는가?

우리는 안이하게 웃으며 "주 예수 그리스도께서 왕의 왕, 주의 주로 이 땅에 오시기까지 상황은 더 나빠질 거야. 그러므로 박해는 양과 염소를 구별해내기 때문에 좋은 것이고 교회를 성장하게 해주지. 그러니 걱정 말고 기뻐해, 모든 게 잘될 거야!"라고 말하고 있는가?

이러한 태도는 성경적이지도 않고 현실적이지도 않다. 박해를 견뎌왔거나 혹은 현재 경험하고 있는 다른 나라 그리스도인들을 관찰한 것을 근거로 해서 우리는 이렇게 말하고 싶다.

"현재의 폭풍과 다가오는 폭풍에 대해 우리 자신을 지적으로, 실제적으로, 그리고 영적으로 준비시키라!"

성찰을 위한 질문들

1) 마가복음 4:35-41을 읽으라.
   이 본문으로부터 우리는 폭풍에서 살아남기 위한 어떤 원리들을 배울 수 있는가?

2) 요한계시록 12:11을 본문의 맥락 가운데 읽어보라.
   어떻게 어린양의 보혈과 증거의 말, 그리고 희생적인 사랑(순교)이 사탄의 참소를 이길 수 있을지 설명해보라.

3) 원수를 사랑하면서 그와 싸울 수 있는가?
   당신의 답을 성경적인 근거를 갖고 설명해보라.

4) "왜 다른 사람들을 용서해야 하는지"에 대해 본질적이고 성경적인 이유들을 들어보라.
   용서는 왜 그렇게 실행하기가 어려운 것일까?

참고문헌

Bohm, C. J. 2005. *Brief chronicle of the in the Moluccas: 1999-2005*. Ambon, Indonesia; Crisis Centre Diocese of Amboina.

Boyd-MacMillan, R. 2006. *Faith that endures: The essential guide to the persecuted church*. Grand Rapids, MI: Revell.

Estabrooks, P., and J. Cunningham. 2004. *Standing strong through the storm: Victorious living for Christians facing pressure and persecution*. Santa Ana, CA: Open Doors International.

---------. 2005. *Red Skies @ Down: The coming storms*. Santa Ana, CA: Open Doors International.

Penner, G. 2004. *In the shadow of the cross: A biblical theology of persecution and discipleship*. Bartlesville, OK: Living Sacrifice Books.

Ton, J. 2000. *Suffering, martyrdom and rewards in heaven*. Wheaton, IL: Romanian Missionary Society.

글쓴이

폴 에스타브룩스(Paul Estabrooks)는 국제 오픈도어즈와 함께 30년 이상 박해받는 그리스도인들을 위해 사역했으며, 현재는 시니어커뮤니케이션즈의 전문가로 섬기고 있다.

네 권을 저술한 그는 가장 최근에 출간한 『백만 번의 기적의 밤』(*Night of a Million Miracles*)에서 1981년 100만 권의 중국어 성경을 밀반입한 진주 프로젝트(Pearl Project)에 자신이 어떻게 관여했는지를 밝힌 바 있다.

제6장

교회와 현지 선교사들을 준비시키기
- 남반구(브라질의 관점)

파울로 모레이라 파일로(Paulo Moreira Filho)
마르코스 아마도(Marcos Amado)

1. 남반구의 현실에 있어서 시작을 위한 올바른 장소

무언가를 한데 묶어 특징을 규정한다는 것은 자칫 오해를 불러일으킬 수 있다. 따라서 남반구에 있는 교회들을 말할 때 그 안에 있는 다양한 차이에 대해 인정하지 않고 말하는 것은 지나친 일반화의 오류로 이어질 수 있다. 라틴아메리카, 아프리카, 아시아 그리고 남태평양의 교회들은 하나님의 창의적인 주권의 다중문화적인 선언이며 우주적인 은혜의 산물이다.

한편 참된 제자도는 그것이 개별적으로 혹은 집단적으로 어디서 구체화되든 값비싼 대가를 치러야 하는 것임을 우리는 성경에서 확인한다. 그러므로 현지 교회와 선교사들을 준비시키는 데 있어서 예수 그리스도의 고난을 상기하는 것은 올바른 접근이라고 볼 수 있다.

신약성경의 선교사들은 선교에 있어서 고난의 모델이 되고 있다.

바울과 바나바는 비시디아 안디옥, 이고니온, 루스드라, 더베 등지(바울이 돌에 맞았던 곳)에서 아주 힘든 반대에 부딪힌 후 돌아와 각 도시에 있는 어린 현지 교회들에게 "우리가 하나님의 나라에 들어가려면 많은 환난을 겪어야 할 것이라"고 말함으로써 격려했다(행 14:22).

그러한 환난을 바울은 빌립보에서 실라와 함께 또다시 경험하게 되었다.

> 무리가 일제히 일어나 고발하니 상관들이 옷을 찢어 벗기고 매로 치라 하여 많이 친 후에 옥에 가두고 간수에게 명하여 든든히 지키라 하니 그가 이러한 명령을 받아 그들을 깊은 옥에 가두고 그 발을 차꼬에 든든히 채웠더니 한밤중에 바울과 실라가 기도하고 하나님을 찬송하매 죄수들이 듣더라(행 16:22-25).

그것은 기념비적인 밤이었다. 강력한 지진이 그 지방을 뒤흔들었고 간수와 그 온 가족이 결과적으로는 구원을 받고 세례를 받았다. 다음 날 아침 바울과 실라는 행정관들의 사과를 받고 옥에서 풀려나 그 도시를 떠나라는 요청을 받았다.

그러나 떠나기 전 그들에게는 아직 돌봐야 할 아주 중요한 일거리가 남아 있었다. 바울과 실라는 루디아의 집(유럽의 첫 가정 교회)으로 곧바로 가서 거기서 형제들을 만나 격려했다.

> 그런 후에야 그들은 떠났다(행 16:40).

모든 사람을 제자로 삼기 위해 나아갈 때 선교사들은 고난을 예상하고 있었다. 이는 신약성경에 나타난 분명한 패턴이다. 박해받을 때 그들은 슬퍼하는 대신 오히려 기뻐하며 복음을 위하여 고난받는 특권에 대해 주님을 송축했다. 더 나아가 그들은 이러한 패턴을 예수를 따르는 새로운 추종자들로 구성된 어린 교회들에게 말과 행위로 전했다. 심지어 나중에 바울은 빌립보서에서 이렇게 썼다.

> 그리스도를 위하여 너희에게 은혜를 주신 것은 다만 그를 믿을 뿐 아니라 또한 그를 위하여 고난도 받게 하려 하심이라 너희에게도 그와 같은 싸움이 있으니 너희가 내 안에서 본 바요 이제도 내 안에서 듣는 바니라(빌 1:29-30).

오늘날 자기의 달려갈 길을 다 마치고 하나님 은혜의 복음을 증거하는 일을 마치려 함에는 그 생명을 조금도 아끼지 않는(행 20:24) 헌신된 종들의 모범으로 인해 우리 모두는 참으로 축복을 받고 있다. 하지만 안타깝게도 그들의 숫자는 남반구에 있는 교회들의 열광적인 성장에 반비례하여 줄어들고 있다. 이에 대해서는 설명이 필요할 것이다.

2. 새로운 안락함

세계화된 소비주의와 안락함에 대한 열광은 우리 사회 속에서 복지와 쾌락 그리고 안전이라는 행복을 추구하도록 부추긴다. 브라질은 이러한 현실을 보여주는 하나의 예다. 신흥 경제체제의 전 인구가 물질적인 축적의 끝없는 파도를 타고 있는 것 같다. 한때는 소수만의 특권이었던 불요불급한 물건들을 이제는 일반 다수들도 누리게 되었다. "나는 소유하고 있다, 고로 나는 존재한다(행복하다)."

복지와 부에 근거한 이러한 행복의 개념은 어떤 사람들로 하여금 고난을 비정상적인 삶의 형태로 여겨 마귀처럼 이를 쫓아내기까지 하는 극단에 이르게 한다. 이는 우리나라의 수많은 종족들의 정령 숭배적인 뿌리와 통하며 오늘날 도시화된 사회 속에서 흔하게 발견되는 이원론적인 영성과도 일맥상통하는 면이 있다.

> 인자가 많은 고난을 받고 장로들과 대제사장들과 서기관들에게 버린 바 되어 죽임을 당하고 제삼 일에 살아나야 하리라(눅 9:22).

불행하게도 신약성경의 가르침과 반대되는, 고난을 거부하는 이러한 경향은 이미 널리 퍼진 번영신학의 설교를 통해 많은 교회에서 더 강해지고 있다. 고난은 필연적으로 나쁜 것이요, 축복의 표시라기보다는 저주의 징조이며, 정결케 하는 것이라기보다는 징벌의 수단으로 보여진다.

이러한 신학적인 왜곡은 많은 교회들이 그들의 사명을 인식하는 데 있어 파괴적인 영향을 주었다. 이에 따라 교회는 더 참신하고 흥미롭고 재미 있는 지역 프로그램을 만드는 데 그들의 자원과 노력을 쏟는다.

바깥 세상은 언젠가 궁극적으로 멸망하게 되는 것이니까 잊어버리고 만다. 그나마 관심이 있다 해도 미전도 종족이나 불신자들을 복음화하는 데는 고개를 돌린다. 이유는 간단하다. 그들을 전도하려면 안락함에서 깨어나기 위해 대단히 의도적으로 노력해야 하고, 높은 대가와 위험 부담, 고난 등을 요구받기 때문이다.

설상가상으로 선교 동원가들과 훈련가들 그리고 선교 행정가들은 선교를 새로운 세대의 구미에 맞게 만들기 위해 커다란 압력을 받고 있는데, 이 신세대는 자기의 집 주변과 사회적인 네트워크 내의 안락한 삶의 영역으로부터 너무 멀리 떠나는 것을 별로 탐탁하게 여기지 않는 이들이다.

그들은 대가와 희생에 대해서는 별로 말하지 않는다. 어떤 선교 기관들은 자기 나름의 방식으로 사역을 구상하면서, 잠재적인 후보자들에게 그들이 제대로 돌봄을 받을 것이며 길이 험해지면 피할 길이 생길 것이라고 확신시킨다.

3. 처음부터 강인한 선교 인력으로 교육하기

남반구의 현지 교회들은 선교를 추구함에 있어 제자도의 대가와 박해를 견뎌내는 것의 가치를 가르쳐야 할 절실한 필요가 있다.[1] 고난과 박해에 관한 우리 관점의 핵심을 변화시키지 않으려면 우리는 한때 교회 안에서 불붙었던 선교사의 열정이 사그라드는 것을 볼 각오를 하지 않으면 안 된다.

예를 들어 브라질에서는, 선교사 후보자들이 소명에 대해 "나를 위해서 무엇이 있는가?"라는 식으로 접근하는 경향이 커지고 있는데, 이것은 결과적으로 위험 부담이 높거나 더 어려운 상황에 처한 종족 그룹에게 전도하거나 사역하는 것에 헌신하는 사람들이 더 적어지게 만들고 있다.

우리가 제안하는 해결책이란 지역 교회의 삶과 맥락 가운데 기초적인 수준에서 제대로 제자들을 교육하는 것부터 시작하는 것이다.

---

[1]. 선교에 있어 고난의 신학에 대한 자세한 개요와 선교 및 신학 교육에 함축된 의미에 관한 토의를 위해서는 Sauer (2010)를 보라.

지역 교회에서 선교 열정을 다시 불러일으키고 그곳의 제자들이 안락함 너머의 세상을 바라보도록 도전하기 위해서는 몇 가지 시도들을 해볼 수 있다.

① 교회와 선교에 있어 고난과 박해 그리고 순교의 신학에 대한 지속적인 가르침을 설교 계획표와 주일학교 교육 과정에 포함시키라.
  지역 교회의 기독교 교육 핵심 과정에 고난의 신학이라는 씨를 뿌림으로써 우리는 대립과 박해 앞에서 흔들리지 않고 기독교 신앙에 헌신하는 열매를 거둘 것이다.
② 교회의 공적 예배나 집회에서 교인들에게 박해의 목전에서 버텨낸 사람들의 이야기를 정기적으로 말하고 보여주라.
  그리고 가족들에게도 그와 같이 하라고 격려하라.
  영웅이 되는 것은 곧 다른 사람을 능가하는 것이라는 거짓된 메시지는 반드시 그것이 거짓임을 폭로해야 한다. 진정한 영웅이란 하나님이 우리를 사용하여 모든 방해를 걷어내시고, 하나님의 사랑에 대해 한 번도 듣지 못한 사람들 가운데서 복음을 선포해서 그들을 살게 하신다는 것을 담대히 믿는 평범한 개인들이다.
③ 미전도 종족들과 교회 다니지 않는 이들, 특히 교회 다니기 위해서는 더 큰 도전을 감내해야 하는 사람들을 위해서 기도하라. 마찬가지로 박해받는 교회들을 위한 정기적인 기도의 시간들을 갖도록 격려하고 계획을 세우라.
  기도는 우리를 하나님의 마음과 연결시켜준다. 우리가 하나님의 시선으로 세상을 보고 하나님의 마음으로 세상을 사랑할 수

있게 해달라고 기도할 때 하나님의 선교에 대한 우리의 영적 이해는 더욱 깊어질 것이다.

④ 가정과 친구들 그룹, 셀 그룹, 주일학교, 전 교회가 위험한 지역에서 개척자로 일하고 있는 선교사들을 지원하는 네트워크에 참여하도록 격려하라.

이것은 선교사와 지원자들 쌍방 모두에게 축복의 통로가 될 것이다. 지난 150년 동안 하나님은 여러 세대의 선교사들을 추수밭으로 부르시며 이러한 연결 고리를 사용해오셨다.

⑤ 복음에 저항하는 종족들을 전도하는 데 이미 참여하고 있는 다른 나라의 교회들과 자매결연을 맺으라.

그러한 파트너십을 만들어내기는 쉽지 않지만, 그것이 이루어진 곳에서는 하나님의 한없는 사랑에 대한 진정한 간증이 나오고, 서로 말할 수 없이 큰 격려를 주고받게 될 것이다.

⑥ 교회의 사역 그룹들을 훈련하여, 국내 인근에 있지만 타 문화와 사회경제적인 경계를 넘어서는 위험 부담이 있는 그런 지역을 목표로 여행이나 프로젝트를 기획하라.

대개는 어떤 교회라도 그 안전지대 바깥을 섬기는 경험을 할 수 있는 기회들이 근처에 분명히 많이 있다. 도시 지역에서는 이것이 빈민 지역에 대한 선교일 가능성이 많은데, 그런 곳은 범죄율이 높고 중산층 이웃에 대한 반감이 높게 작용하는 곳이다.

⑦ 교인들을 훈련하여 선교지의 현실과 위험에 노출시키기 위해 기획된 교육적인 선교 여행으로 인도하라.

현지 선교사와 연계하여 잘 계획하고 준비한 여행은 삶을 영원히 변화시키고 지역 교회의 선교적 이해의 토대를 증진시켜줄 것이다. 이것은 교인들로 하여금 전도의 방식을 결정하고 지속적으로 전도에 참여하게 하는 데 참으로 귀중한 영향을 줄 것이다.
⑧ 이미 복음에 대해 적대적인 지역에서 일하고 있는 경험 많은 선교단체들과 연계하여 훈련과 배치, 선교사 파송 및 지원에 대해 배우라.

지역 교회가 이렇게 하는 것은 지혜로운 일이다. 왜냐하면 이러한 지역은 선교 사역 중에서도 아주 특별한 분야이기 때문이다. 제대로 된 길을 가고 있는 단체와 파트너가 되면 교회는 불필요한 실수와 아픔을 줄이게 될 것이다.

박해가 있는 지역으로 갈 선교사들을 준비시키는 데에는 또 다른 중요한 열쇠가 있다. 만약 지역 교회가 이러한 준비의 시작점이라고 한다면 그 기초 위에는 파송단체와 선교 훈련 센터 그리고 신학교들이 있다. 이들은 역경과 고난을 이겨낼 선교사들을 키워낼 수 있는 교육 과정을 재정비해야 한다.

가르치는 자는 단지 선교학 책이 아니라 그들 자신의 경험으로부터 가르쳐야 한다. 이 가르침에 포함될 주제로는 단순하고 희생적인 생활 방식, 종의 리더십, 문화적인 민감성과 관찰력, 단정한 행동, 자기 절제, 압박감 속에서도 자기 역할 해내기, 팀워크, 보안 유지 지역에서의 커뮤니케이션, 그리고 팀멤버와 현지 회심자들과 관련된 안전 이슈 등을 들 수 있다.

이런 과목들 중 어떤 것은 특수한 성격을 띠고 있기 때문에 선교단체나 훈련기관은 훈련생들에게 최선의 부임전(Pre-field) 학습 경험을 제공하기 위해서 그들의 전문성을 모아 최대한 협조하기 위해 노력해야 한다.

현지에 도착하더라도 선교사들은 아직 훈련 중이라 생각하면서 현지 코치와 초기 적응 기간을 통과하도록 해야 한다. 이러한 과외의 준비 과정은 선교사가 오랜 기간 사역하는 데 커다란 기여를 할 것이다.

4. 미래의 축복

지금은 전례 없이 수명이 길어진 시대다. 우리는 더 오래 살게 될 것이며 인구 중 상당수가 젊은 연령층이다. 선교와 과업에 초점을 맞추려면 경험과 혁신 사이의 협력이 잘 이뤄져야 한다. 우리는 끊임없이 변하는 현실과 현존하는 기관들의 불안정성에 대해 두려워할 필요가 없다. 예수의 제자들은 잃어버린 세대에게 길을 인도하기 위해 가장 준비된 자들이요, 왕 중 왕의 명령을 끝까지 붙들던 이들이었다.

그러나 한 가지 필요한 것이 있다. 그것은 예수 그리스도를 위하여 살고 죽고자 하는 헌신이다. 이것은 진실하게 행해져야 한다. 만일 우리의 헌신이 거짓되다면 우리를 따르는 자들은 없을 것이다.

> 의를 위하여 박해를 받은 자는 복이 있나니 천국이 그들의 것임이라 나로 말미암아 너희를 욕하고 박해하고 거짓으로 너희를 거슬러 모든 악한 말을 할 때에는 너희에게 복이 있나니 기뻐하고 즐거워하라 하늘에서 너희의 상이 큼이라 저희 전에 있던 선지자들도 이같이 박해하였느니라(마 5:10-12).

5. 성찰을 위한 질문들

1) 민족 복음화를 위해 자기의 생명을 조금도 귀한 것으로 여기지 않고 기꺼이 헌신하려는 사람의 수가 줄어들고 있다는 모레이라와 아마도의 말에 동의하는가?
이 도전은 당신의 지역 교회 상황에 어떤 영향을 주는가?
당신은 어떻게 반응하는가?

2) 모레이라와 아마도가 말한 글로벌화된 소비주의와 번영주의 복음은 당신의 교회와 선교 후보자들에게 어떤 영향을 주는가?
보다 성경적인 태도로 선교에 참여하기 위해 당신은 어떤 노력을 해왔는가?

3) 이 글에서 모레이라와 아마도는 우리 주님을 위해 기꺼이 고난을 받고자 하는 마음과 뜨거운 선교 열정 및 헌신을 일으키기 위해 몇 가지를 제안하고 있다.
당신은 이 제안에서 무엇을 배울 수 있으며 이를 어떻게 적용할 수 있겠는가?

참고문헌

Sauer, C. 2010. Mission in bold humility. *International Journal for Religious Freedom* 3, no. 1:65-79.

글쓴이

파울로 모레이라 파일로(Paulo Moreira Filho)는 모룸비침례교회와 자매 교회를 탄생시킨 도시선교 프로젝트에 참여했다. 1980년대 후반 파울로와 그 가족은 오스트리아로 옮겨 동유럽 지역 전역에서 10년간 목사와 교회 개척가, 지도자들을 위한 순회 교사로 섬겼다.

그는 발트해에서 중앙아시아까지 130명 선교사가 있는 침례교회 선교부(JAM)의 코디네이터로도 활동했다. 현재는 선교 후보생과 선교사들을 위한 목양과 훈련 그리고 멘토링 분야에서 아주 활발하게 일하고 있다.

마르코스 아마도(Marco Amado)는 로잔국제대회의 라틴아메리카 지역 대표로 섬기고 있다. 그는 20년 이상 아내인 로생겔라(Rosângela)와 함께 무슬림 가운데서 사역했다. 처음에는 북아프리카에 머물렀지만 나중에는 스페인 남부로 거처를 옮겼고 그곳에서 마르코스는 라틴계 사역자들을 훈련하고 무슬림 세계의 여러 지역으로 배치하는 라틴아메리카 선교단체인 PM인터내셔널의 국제 대표로 섬겼다.

현재 그는 브라질의 상파울로에 선교학 센터를 열어 사역의 첫걸음을 내딛었고 동시에 모룸비침례교회의 선교 목사로 일하고 있다.

제7장

선교단체 준비시키기
- 미국의 관점

S. 켄트 팍스(S. Kent Parks)

우리가 지금 하고 있는 일은 고난의 대가를 치를 만한 가치가 있는 것인가?

① 고난의 대가를 치를 만한 가치가 있는 목표란 무엇인가?
② 무엇이 합법적인 고난인가?
③ 믿는 자들이 고난을 대하는 모습은 하나님께서 자신의 영광을 보여주기 위하여 사용하시는 하나의 도구인가?

대부분의 글로벌 선교 공동체는 미션 컴파운드와 선교사 비자를 갖고 선교했던 지난 식민지 시대의 모델이 오늘날의 세상에는 적절치 않다는 데 쉽게 동의할 것이다. 그러나 문화적인 특징에 근거한 관행들이 여전히 선교적인 생각을 지배하고 있다. 국제적인 사역을 훈련할 때에는 한 문화를 깊게 배우고 비자를 유지하는 데 효과적이 되도록 수년간 같은 지역에서 섬기는 것에 초점을 맞춰왔다.

때로는 정부와 사회가 외부인을 받아들일 수 있게 하느냐가 프로그램의 성공 여부와 직결된다. 즉 성공이란 "그리스도의 몸을 어떻게 유기적이고 재생산적으로 만들 수 있는가"보다 "얼마나 많은 교회 관련 기관들이 작동하느냐"에 근거를 둔다. 때로 성공이란 "사람이 실제로 고난을 당하지 않으면서 얼마나 고난의 절벽 끝까지 가까이 갈 수 있는가"와 직결된다.

1. '선교'라고 불리는 모든 것이 고난의 대가를 치를 가치가 있는가?

많은 선교적인 노력에는 "교회가 좋은 일을 한다"라는 최소한의 정의가 사용된다. 대개의 선교적 노력의 목표는 일반적으로 변혁(transformation)이나 그리스도의 존재가 함께하는 것, 혹은 예수의 이름으로 선을 행하는 것으로 정의되어왔다.

그러한 측정 불가한 개념으로는 어떤 활동 혹은 단순한 능력만 가지고도 그것을 '선교'라 정의할 수 있다. 많은 선교 사업들이 효과성에 대한 전문적, 성경적 기준을 갖고 있지 않다. 성경적인 탁월함에 대한 헌신은 할인 특가가 아니라 온전한 대가를 요구한다.

공동체의 물리적이고 영적인 변화를 어떻게 측정하는가에 대한 명확한 정의가 없는 인도주의적 프로젝트가 과연 고난의 대가를 치를 만한 가치가 있는 것인가?

간헐적인 전도와 소수의 신자들 그리고 제한적이며 보조적인 자원에 일시적으로 의존하여 성과를 이뤄낸 프로그램이 과연 고난의 대가를 치를 만한 가치가 있는 것인가?

"뱀처럼 지혜로우라"는 예수의 이야기를 하며 정부나 교계의 제한을 용납하면서 성공을 '단지 행위로만' 정의하게 될 때 과연 다음과 같은 내용이 논리적으로 뒤따를 수 있을까?

① 사람들은 진정으로 '예수를 보게 되어' 개인적인 관계를 맺게 될 것이다.
② 예수께로 회심한 소수의 사람들은 그 사회에 있는 다른 사람들로부터 받게 되는 위협에 대해 그것이 고난을 당할 만한 가치가 있는 것으로 충분히 여길 수 있게 될 것이다.

건물을 짓고 그 건물에 사는 소수의 사람들을 전도하는 것이 과연 고난당할 만한 가치가 있을까?

신학교라고 불리는 하나의 직업훈련학교를 세워 소수 사람들을 훈련하고 그들로 하여금 이런 기관을 운영하도록 하는 것이 과연 고난당할 가치가 있는 일일까?

실제적인 계획은 없으면서도 당연히 학생들이 예수를 경험하게 될 것이라는 희망을 삿고 중고등학교 혹은 대학교 프로그램을 만들어내는 것은 과연 고난당할 만한 가치가 있는 것일까?

솔직히 (한국 사람이든 미국 사람이든 싱가폴 사람이든 남미 사람이든) 영농 프로젝트나 학교 건립을 한다거나 건물, 학위를 가진 목사가 '교회'라는 작은 식민지를 만드는 것은 고난당할 만한 가치가 없다.

2. 고난의 대가를 치를 만한 가치가 있는 목적이란 무엇인가?

진짜 질문은 "왜 예수와 그의 사도들이 고난을 당했는가?" 하는 것이다. 그것은 왕국에 대한 그들의 공공연한 말과 사역, 기적들(말, 행위, 표적 등)의 고유한 성격이 정부의 권력 구조와 종교, 철학, 사회의 모든 생활 양식에 대해 전적인 위협과 모순이 되었기 때문이다. 예수와 사도들 그리고 초대 교회는 사람들에게 세상 왕국에 대한 그들의 충성을 예수의 왕국에 대한 충성으로 바꾸라고 타협 없이 요청했기 때문에 고난을 당했다.

> 우리가 그 말을 듣고 그 곳 사람들과 더불어 바울에게 예루살렘으로 올라가지 말라 권하니 바울이 대답하되 여러분이 어찌하여 울어 내 마음을 상하게 하느냐 나는 주 예수의 이름을 위하여 결박당할 뿐 아니라 예루살렘에서 죽을 것도 각오하였노라 하니 그가 권함을 받지 아니하므로 우리가 주의 뜻대로 이루어지이다 하고 그쳤노라(행 21:12-14).

아이러니하게도 사람들은 어떤 거대한 목적이 실현 가능하게 보이면 값비싼 대가를 치러야 할지라도 그 목적을 이루기 위해 희생을 한다. 마찬가지로 예수 그리스도께 '순종하는 자들'(제자들)이 재생산되는 것을 볼 수 있다면 고난은 기꺼이 감당할 가치가 있는 것이 된다.

그들은 또 재생산하는 제자들 그룹을 재생산하기 시작할 것이다. 그리고 재생산된 무리들은 성령의 인도를 받아 그들이 읽는 성경말씀에 순종하도록 가르침을 받는다(따라서 종신 계약을 한 '훈련된' 외부인이 필요 없다).

예수의 영에 의해 인도받는 법을 배우게 되면 이 순종의 무리들, 즉 참된 에클레시아는 이웃에 있는 가난한 사람들을 먹이고, 성적 억압에서 십대 소녀들을 자유롭게 하기 위한 활동을 하며, 과부들을 돕고, 그들의 (개인적, 민족적) 적들을 사랑하기 시작한다. 그들은 그들의 문화권 내에서 예수의 모습을 충만하게 드러내게 되어 외부에 의해 유지될 필요가 없고 스스로 자문화를 겨냥하는 비판의 칼이 된다. 그들은 그 사회에서 충성의 균형을 깨뜨리고 예수의 지상명령을 완성하는 일에 동참한다. 하나님 왕국으로의 그러한 전환은 어떤 고난도 감내할 가치가 있는 것이다.

사역자와 기관은 겟세마네의 순간들(마 26:36 이하)에 직면할 준비를 해야 한다. 그 순간들이란 하나님의 계획을 성취하기 위해서 예수처럼 그들도 또한 고난의 잔을 마셔야 한다는 사실을 깨닫는 것이다. 진정한 운동이 일어나는 곳에서는 변화의 메시지를 가져오는 타 문화 전도자들과 이를 재생산하는 지도자들이 고난을 당하게 될 것이다.

외부자는 비자를 유지하는 것이 더 중요한지 혹은 어떠한 고난의 대가를 지불하든지 간에 수많은 사람들이 예수와의 개인적이고 풍성하며 영원한 관계 속으로 들어가는 움직임을 시작할 수 있도록 돕는 것이 더 중요한지 결정해야 한다. 지난 세기의 유명한 WEC선교회 지도자인 스터드(C. T. Studd)는 다음과 같이 말했다.

> 만약 예수 그리스도가 하나님이시며 나를 위해 돌아가신 것이라면, 내가 그분을 위해 바치는 그 어떤 희생도 너무 큰 희생이 될 수는 없다.

3. 복음을 위한 고난인지 아닌지를 이해하기

누군가가 한 사회에서 예수께 충성하도록 변화를 요청한다면 그는 정부와 그 사회에 있는 정치적 혹은 문화적인 리더로부터 구타, 구금, 비자 취소 등의 고난을 받을 것이다. 그렇지만 때로 어떤 사람은 그의 어리석은 행동(가령 이슬람 지역에서 스피커로 성경말씀을 큰 소리로 읽는 것과 같은 행동)으로 인해 고난을 자처하기도 한다.

만일 어떤 사람이 노동 허가 취득에 관련한 법적 절차를 알면서도 이를 합법적으로 하지 않는다면 그는 기도편지에 부패한 아시아 정부로부터 박해받고 있다고 쓰는 대신 자기 행동에 대한 대가를 기꺼이 감수해야 한다. 담대하게 올바른 일을 한 후에 받는 고난과 자신의 어리석음으로 자초하는 고난은 완전히 서로 다른 것이다.

한편 선교사들은 고난이 악한 자와 그의 추종자들로부터 오는 공격의 형태일 수 있다는 점을 인식할 수 있어야 한다. 이러한 고난은 연이은 질병이나 가정의 위기 같은 형태를 취할 수 있다. 물론 깨어진 이 세상에서 벌어지는 모든 어려움을 악한 영적 존재에 의한 직접적인 공격으로 보고 비난하라는 말이 아니다.

악한 자에 의한 고난을 말하는 이유는, 우리의 모든 필요를 해결해 달라고 주님께 아뢸 수 있으며 또 아뢰야 한다는 사실을 말하기 위함이다. 미전도 종족들 가운데서 섬기고 있는 여러 팀들이 이상한 일련의 질병들을 앓기 시작했을 때, 그 그룹의 몇몇 사람들은 비정상적인 하나의 패턴을 깨닫기 시작했다.

그들은 모든 팀원과 기도 후원자들에게 그들이 질병에서 놓일 수 있기를 기도해달라고 청했다. 그러자 질병들은 치유되었다. 모든 사역자들은 어떤 방식의 고난이든 주님께 그것을 아뢰고 도움을 구해야 한다. 또한 이러한 간구를 훈련해야 한다.

4. 고난을 대하는 신자의 태도는 하나님의 영광에 대한 강력한 증거다

때때로 하나님은 자신의 능력을 보여주기 위해 이 땅에서 사람들을 고치신다. 때때로 모든 위로의 하나님(고후 1:3-4)은 사람들이 고난과 죽음을 통과하는 동안 이해를 초월하는 평화를 누리며 살아가도록 도우신다. 어떤 때는 치유란 이 땅에서의 죽음 후에 누리는 영원한 것이다.

만약 예수의 추종자가 되는 것이 언제나 병 고침을 받으며 절대로 고난을 당하지 않는 것을 의미한다면, 많은 사람들은 예수에 대한 사랑 때문에 그분을 따르기보다 치유, 평안, 위로 등의 값싼 가치를 선택할 것이다.

복음 때문에 당하는 고난을 좀 더 온전히 이해하게 되면 선교단체가 왜 납치된 사역자를 위한 보상금을 지불하지 않는지 혹은 단지 선교사들이 적들의 표적이 되지 않도록 노력하는 선에서 멈추는지 이해하게 될 것이다.

그것은 선교사들이 한 나라의 폭력의 와중에서 도망해야 할지 혹은 계속 체류해야 할지 질문하게 만든다. 그것은 누군가를 감옥에서 나오게 하기 위해 정부에게 로비해야 하는지 아니면 하나님에게 로비하는 노력을 시작해야 할지 고민하게 만든다. 또한 새신자들을 시련에서 벗어나게 하기 위해 시급히 도와야 할지를 고민하게 한다.

기독교에 적대적인 나라에서 6명의 주요 신자들과 지도자들이 이단이라는 명목으로 고소된 적이 있다. 외부자들은 구조의 노력을 벌이기보다 그들에게 하나님의 지혜를 구하라고 독려했다.

그리고 다시 그들에게 전화를 걸어 "하나님이 말씀하시길, 도망가지 말고 고소에 응하라 하셨다"라고 전했다. 근엄한 표정의 종교 판사들이 법정으로 들어왔고 방청석에는 사람들이 가득찬 채로 재판이 시작되었다.

그때 마귀가 한 여자를 통해 격렬하게 나타나기 시작했다. 몇몇 강력한 주술사들이 여자를 제지하여 데리고 나가려고 온갖 노력을 다했으나 실패했다. 판사는 잠시 쉬었다가 다시 법정을 열어야겠다고 공지했다.

주님은 6명의 주요 신자와 지도자들에게, 재판석에 앉아 있는 판사들에게 그들이 문제 해결을 시도해봐도 될지 물어보라는 마음을 남겨 주셨다. 재판석의 판사들은 의심쩍어 하면서 동의했다.

그들은 조용히, 그러나 눈에 보이게 예수의 이름으로 마귀가 떠나도록 기도하기 시작했다. 마귀는 쫓겨났고 그 여자는 조용해졌으며 놀라움에 찬 침묵이 온 법정에 퍼졌다. 그리고 판사 몇 명과 많은 이들이 예수에 대한 믿음으로 나아왔다.

만약 상식적인 지혜에 따라 이들 신자들이 고난을 두려워하며 안전을 위해 숨어버렸다면, 하나님은 그처럼 가시적인 방법으로 사람들의 삶을 바꾸는 능력을 드러내실 수 없었을 것이다.

> 그들이 그리스도의 일꾼이냐 정신없는 말을 하거니와 나는 더욱 그러하도다 내가 수고를 넘치도록 하고 옥에 갇히기도 더 많이 하고 매도 수없이 맞고 여러 번 죽을 뻔 하였으니 유대인들에게 사십에서 하나 감한 매를 다섯 번 맞았으며 세 번 태장으로 맞고 한 번 돌로 맞고 세 번 파선하고 일 주야를 깊은 바다에게 지냈으며 여러 번 여행하면서

강의 위험과 강도의 위험과 동족의 위험과 이방인의 위험과 시내의 위험과 광야의 위험과 바다의 위험과 거짓 형제 중의 위험을 당하고 또 수고하며 애쓰고 여러 번 자지 못하고 주리며 목마르고 여러 번 굶고 춥고 헐벗었노라(고후 11:23-27).

이런 류의 결단은 CIM(China Inland Mission, 중국내지선교회)의 지도자 허드슨 테일러(James Hudson Taylor)가 고난을 어떻게 직면했는가를 통해서 명백하게 드러난다. 그는 유럽에서 아픈 중에도 새로운 사역자들을 모집하고 있었는데, 의화단의 난(1900년대) 중에 선교사의 사망이 늘어나고 있다는 소식을 들었다. 그는 오직 이 말만 할 수 있었다.

"나는 생각할 수 없었고, 기도할 수도 없었지만, 신뢰할 수는 있었다."

188명의 선교사들이 의화단의 난 때 죽었으며, CIM은 가장 많은 죽음으로 고통을 받았지만 허드슨 테일러는 어떤 청구도 하지 않았으며 어떤 보상금(서구 열강들이 중국에게 바치라고 요구했던)도 받기를 거절했다. 그는 그러한 행동이 복음과 반대되는 행동이라고 간주했다. 선교 사역은 의화단의 난 이후에도 사라지지 않았다. 오히려 더욱 큰 열정으로 지속되었다.

사역자의 수는 그 다음 10년 동안 4배가 뛰었다(Hefley 1994). 그는 새로 모집된 자들이 당면할 위험과 고난에 대해서 물으면서 1865년 브라이톤 비치에서 이미 주님과 씨름을 했었기 때문에 이 엄청난 비극을 받아들일 수 있었다.

마침내 한줄기 광선이 그의 마음속에 떠올랐고 그는 소리쳤다.
"만약 우리가 주님에게 순종하고 있는 것이라면 책임은 우리에게 있지 않고 그분에게 있다."

그는 곧장 그의 성경에 이렇게 썼다. "1865년 6월 25일 브라이톤, 중국을 위해 자원하는 24명의 유능한 사역자들을 위해 기도했다."

- http://www.wholesomewords.org/missions/biotaylor3.html

5. 결론

하나의 기관으로서 우리는 우리의 인력을 고난에 대비하도록 훈련하는 것이 아니라 모든 사회가 예수께로 그 충성심을 향할 수 있도록 돕는다. 이 일이 성공할 수 있다면 우리는 고난을 당할 것이다.

프로그램이나 기관, 혹은 비자를 위한 고난이라면 그것은 당할 가치가 없다. 역동적이며 순종하는 그리스도의 몸의 탄생을 보기 위한 고난이라면 그것은 당할 만한 가치가 있다.

신체적으로 안전하게 되는 것이 우리의 목표가 아니다. "당신을 위한 가장 안전한 장소는 하나님의 뜻 가운데 있는 것이다"라는 문구는 "죽음, 강간, 구타, 구금 등이 일어나지 않을 것"이라는 뜻을 함축하지 않는다. 예수는 하나님의 뜻 바로 한가운데 있었고 죽임을 당했다. 만약 '안전'이란 단어가 영적인 활기와 하나님과의 친밀한 교제로 이해되는 것이라면 그 문구는 옳다.

만약 우리가 그들과 똑같이 기꺼이 사회로부터 고립되고 박해받는 것을 직면하고자 하지 않는다면 어떻게 감히 사람들에게 가서 그들로 하여금 예수를 따르라고 요청할 수 있겠는가?

6. 성찰을 위한 질문들

1) 우리가 지금 하고 있는 것들은 고난을 당할 만한 가치가 있는 것들인가?

2) 고난당할 만한 가치가 있는 목적이란 무엇인가?

3) 무엇이 합법적인 고난인가?

4) "신자들이 고난을 어떻게 대하는가"는 하나님이 그분의 영광을 보여주시기 위한 하나의 도구가 되는가?

참고문헌

Hefley J., and M. Hefley. 1993. *The Boxer Rebellion - 1990. By their blood: Christian martyrs of the twentieth century.* Grnad Rapids, MI: Baker House Books.

글쓴이

켄트 팍스(Kent Parks)는 동남아시아의 무슬림 미전도 종족을 대상으로 20년간 목사와 신학교 교수, 교회 개척가로 일해왔다. 2008년에는 미전도종족선교회(Mission to Unreached Peoples)의 회장으로 섬기기 시작했는데, 이 선교회는 아직 복음을 접하지 못한 전 세계 27.9% 사람들 가운데서 그리스도에게로 나아가는 전인적인 운동을 촉진하는 데 초점을 맞추고 있다.

> 나는 비천에 처할 줄도 알고 풍부에 처할 줄도 알아 모든 일 곧 배부름과 배고픔과 풍부와 궁핍에도 처할 줄 아는 일체의 비결을 배웠노라 내게 능력 주시는 자 안에서 내가 모든 것을 할 수 있느니라(빌 4:12, 13).

21세기의 그리스도인으로서 우리는 바울로부터 만족의 미덕, 심지어 박해의 고통에 직면해서도 만족할 수 있는 태도를 배울 준비가 되어 있는가?

바울은 자신의 경험에 의거해 제자들에게, 그리스도인의 생활양식은 문제 없는 삶을 전제로 하지 않으며 오히려 하나님이 환난을 포함한 모든 것을 통치하신다는 확실성을 포함하고 있음을 이해하라고 가르친다.

선교사들이 선교 과업의 가장 어려운 부분을 직면하도록 자신을 준비시킬 때, 우리는 모든 꿈과 걱정을 하나님에게 넘겨드리고 모든 도전에 직면하기 위해 그분의 힘을 믿으며 그리스도에게 온전히 의지해야 한다. 그분은 모든 환경에서 우리에게 힘을 주겠다고 약속하셨으며 이 약속은 우리에게 불의와 악을 포함한 세상에 대해 전혀 다른 관점을 가져다준다.

- 브라질의 리씨아 로잘리 산따나(Licia Rosalee Santana)의 묵상

제8장

선교사 가정
- 준비와 지지 그리고 회복

로라 매 가드너(Laura Mae Gardner)

온 세상에서 사람들은 고통받고 있으며 선교 사역자들은 위험한 지역에서 그들의 믿음을 삶으로 살아내는 동안 순교의 지점에 이르기까지 고통을 당하곤 한다. 우리는 어떻게 그처럼 위험한 사역에 임하는 가족들을 준비시키고 지지하고 회복시킬 수 있을까?

고난과 박해 그리고 순교는 오늘날 많은 그리스도인들의 삶에서 중복되게 경험하고 있는 것들이다. 그러나 차이가 있다. 고난은 우리의 믿음과는 별로 상관이 없고, 모든 게 우리의 환경과 관계가 있다. 그것은 일시적이거나 지속적이고, 간접적이거나 이차적일 수도 있다.

고난은 우리 자신의 행동에 의해 야기될 수도 있고, 혹은 우리는 순전히 악한 행동의 피해자일 수도 있다. 고난은 우리의 소속의 결과로 생길 수도 있고, 혹은 우리의 장소와 관계될 수도 있다. 고난은 개인에 국한될 수도 있고, 큰 그룹에 퍼져 있을 수도 있다. 예를 들면 인구 전체가 에이즈, 종족 학살 혹은 재난의 충격으로 고통당할 수 있다.

박해는 대개 영적인 측면과 관련되며 지속적이거나 혹은 그 강도가 심해지기도 한다. 또 (종족 혹은 종교적인) 개인이나 그룹을 향하고 보통 이념적인 악의에 의해 야기된다. 그것은 종종 물질적인 손해, 자유의 제한 혹은 적대적인 부당함을 초래한다.

순교는 증언의 요소를 포함한다. 결과적으로 죽음은 최종적이고, 개인적이며 그 사람의 신앙과 연관이 된다. 순교자가 할 수 있는 유일한 선택은 부인하거나 죽는 것뿐이다.

1. 극심한 어려움에 대한 준비

다음은 선교사를 극심한 어려움에 준비시키는 데 도움이 되는 4가지 지침들이다. 파송 단체는 물론 개인 사역자들도 적극적으로 추구해야 하는 것들이다.

1) 고난의 신학을 정립하라

고난에 대한 당신의 입장을 글로 표현해보라.

그 글은 점진적이고 체험적인 것으로, 당신 자신과 당신의 믿음 그리고 환경을 보다 잘 이해하게 됨에 따라 조금씩 바뀔 것이다. 덧붙여서 자신에게 다음 질문을 해보는 것이 좋다.

① 하나님의 침묵과 예측 불가한 상태를 편하게 여기는가?
② '지체되거나 변덕스럽게 느껴지는' 하나님의 공의나 자비에 대해서는 어떻게 생각하는가?

③ 악에 대해 분명한 응답을 해주시지 않는 상황을 잘 받아들일 수 있는가?
④ 나는 하나님의 주권과 그분의 사랑 가득한 임재를 강하게 믿는가?
⑤ 하나님이 선하심을 믿고 있는가?
⑥ 애매모호함과 신비를 허용할 수 있는가?
⑦ 이러한 질문들에 대해 나는 긍정적으로 반응하고 있는가?

2) 특정한 분야에서 관계상의 투명성과 정직성을 추구하라

당신과 하나님 사이에 드러난 죄가 있는지, 단체 지도자들과 원활히 소통하며 신뢰할 만한 관계를 형성하고 있는지, 그들과 갈등이 없는지 점검하라.

배우자와의 관계는 개방적이고 지지적이어야 한다.

자녀들과는 그 나이에 맞는 적절한 정보를 나누되, 그들이 용기를 내어 자신의 어려움을 숨김없이 말하게 하라.

동료들에게는 존경스럽고 소통을 잘하며 자상한 동역자로 인식되어야 한다.

3) 간접적인 경험을 통해 마음을 준비시키라

당신은 과거 선교사들의 전기와 현재 믿음의 개척자들의 이야기들을 읽음으로써 정신과 마음을 준비할 수 있다(이 장의 추천 도서 목록을 보라). 당신은 또한 당신이 속한 환경을 형성한 역사와 문화 그리고 근래의 사건들과 친숙해질 수 있다. 이것은 온 세상에서 벌어지고 있는 사건들도 인지하고 있음을 포함한다.

마지막으로 경건하고 경험 많은 선교사들의 이야기를 경청하라.

4) 인적 자원을 확보하고 유지하라

유익한 정보를 제공해줄 수 있는 현지 친구들을 사귀라.

그리고 당신을 파송한 교회에 당신이 처한 상황과 기도제목을 알릴 수 있는 신중한 방법들을 찾으라.

또한 가능하다면 현지 교인들과 함께 예배할 기회를 확보함으로써 영적인 힘을 얻도록 하라.

2. 큰 역경 가운데 있는 선교사 가족 지지하기

외로움과 당혹감, 무력감, 좌절감은 심한 감정 기복으로 이어진다.
어떻게 이런 일이 일어날 수 있을까?
하나님은 어디 계신가?
왜 우리 지도자들은 이 문제에 대해 아무것도 하지 않을까?
성경 저자인 마가는 예수에 대해 이렇게 기록한다.

> 내 마음이 심히 고민하여 죽게 되었으니(막 14:34).

선교사 가정을 돕는 데 있어 사람이 머리와 마음과 몸과 의지가 서로 연결되어 있음을 기억하는 것이 도움이 된다. 즉 육체적인 고통은 에너지를 잡아먹고, 휘청거리는 감정은 명확한 사고를 막고, 좌절감은 균형감 있는 관점을 방해한다. 이 모든 것들은 곤란과 상실의 한가운데서 좋은 결정을 내리는 데 방해가 된다. 사람은 건강과 일상 그리고 영적 실천 등을 통해서 평정을 유지하고자 노력할 수 있다.

파송단체와 교회들이 사역자의 상황을 인지하고 그에 반응을 보이는 것 또한 매우 중요하다. 지도자는 반드시 사면초가에 처한 사역자들과 의사소통을 하며 그들을 위해 기도하고 인도해야 한다. 어려운 시기에 지도자들이 침묵한다면 사역자는 외로움과 무력감, 당황감과 좌절감을 더 깊이 느낄 것이다.

연결성은 생명선이다. 하나님과 동료들, 지도자들 간 네트워크는 희망과 힘을 전달한다. 베드로는 이러한 네트워크에 대해 다음과 같이 언급한다.

> 너희는 믿음을 굳건하게 하여 그를 대적하라 이는 세상에 있는 너희 형제들도 동일한 고난을 당하는 줄을 앎이라(벧전 5:9).

바울이 고린도에 보낸 두 번째 편지는 그의 역경의 기록으로 가득 차 있다. 그것은 또한 바울이 관계 맺고 있는 사람들이 누구이며 그들이 어떻게 바울을 견디게 해주는지의 내용으로 이뤄져 있다. 골로새 교인들을 위해 바울은 "모든 능력으로 능하게 하시며… 모든 견딤과 오래 참음에 이르게"(골 1:11) 하시기를 구했다. 그는 에베소 교인들에게는 자신을 위해 다음과 같이 기도해달라고 요청했다.

> 또 나를 위하여 구할 것은 내게 말씀을 주사 나로 입을 열어 복음의 비밀을 담대히 알리게 하옵소서 할 것이니(엡 6:19).

재난의 피해를 경험했던 사람들은 재난으로 고통받는 사람들에게 보다 민감하게 반응하며 관심, 도움, 돌봄을 제공할 수 있다. 어려움을 당한 사람이 누구며 그를 어떻게 도와야 하는지를 잘 포착한다. 하나님에게서 우리가 받는 위로는 다른 사람들을 돕는 데 사용되도록 주어진 것이다(고후 1:4). 그리고 다른 사람들을 위로하면서 우리가 위로를 받는다.

사탄은 우리의 적이며 우리를 대적하는 역할을 잘 해낸다. 때로는 승리하는 것처럼 보인다. 그러므로 우리는 현재의 고난을 야기한 그 사람 너머에 있는 진짜 적을 바라봐야 하고, 영적 무기로 무장하여 그를 대적해야 한다(엡 6:10-18). 이러한 영적 무장의 도구들은 사역자들을 세우고 지지해준다.

3. 큰 어려움과 상실 이후의 가정 회복시키기

어려움 이후의 가정들을 회복시키는 일은 중요하다. 그리고 그 과정에는 동료와 친구, 가족들이 파송단체의 리더십과 함께 그 과정에 참여할 수 있다. 가족들도 회복 과정에 활발하게 참여해야 한다.

회복이란 끝날 때까지 끝난 것이 아니다. 기억은 그 사건보다 오래 지속된다. 그리고 적절한 과정을 거쳐 처리되지 않은 기억은 편향되는 경향이 있다. 가능한 한 기억은 사실과 정확하게 일치되는 것이 중요하다. 비극 가운데 있던 사람 누구도 자신이 겪은 일을 사실 그대로 기억하지 못한다. 그러므로 이야기를 함께 다시 해봄으로써 이야기의 흩어진 조각들을 함께 맞춰보며 기존에 갖고 있던 불완전한 기억을 완전하게 만들 필요가 있다.

보통 우리는 같은 경험을 통과한 다른 사람들에게 일어난 일의 과정을 들을 때 관점을 명확하게 가질 수 있게 된다. 상실에 대해 같이 울고, 선함에 대해 놀라고, 도움을 받기도 하면서 같이 기뻐하는 등의 이러한 영적 활동들은 연합을 가져오고 이해와 연민을 증진시킨다.

단체는 보고(debriefing)의 기회를 주선해야 한다. 이것은 재정과 인력을 제공함으로써 회복 과정을 격려하는 것을 포함한다. 고난의 사건을 통과한 사람은 모두 보고에 참여해야 한다. 왜냐하면 어려움의 과정을 되짚지 않으면 그 경험에 대한 감정적인 부분까지도 덮거나 묻어버리기 때문이다. 보고를 의도적으로 피하는 것은 동료나 상사를 무시하고 혹은 권위에 대한 저항의 메시지를 보내는 것이다.

어려움이나 상실을 경험한 사람이 있다면 그가 개인적 평가에 참여하도록 도우라.

어떤 사람은 "내가 그것을 말하는 것을 듣기까지 나는 내 자신이 그렇게 생각하고 있는 줄 몰랐다"라고 이야기했다. 경험을 언어로 표현하는 것은 고통을 장악하고 있는 권세를 깨뜨리는 일이다.

당신이 잘한 일은 무엇인가?

신앙생활을 하면서 혹은 시련을 겪으면서 당신은 태도 면에서 어떤 약점들을 발견했는가?

삶에서 (가령 관계 문제처럼) 당신의 에너지를 고갈시키는 문제들이 있는가?

"건강 관리 혹은 영적 훈련에서 부족한 부분들이 있는가?"

"당신의 과거 경험에서 비롯된 결과 중 무엇을 변화시킬 것인가?"

보통 사람들은 가해자, 혹은 상실을 대수롭지 않게 여기는 사람에 대해 분노를 갖기 쉽다. 하지만 그런 마음으로부터 자기 자신을 보호해야 한다. 또한 뒤로 물러나려는 유혹에 저항해야 한다.

소명을 되찾도록 그들을 격려하라.

하나님은 우리를 그분의 과업을 위해 부르실 때 안전이나 성공을 약속하지 않으신다. 예수께서는 그의 제자들에게 다음과 같이 말씀하셨다.

> 세상에서는 너희가 환난을 당하나 담대하라 내가 세상을 이기었노라
> (요 16:33).

그분은 당신을 속이지 않으신다. 그분은 당신과 함께하겠다고 약속하셨다(마 28:19-20). 사람들은 의미를 찾는 존재이다.

왜 이 일이 일어났을까?

욥의 질문도 바로 그것이었다. 그러나 하나님은 그것에 결코 대답하지 않으셨다. 언제나 질문들이 있을 뿐 대답은 거의 없다. 그러나 욥은 복합적인 시련을 겪은 후 그것 때문에 변화된 사람이 되었다.

4. 결론

위의 말들은 정형화되고 진부한 것처럼 들릴지도 모른다. 그러나 내가 동료들로부터 들은 이야기와 감정적이고 영적인 상흔을 지니고 사는 사람과 함께 내가 흘렸던 눈물, 혹은 히브리서 11장의 마지막 구절에서 아무런 옹호나 구조도 없이 견뎌야만 했던 사람들에 대해 읽으면서 내가 마음에 느꼈던 슬픔은 전혀 진부한 것이 아니다.

하나님께 감사하라!

공의와 면죄 그리고 평화는 영원 가운데서 실현될 것이므로!

그때까지 우리는 고난당하는 자들을 사랑으로 돌봐야 한다. 우리에게 고난의 시간이 올 때는 하나님의 도우심을 구해야 할 것이다. 바울과 함께 우리는 이렇게 말한다.

> 내가 확신하노니 사망이나 생명이나 천사들이나 권세자들이나 현재 일이나 장래 일이나 능력이나 높음이나 깊음이나 다른 어떤 피조물이라도 우리를 우리 주 그리스도 예수 안에 있는 하나님의 사랑에서 끊을 수 없으리라(롬 8:38-39).

5. 성찰을 위한 질문들

1) 파송 단체와 교회들이 어떻게 사역자들의 상황과 갈등, 고통에 대해 인지하고 반응을 보일 수 있을까?

2) 제대로 과정을 통과하지 않은 기억들이 선교사들과 극심한 비극의 피해자들에게 어떤 종류의 결과를 초래할 수 있을까?

3) 어떻게 보고가 극심한 고난을 통과한 사람들을 도울 수 있는가? 가드너의 통찰을 중심으로 이야기해보라.

4) 신앙생활을 하면서 혹은 시련을 겪으면서 당신은 태도 면에서 어떤 약점들을 발견했는가?
당신의 에너지를 고갈시키는 삶의 문제들(가령 인간관계의 문제처럼)이 있는가?

당신의 과거 경험에서 비롯된 결과 중 무엇을 변화시킬 것인가? 이러한 질문들이 당신과 동료 선교사들의 고통을 다루는 데 어떤 도움이 될 것인지 토의해보라.

참고문헌

Hinry, T. 2000. *On the missionary trail.* New York: Atlantic Monthly.

Ilibagiza, I. 2006. *Left to tell: Discovering God amidst the Rwandan holocaust.* Carlsbad, CA: Hay House.

Roseveare, H. 2007. *Living sacrifice.* Fearn, Tain, UK: Christian Focus Publications.

Van der Meer, A. 2008. Biblical reflection on ministry and suffering. *Connections* 7, nos. 1 and 2:6-9.

Yancy, P. 2010. *What good is God?* New York: Faith Words.

글쓴이

로라 매 가드너(Laura Mae Gardner)는 위클리프에서 번역과 행정, 상담, 멤버 케어, 리더십, 이사회의 영역에서 50년간 섬겼다. 그녀는 많은 글들을 썼고 로이스 도즈(Lois Dodds)와 함께 『글로벌 사역자들을 위한 돌봄』(Care of Global Servants)이라는 세 권짜리 시리즈를 저술했다. 현재는 SIL(Summer Institute of Linguistics)과 WBT(Wycliffe Bible

Translators)를 위한 국제 인사 컨설턴트와 훈련가로 활동 중이다.

> 고통이란 그것이 사라지기까지 견뎌내야만 하는 것이다. 세상이 모든 짐을 지고 그 밑에 쓰러지든지 혹은 그리스도께서 그 짐을 지고 그 안에서 승리하시든지 해야 한다. 그래서 그리스도는 세상을 위해 대신 고난을 당하신다. 그분의 고난만이 구속적인 효과를 갖는 유일한 고난이다. 그러나 교회는 세상이 지금도 여전히 고난을 감당할 누군가를 찾고 있음을 안다. 그래서 교회는 그리스도를 따를 때 고난을 자신의 몫으로 삼고, 그것은 그리스도에 의해 감당되는 것이다. 십자가 아래서 그분을 따를 때 교회는 하나님 앞에서 세상의 대표자로서 서는 것이다.
>
> – 본회퍼, 『제자도의 대가』(*The Cost of Discipleship*, 1976, 102)

팔레스타인의 힘

라미 아야드(Rami Ayyad)는 가자 지역에 있는 팔레스타인성서공회(Palestinian Bible Society)의 책임자였다. 친절하기로 잘 알려졌던 그는 2008년 10월 8일 저녁 사무실에서 일을 마친 후 납치를 당했다. 그리고 다음 날 잔인하게 살해당한 채 발견되었다.

사실 아야드는 죽기 수개월 전부터 사무실로 날아드는 협박 편지로 고통을 받고 있었다. 그러나 그는 일이 지속되어야 마땅하다고 믿었기에 그 사무실 자리에 머물렀던 것이다.

- 미리암 아데니(Miriam Adeney)의 『국경 없는 왕국』(*Kingdom without Borders: The Untold Story of Global Christianity*, 2009, 257)

제9장

순교한 선교사의 자녀들 이야기
- 경험하고, 회복하고, 돌아오다

데이비드 톰슨(David Thompson)

우리 부모님은 베트남의 반메토트라는 중부 산악지대 도시에서 1968년 악명 높은 구정 대공세(Tet Offensive) 때 공산주의 군인들에게 죽임을 당하셨다.

당시 나는 펜실베이니아에 있는 제네바대학(Geneva College)에서 공부하던 19살의 학생이었다. 나는 펜실베이니아 뉴 켄싱턴 근처에 있는 큰아버지 집에서 따분한 크리스마스 방학을 보낸 후 다시 학교로 돌아와 수업을 듣고 있었다.[1] 기숙사와 친구들 그리고 책들로 돌아오는 것이 내게는 안도감을 주었다.

누나는 뉴욕 근처에 있는 나약대학(Nyack College)의 3학년 학생이었는데, 선교사가 되겠다는 새로운 비전을 품고서 즐거운 크리스마스

---

[1] 큰아버지와 아버지는 대공황 시절 자살했던 알코올 중독자 석탄 광부의 유일한 두 아들이었다. 그들 어머니(할머니)는 재혼을 하지 못했다. 그러나 그녀는 예수를 발견하여 크게 변화되었고 아버지도 그녀의 본을 따르게 되었다. 형의 반대에도 불구하고 아버지는 목사가 되었고 어머니와 결혼하여 캄보디아와 베트남에서 선교사로 활동하셨다.

방학을 마친 후 학교로 막 돌아왔었다.

베트남에 있던 세 동생들은 부모님이 살해되기 바로 사흘 전, 부모님과 굿바이 키스를 하고 말레이시아에 있는 학교로 갔다.

우리 부모님은 중부 산악지대에 심상찮은 문제가 꿈틀대고 있음을 알았지만 결코 죽음을 예측하신 건 아니었다. 하지만 부모님은 선교부의 요구 사항에 따라 마지막 유서와 간증문을 준비하셨다. 그리고 재앙이 일어나면 이모와 이모부에게 가라고 내게도 미리 말씀하셨다. 그러나 이모와 이모부에게는 아직 물어보지 않은 상태였다. 아무도 무엇이 일어날지에 대해 준비가 되어 있지 않았었다.

1968년 2월 1일, 나는 행복한 의예과 2학년 학생이었다. 다음 날 아침, 어느 학생이 학장님 사무실에서 나를 부른다고 말했을 때 나는 식당에서 아침을 급하게 먹고 있었다. 궁금해하면서 나는 급히 사무실로 갔다. 거기서 나는 학장님과 내가 좋아하는 교수님 그리고 몇몇 사람들을 보았다. 그들은 끔찍한 소식을 내게 전했다.

선교부 대표가 지난밤에 그들에게 전화를 해서 그 뉴스가 공개되기 전에 나에게 먼저 알려주라고 부탁했다는 것이다. 학교 관계자들은 나와 함께 울었고, 나를 위로했고, 나를 끌어안으며 함께 기도해주었다. 나는 뉴욕에 있는 누나를 만나기 위해 기차를 타야 한다고 결정한 것 외에는 별로 기억나는 게 없다.

눈물에 젖은 채 나는 짐을 싸러 기숙사로 향했다. 그리고는 방 안에 들어와 문을 잠그고 무너졌다. 하나님께 답을 구하면서 비통하게 소리 지르며 울었다. 나는 하나님이 부탁하신 일을 하고 있던 내 부모님을 그분이 보호해주시지 않은 데 격노했다.

얼마 지나지 않아 그 방에서 무언가 비상한 일이 일어났다. 설명을 요구하며 부르짖던 나는 그분을 신뢰하라고 나를 다독이시는 하나님의 고요하고 잔잔한 음성을 들었다. 그분의 사랑이 너무나 압도적으로 느껴졌기에 내 분노는 가라앉았고 나는 그분과 사랑에 빠졌다. 뉴욕으로 가는 8시간의 기차 여행은 끝이 없는 것 같았지만 내 마음은 이미 치유가 시작되고 있었다.

누나의 경험도 비슷했다. 비록 그녀는 나처럼 하나님이 말씀하신다는 느낌을 받지 못했지만 말이다. 부모님의 친구들이 그 끔찍했던 첫날 온종일 그녀를 도왔다. 뒤이어 나의 필요를 사랑으로 돌봐주었다. 누나와 나는 동생들과 슬픔을 나누기 위해 곧 해외로 가게 되리라 생각했다.

동생들의 경험은 나나 누나와는 또 다른 것이었다. 기숙사에서 그들을 돌봐주던 선생님들은 동생들을 위로하기 위해 최선을 다했다. 그럼에도 동생들은 엄청난 충격에 휩싸였다. 8살 난 토미는 엄마와 아빠가 예수님과 함께하기 위해 떠나셨고 다시는 그들을 볼 수 없다는 사실을 이해했다. 11살 난 로렐은 끔찍한 전쟁 중에 부모님이 공산주의 군인들에게 살해되었다는 것과 우리 집 뒷마당에 묻혔다는 것을 이해했다.

15살 난 데일은 두 동생보다 더 많은 걸 이해했지만 왜 누나와 형이 얼른 나타나지 않는지 이해할 수가 없었다. 기숙사에 있던 세 명의 동생들에게 그 사건들은 비현실적인 것이었다. 부모님의 죽음에 대한 그들의 묘사는 아주 막연했다. 장례식은 없었다. 사랑하는 부모님과의 이별에 대해 구체적으로 생각할 것이 그들에게 없었다.

내가 누나와 함께 있는 동안에는 부모님의 시신을 어떻게 할 것인지에 대한 결정이 아직 이뤄지지 않고 있었다. 며칠이 지나서야 안전 상황이 허용되어 선교사들이 부모님의 시신이 놓인 곳으로 찾아갔지만 그들이 도착했을 때 시신들이 너무나 부패해서 옮길 수가 없었다.

그래서 그들은 부모님이 쓰러진 곳에 그냥 그들을 묻었다. 비록 우리가 반대할 수는 없었겠지만 이에 대해 그들은 누나와 내게 물어보지 않았다.

나와 형제들은 부모님이 쓰러진 그곳에 묻히신 것에 대해 아쉬움은 없다. 다만 내가 아쉬워하는 것은 당시 부모의 죽음에 대해 어떻게 제대로 경의를 표하고 애도할지에 대한 아무런 감도 없었다는 것이다. 나는 심지어 선교부가 마련한 추도식에 참여하라는 부탁을 받았는지도 기억이 안 난다. 어쨌든 나는 그곳까지 이동할 돈이 없었다.

나는 하나님을 강력하게 만났다. 그러나 감정적인 안개 속에서 살고 있었다. 내가 해야 한다고 알고 있었던 유일한 것은 하나님을 신뢰하고 그 끔찍한 사건을 내 뒤에 내려놓고 공부를 잘 끝내기 위해 배나 더 노력하는 것이었다.

우리에게 남겨진 이모와 이모부도 역시 베트남의 선교사들이었다. 그분들과 우리 가족이 가까워지자 최소한의 혼란이 생겨났다. 양부모가 된 이모와 이모부는 부모님이 돌아가신 얼마 뒤 기숙사 학교에 있는 어린 동생들을 방문하셨다. 그리고 그들을 사랑하고 위로하며 안전한 새 가족으로 함께해주려고 애쓰셨다.

1960년대 후반 우리 문화권에서는 슬픔과 상실을 극복하는 최선의 방법이 애도의 기간을 줄이고 최대한 그 감정에 머물지 않도록 하는 것이라고 생각했던 것 같다. 어른들은 우리에게 그렇게 하도록 지도했고 특히 나의 어린 두 동생이 그 영향을 가장 많이 받았다.

특히 막내 동생은 부모님이 돌아가신 이후 25년간 마음을 굳게 닫고 슬픈 기억을 외면했기 때문에 그 사건 이후의 초반 8년에 대해서는 아무것도 기억하지 못했다.

부모님의 죽음 후 3개월쯤 되었을 때 나는 선교부 지도자들에게 편지를 써서 누나와 내가 나머지 가족들과 베트남에서 여름을 보낼 수 있도록 비행기 표를 구해줄 것을 요청했다. 충격적이게도 그들은 안 된다고 했다.

나는 이에 대해 지금은 상한 마음이 없다. 그러나 이 거절은 부모님의 사망 소식만큼이나 고통스러웠다. 나는 나와 형제들이 부모님과의 관계만 상실한 게 아니라 형제들 간 관계마저도 잃어버렸다는 사실을 무례하게 일깨움받았다.

부모님의 죽음 직후에는 많은 사람들이 우리를 사랑과 이해, 격려로 축복해주었다. 그러나 시간이 지나면서 내 삶은 하나의 길고도 혼란스러운 외로움의 터널이 되어버렸다. 휴가 동안 나는 양부모와 그 가족들에게 초대되어 환영받았지만 그들에게 속하지는 못했다. 5년 후 결혼할 때까지 나는 내가 얼마나 절실하게 소속감을 그리워했는지 그리고 내 존재가 얼마나 고독했는지를 깨닫지 못했다.

나는 내 중간 남동생을 그 사건 이후 2년이 지날 때까지 보지 못했다. 막내 여동생과 남동생을 보기까지는 4년이 걸렸다. 그때쯤 우리는 낯선 사이가 되었다. 중간 남동생은 내가 가장 가깝게 느꼈던 형제였는데, 그때 당시 17살이었던 그 동생과 나의 관계는 완전히 바뀌어버렸다. 당황스럽게도 그는 나랑 같은 방에 있는 것을 간신히 견딜 수 있을 정도로 나를 어색해했다.

이 남동생은 하나님과 나에 대해 31년간이나 돌아섰었다. 부모님의 죽음 이후 10년이 지나자 우리는 그의 결혼식에 참석했다. 거기서 그는 누나와 내게 우리가 취직을 준비하는 동안 자신을 버렸던 것에 대해 결코 용서하지 않을 거라고 말했다. 우리는 망연자실했고 마음이 깨어졌다. 그러나 이러한 직면이 결과적으로는 서로를 향한 용서와 화해의 길을 열어주었다.

막내 여동생은 이모에게 입양되어 그녀의 진짜 딸이 되었다. 그녀의 적응은 가장 건강한 것처럼 보였지만 나중에 그녀 역시도 깨어짐을 경험했다. 그녀에게 그것은 신뢰의 위기였다. 부모님이 돌아가신 지 23년 후에 그녀는 "가장 깊은 절망의 바닥에서 아주 작은 빛 한줄기를 올려다보고 있었다"고 고백했다. 그 시점에서 그녀는 영적이고 감정적인 회복의 긴 여정을 시작했다.

막내 남동생은 25년간이나 우리와 떨어져, 하나님과 상관없는 이방인처럼 살았다. 그리고 그리스도께 돌아온 후 우리 가족에 다시 합류했다. 얼마 지나지 않아 그는 어린 시절의 기억이 홍수처럼 되돌아왔다고 말했다.

2009년 12월, 부모님이 돌아가신 지 42년이 지났을 때 우리는 마침내 베트남에 있는 부모님의 무덤을 방문하도록 허용되었다. 생각을 정리하기 위한 이 여행은 하나님의 은혜의 기적이었다. 베트남 정부는 전에는 우리를 부인했었다. 2009년 11월 우리는 위스콘신에 있는 남동생 집에 모여 우리의 마지막 계획을 세웠다. 우리는 돈을 다 모았지만 6,000불이 부족했다.

그래서 엄마, 아빠가 우리에게 가르치신 대로 하나님이 공급해주시기를 엎드려 구했다. 다음 주말에 의과대 친구들이 아내와 나를 샌프란시스코에 초대하여 함께 식사하자고 했다. 그 자리에서 그들은 우리에게 무슨 특별한 필요가 있는지 물었다. 우리는 상황을 설명했고 그들은 우리에게 부족했던 금액을 전부 수표로 써주었다.

2009년 12월 20일 주일, 우리는 부모님이 돌아가신 후 처음으로 그분들의 무덤 앞에 다함께 서 있었다. 본래의 묘소 중에 남아 있는 것은 나지막한 가장자리 울타리와 1968년 2월에 죽임을 당한 6명의 선교사들의 이름이 적혀 있는 패가 달린 비석이었다. 이상하게도 우리는 감격하지 않았다. 사실상 우리는 무얼 해야 할지 약간 당황했다. 우리는 사진을 찍기 위해 포즈를 취하고 비석의 이름들을 손으로 만져보았다.

우리에게 있어 가장 감정적인 시간은 우리가 600여 명으로 꽉찬 조그만 교회를 방문하는 동안에 찾아왔다. 우리는 부모님이 그들의 삶을 투자했던 그 부족들 가운데 지금은 그러한 교회들이 많이 있다는 것을 알게 되었다.

우리는 또한 나환자 병원으로 운전해갈 수 있는 허락을 받았다. 아내 베키는 1962년에 그녀의 아버지를 거기서 마지막으로 보았었다. 여기 어린 한 소녀로서 그녀는 베트콩 군인들이 그 아버지를 묶어서 그를 정글 속으로 데리고 간 것을 보았었다. 그 역시도 순교자가 되었다. 베키의 어머니는 베키와 형제 둘과 함께 계속 남아서 섬겼다.

이것은 사실이다. 우리는 기쁨에 충만해서 베트남을 떠났다. 우리는 부모님의 희생이 빠르게 성장하는 신자들의 몸된 공동체라는 승리로 바뀐 것을 보았고, 우리는 압도되었다.

오늘날 우리 다섯 모두는 예수 그리스도의 사랑 속에 있다. 우리의 믿음의 씨앗은 부모님의 사랑의 가르침에 의해 심겼다. 그렇다, 하지만 더 큰 것은 그리스도에 대한 그들의 사랑 그리고 서로에 대한, 또한 우리 자녀들에 대한 사랑으로 말미암았다. 그 믿음의 유산은 그들이 우리에게 줄 수 있었던 하나의 가장 위대한 준비였다. 그 다음에 우리 이모와 이모부의 전폭적인 사랑과 예수 그리스도의 교회가 우리를 여기까지 이르게 했다.

앞으로 올 시대에도 더 많은 선교사들과 기독교 신자들이 예수께 대한 그들의 믿음 때문에 그들의 목숨을 버리도록 요구될 것이다. 바라기는 순교자의 자녀들이 헤아릴 수 없는 상실로부터 회복되도록 교회와 선교단체들이 돕는 일에 우리 이야기가 유익하게 사용되었으면 한다. 유족들이 측량할 수 없는 하나님의 사랑과 은혜를 경험하고 치유될 수 있도록 곁에서 조력하는 이들에게 하나님이 풍성하게 필요한 것들을 공급해주시기를 기도한다.

성찰을 위한 질문들

1) 이 글에서 톰슨 박사가 던진 도전에 대해 토의해보라.
어떻게 하면 그와 그 형제들이 잘 돌봄을 받고 '헤아릴 수 없는 상실'로부터 회복하는 데 도움을 받을 수 있었을까?

2) 어느 누구도 순교한 선교사의 자녀들에게 상처 주기를 원하지 않았지만 실제로 자녀들은 상처를 입었다.
선교단체와 해당 교회들, 친구들이 보다 올바르고 적절한 일을 하는 데 방해가 되는 요소가 있다면 무엇일까?

3) 톰슨 박사의 부모와 그의 아내 베키의 아버지는 베트남에서 순교한 분들이었다. 그럼에도 불구하고 이 부부는 서부 아프리카에서 효과적이고도 장기간에 걸쳐 의료 선교사로 섬겼다. 반면에 어떤 형제들은 신앙과 관계의 문제에 있어 오랜 갈등에 들어갔다. 하나님의 은혜로 그 가족은 이제 믿음 안에서 연합되고 관계에 있어 화해를 했다.
그들의 경험들은 왜 그렇게 서로 달랐을까?
이 글을 읽으며 생각해보라.

글쓴이

데이비드 톰슨(David Thompson, MD) 박사는 '크리스천외과의사들의범아프리카아카데미'(Pan-African Adademy of Christian Surgeons)의 아프리카 디렉터로 섬기고 있다. 그는 가봉에 있는 봉골로병원에서 의료 선교사로 30년 넘게 섬겼었다. 저서로는 『안개를 지나서 부르심으로』(On Call, Beyond the Mist)와 『메스를 든 손』(The Hand on My Scalpel)이 있다. 그의 부모는 1968년 베트남의 반메토트에서 순교당했다.

> 마지막 환난의 시간에 누가 서게 될지 누가 알겠는가?
> 그러므로 "지금 이후로 주 안에서 죽는 자는 복이 있도다."
> "죽는 자는 복되도다."
> 우리는 이해해야 한다.
> 피곤이나 혐오감 때문이 아니라 믿음을 지키지 못할까봐 두려워하며 믿음을 지킨 것에 대한 기쁨 가운데 "죽는 자는 복이 있다."
> "지금 이후로"
> (즉 바벨론과 짐승의 권세가 강력해지는 그때부터 시작하여)
> 죽는 자가 모두 다 복된 것은 아니다.
> 그러나 "주 안에서" 죽는 자,
> 다시 말해 옳은 시간에 죽는 것을 배운 자, 그 믿음을 지킨 자, 공개적인 순교의 고난이든지 혹은 조용하고 고독한 순교의 삶 속에 인내하는 것이든지 간에 마지막 시간까지 예수를 붙든 자는 "복이 있도다."
> – D. 본회퍼, 『계시록에 대한 설교』(Predigt zu Apokalypse 14.6–13, 1996. 917)

제10장

모범 경영
- 타 문화권의 제한 지역 방문

순교자의 소리, 캐나다(Voice of the Martyrs, Canada)

서문

우리는 우리가 행하고 말하는 모든 것이 우리 팀 멤버와 우리의 국제적 파트너의 신뢰를 증진하거나 무너뜨리는 잠재력을 갖고 있다고 믿는다. 이러한 이해하에 우리는 타 문화권의 제한 지역 방문을 위해 다음 모범 경영을 따를 것을 다짐한다.

1. 방문 전

1) 출발 전에 모든 팀 멤버들은 다음과 같은 이슈들을 다룰 총제적이고 공식적인 브리핑에 참여할 것이다.

① 안전.

② 목표와 기대.

③ 팀의 역할(리더, 재정, 경건의 시간, 접촉 인물 등).

④ 의료적인 이슈들.

⑤ 타 문화적인 이슈들.

⑥ 윤리적인 관심들.

⑦ 의사소통 이슈들.

⑧ 정치적 / 역사적 / 종교적 환경.

⑨ 영적 안녕.

⑩ 이 밖의 다른 이슈들.

- 자신의 음식 값 지불하기, 여행 경비 감당하기, 개인적인 전화나 인터넷 사용을 부탁하지 않기 등.

2) 우리는 이 브리핑을 위해 모든 팀 멤버들이 여행 전에 복귀하기를 원한다. 예외적인 상황에서는 팀 리더의 지시에 따라 이 브리핑을 스카이프 콘퍼런스와 파워포인트로 공유할 것이다.

3) 각 여행 전 선교부 지도자들은 각 나라에 대한 안전 등급을 정하고 적절한 실천 방안을 실행한다. 안전 등급은 초록색(제한 없음), 황색(제한됨), 빨간색(아주 제한됨)으로 나뉠 것이다.

4) 각 여행은 오직 기도한 후에, 선교와 우리 파트너에 확실한 도움이 된다고 밝혀지고, 여행의 목적이 분명히 언급될 수 있을 때에라야 선교부 지도자에 의해 허락이 날 것이다.

2. 방문 중

1) 우리는 방문 국가 안에 있는 동안 좋은 손님이 되기 위해 노력한다. 또 우리를 맞이하는 이들(호스트)에게 부담이 되지 않도록 노력한다. 그들의 스케줄에 부담을 주는 것은 피할 수 없지만 재정적 부담을 주는 것은 피함으로써 분별력 있고 적절히 행한다.

2) 우리는 우리의 호스트나 파트너의 필요와 관심,염려들에 대해 민감함을 보여야겠지만 동시에 우리 방문의 기대와 목적을 그들에게 분명하게 표현할 수 있다. 만약 합의에 이를 수 없다면 우리는 호스트나 파트너의 결정을 우선적으로 따를 것이다.

3) 현장의 활동들은 장기적인 파트너십과 우선권에 맞춰져야 할 것이다. 장기적인 파트너십과 우선권은 언제나 단기적인 필요나 염려들보다 앞설 것이다. 예를 들어 우리는 사진이나 인터뷰 때문에 파트너 프로젝트를 위험에 빠뜨리지 않을 것이다.

4) 프로젝트와 상관없는 모든 선물은 선교부를 대표하는 팀 리더에 의해 우리의 현지 파트너를 통해서 주어져야 하며, 반드시 적절성에 대해 그들의 자문을 받은 후에 이뤄져야 한다. 이상적으로는 선물들은 그런 걸 미리 기대하는 상황을 만들지 않도록 무명으로 해야 한다. 모든 선물은 선교의 사명과 목적, 가치들과 조율이 되어야 한다. 선물은 영수증을 첨부하고 보고해야 한다.

5) 우리는 지킬 수 없는 무책임한 약속이나 기대를 불러일으키지

않도록 조심해야 할 것이다. 우리는 개인적인 스태프가 그러한 약속을 하지 않도록 선교부의 결정 과정을 명확하게 설명하려고 노력할 것이다. 재정과 사진, 비디오, 서비스, 프로젝트들에 대한 요청이 여기에 포함된다.

6) 우리는 여행 중에 매일 기도와 성경 읽기를 위하여 한 팀으로서 다 같이 만나기로 약속한다.

7) 우리는 여행 목적의 진행 과정과 팀의 역동과 현재의 안전 상황, 그리고 일어나고 있는 이슈들에 대해 평가하고 행동 수정을 위한 결정을 하기 위해 매일 만나기로 약속한다.

8) 우리는 무엇에 대해 보고하고 그것을 어떻게 알릴 수 있는지에 대해 우리 파트너의 지시와 안내를 따를 것을 약속한다. 원리상, 우리는 그 나라에 있는 파트너가 허락하는 것들보다 적게 말할 것이지만, 그러나 그들이 허락했던 것보다 많이 말하지는 않을 것이다. 우리는 언제나, 심지어 인터뷰할 사람에 대해 미리 허락을 받았다 할지라도, 전화나 인터뷰의 사용이 적절한 것인지를 그 나라에 있는 신뢰할 만한 지도자나 파트너에게 확인할 것이다.

9) 우리는 그 나라 안에 있을 때는 가능한 한 크게 드러내지 않은 채로 지내려고 노력할 것이다. 우리는 파트너에게 이러한 우리의 의도를 알리고 이것을 어떻게 적절히 수행할 것인지에 대해, 특별히 설교나 심방, 인터뷰를 위한 초대와 관련한 활동에 대해서는 도움이나 조언을 구할 것이다.

3. 방문 후

1) 각 여행이 종결된 후 일주일 이내에 각 팀 멤버들과 팀은 선교부 지도자에게 구두로 보고를 받을 것이다. 우리는 팀 멤버들이 여행 후 이 보고를 받기 위해 모두 돌아오는 것을 목표로 한다. 예외적인 상황에서는 선교부 지도자의 지시에 따라 이 보고가 스카이프 콘퍼런스로 진행될 수도 있다.

2) 여행 종료 후 한 달 이내에 각 팀 멤버들은 문서로 된 보고서를 제출할 것이다. 그 보고서에는 여행의 목적이 어떻게 성취되었는지, 팀의 역동은 어땠는지, 그리고 파트너십은 어떻게 작동했는지, 재정 회계가 어떻게 정리되었는지 그리고 어떤 후속 처리가 필요한지 등을 포함할 것이다.

4. 성찰을 위한 질문들

1) 이 글에서는 제한 국가의 그리스도인들을 방문하기 위해 사람들을 보내는 데 있어 참고할 만한 모범 경영을 소개했다.
   이런 모범 경영 뒤에 놓인 주된 가치와 동기들은 무엇인가?

2) 이런 모범 경영이 많은 서구의 그리스도인들에게 영향을 주고 있는 '이 시대의 영'과 어떻게 상충될 수 있을까?

3) 당신 자신의 경험에 근거해볼 때, 타 문화권 방문에 관련된 이슈

중에서 이곳에 언급되지 않은 것이 있다면 무엇인가?

글쓴이

순교자의 소리, 캐나다(The Voice of the Martyrs, Canada)는 전 세계의 박해받는 형제자매들 곁에 서 있다. 그들은 간증을 함으로써 복음을 전하는 데 참여한 것 때문에, 그리고 캐나다에 있는 그리스도인들을 돕는 법에 대해 알려준 것 때문에 박해를 당하고 있거나 혹은 당한 적이 있던 그리스도인들을 돕는다.

제11장

정책 추천

국제위기컨설팅(Crisis Consulting International)

'국제위기컨설팅'(CCI, Crisis Consulting International)은 위기관리의 네 가지 결정적인 영역을 다루는 12개의 핵심 정책 가이드라인이 필요함을 깨달았다.

비록 특정 기관들의 환경을 고려하면 추가적인 정책 가이드라인을 만들어야 할 필요가 있겠지만 이들 12개의 핵심 영역은 적절한 위기관리 준비를 위해서 필수적인 기초로 간주된다. CCI는 이들 12가지 환경의 각 영역을 위해 추천할 만한 '모델 정책' 세트를 개발했다. 우리는 추천할 만한 이 정책들이 관심 있는 기독교 기관들에게 주어질 수 있도록 노력하고 있다.

그러나 우리는 이 모델 정책들이 숙고와 평가를 위한 하나의 시작점으로 사용되어야지, 주어진 그대로 적용되지 않기를 강조한다.

1. 정책들의 특성

① 정책들은 일관성이 있어야 하고 그 기관의 핵심 가치와 기준들을 반영해야 한다.
② 정책들은 가치 중심이어야 한다.
③ 정책들은 기관 전체를 통하여 적용되어야 한다.
④ 정책들은 무엇을 할지에 대해 설명하는 것이지 그것을 어떻게 할 것인가에 대해 묘사하는 것이 아니다.
⑤ 기관 전체를 통하여 의무적으로 준수되어야 한다.

2. 이 자료의 사용

CCI는 비영리 단체들이 필요한 대로 이 자료를 사용하되 기관 내에서 복사하고 분배할 수 있도록 허용한다.

3. 정책 모델: 몸값 지불, 강요에 굴복하기

우리 단체는 피랍과 인질극이 일어났을 경우, 몸값 지불, 요구들에 대한 복종 그리고 강요의 현장에서 합의하는 것 모두 비슷한 일들이 미래에도 일어날 수 있는 가능성을 높이는 행동임을 인정한다. 다른 말로 하면, 우리가 몸값 지불이나 그 밖의 유사한 요구에 응했을 경우 가해자들의 마음 저변에 사건이 '성공'했다고 여기게 할 수 있고 같은 가해자나 혹은 다른 이들로 하여금 앞으로도 비슷한 행동을 하도록 격려하는 동기가 될 수 있다는 것을 알고 있다.

우리 단체는 또한 소속 멤버나 스태프, 가족들의 안전에 높은 가치를 두며, 피랍이나 인질극의 경우에 인질의 안전한 석방을 보장하기 위한 모든 합리적인 수단을 취하고자 한다. 피랍이나 인질극, 또는 다른 강요의 경우에 있어 미래에 유사 사건이 일어날 가능성을 야기하거나 이에 기여할 수 있는 몸값 지불 등의 합의에는 양보하지 않겠다는 것이 우리 단체의 정책이다.

특정한 경우들에 있어, 요구하는 몸값이나 합의점이 이 정책의 내용과 정신에 따르는지 어떤지에 대해서 결정하는 것은 위기관리팀의 책임이다. 만약 위기관리팀이 어떤 특정한 요구 조건에 대해 이 정책을 적용함에 있어 합의에 이르지 못한다면, 혹은 더 큰 기독교 공동체가 보기에 요구 조건이 이 정책의 정신을 위배하는 것처럼 판단된다면 위기관리팀이 그것에 동의하거나 합의하기 전에 지도자들은 위기관리팀을 소환하여 제시된 몸값이나 요구 조건을 다시 검토해야 한다.

4. 정책 모델: 납치자나 인질범과의 협상

우리는 피랍과 인질극의 경우 몸값 지불과 같은 요구 수용과 협상의 차이를 인식하고 있다. 그리고 우리의 가치나 정책을 위협하는 몸값 지불이나 요구 수용을 하지 않고도 협상이 이뤄질 수 있다는 것을 안다. 우리는 또한 협상이, 효과적이고 능숙하게만 진행될 수 있다면, 피랍이나 인질극의 경우 최우선으로 선택할 수 있는 전략이라는 것을 안다.

인질 협상은 잠재적인 위험을 안고 있기 때문에 매우 큰 전문성이 요구되는 활동이다.

우리 멤버와 스태프 혹은 멤버 가족들이 피랍이나 인질극에 휘말릴 경우 그들의 안전한 귀환이 최우선 순위이라는 것이 우리 단체의 정책이다. 그들의 안전한 귀환을 위해 우리의 정책과 핵심 가치와 일관성이 있는 모든 합리적인 노력들이 이뤄질 것이다.

이런 노력들 중 인질 협상은 첫 번째로 선택하는 전략으로 꼽힌다. 우리 단체가 인질의 무사 귀환을 위한 협상의 기회를 갖게 되는 경우에는 전문적인 인질 협상가의 도움을 구할 것이다. 인질 협상 자문과 협조를 위한 자원으로는 국제 기독교 단체들이 지원하는 비영리 단체 CCI가 있다.

Crisis Consulting International
PMB 223, 9452 Telephone Road
Ventura, CA 93004
U.S.A.
Phone: 805-642-2549, Fax: 805-642-1748
E-mail: infor@CriCon.org
Homepage: www.CriCon.org

5. 정책 모델: 가족 재배치

경험상 피랍과 인질극의 경우 가족들을 사건이 일어난 지역으로부터 조속히 벗어나게 하여 재배치하는 정책이 강력히 추천된다. 그러한 정책을 갖고 있는 것은 인질에게 커다란 위로가 된다. 인질로 잡혔던 사람들의 보고에 따르면 가족의 거처와 상태에 대한 불확실성이 그들의 포로 기간 중 가장 큰 걱정과 불안의 요소였다. 가족들을 먼저 대피시키는 것(특히 어린 자녀가 있는 가정)이 인질의 최고 관심사였다.

또한 가족들이 위기관리와 인질 협상 시도의 현장에 직접 나와 있는 경우, 이는 사건 해결을 위해 일선에서 뛰는 실무자들의 관심과 에너지를 주된 책임으로부터 멀어지게 하는 방해 요소가 될 수 있다.

피랍이나 인질극의 경우 가족들은 사건 발생 지역에서 가능한 한 빨리 벗어나게 하는 것이 우리 단체의 정책이다. 이 재배치는 보통 가족을 그들의 본국으로 보내는 식으로 이뤄진다. 물론 위기관리팀이 판단하기에 그렇게 하지 않는 편이 낫다고 하면 가족 재배치 정책은 유보될 것이다.

일단 가족 재배치 정책이 적용되면 우리 단체는 가족들을 지속적으로 지원하고 돕는 것에 우선권을 둘 것이다. 이는 적절한 거처를 찾고, 자녀들을 전학시키고, 지속적으로 재정을 지원하는 일에만 제한되지 않고 더 나아가 가족들에게 상황과 위기관리팀의 사역 진행에 대해 시의적절하게 정확한 정보를 제공하는 일도 포함한다.

더불어 적절한 목회적, 정서적, 물리적인 지원과 훈련된 전문가들의 조력을 제공하는 일도 포함한다.

6. 정책 모델: 피랍과 인질극을 정부에 알리기

피랍이나 인질극의 경우 우리 단체는 현지(호스트) 정부가 그 나라 안에서 일어난 그러한 범죄에 대해 권위와 책임을 갖고 있음을 이해한다. 우리는 또한 인질로 잡힌 자의 본국 정부(시민권을 갖고 있는 정부)가 이러한 외국에서의 자국민의 피랍이나 인질극에 대해 합법적인 관심을, 심지어 법적 권한도 갖고 있음을 알고 있다. 그러나 우리는 어떤 나라들의 경우 정부의 관여가 우리의 목표 및 가치와 갈등을 빚을 수 있음도 인식한다.

피랍이나 인질극의 경우 우리는 인질과 우리 단체에 최선의 유익이 된다고 판단되면 합법적인 정부의 조사와 활동에 협조해야 한다고 생각한다. 그것이 우리 단체의 정책이다. 그리고 정부와의 소통 및 협력을 언제, 어떻게 할 것인가는 위기관리팀의 결정에 따른다.

7. 정책 모델: 리스크(위험 부담)에 대한 판단

리스크(위험 부담)에 대해 정확하고 적절하게 이해하는 것은 모든 위기 대비와 안전 예방과 관리에 있어 필수적인 기초가 된다. 리스크를 파악하는 것은 우리의 전체적인 멤버 케어와 안전 관리 노력에 필수적인 요소다. 리스크 파악을 위해서는 훈련되고 구조화된 리스크 측정 방식을 사용해야 할 것이다.

위험이나 위기의 측정 및 묘사는 가능한 한 객관적인 수치로 표시되어야 하고, 표시되는 기준들이 가능한 한 표준화된 것이어야 한다. 이는 어떤 나라 상황에서도 동일한 용어와 측정 기준이 적용되어야 함을 의미한다. 끝으로 리스크 측정 방식에는 두 가지 분명한 형태가 있다.

첫째, 기술적인(tactical) 측정이란 현재의 상황을 분석하여 '지금 이곳'의 위험과 취약점을 확인하는 것이다.

둘째, 전략적인(strategic) 위험 예측은 미래에 있는 위험을 알리고,

원치 않는 사건들의 발생 가능성과 결과들에 대해 예견하는 것을 말한다.

두 가지 형태의 리스크 측정 방식 모두 단체가 직면하는 위험 요소와 위험들을 더욱 전체적이고 정확하게 이해하는 데 필수적이다.

모든 현장의 조직들이 시기적절하고 전략적인 리스크 측정을 실시하고 유지하도록 요구하는 것이 우리 단체의 정책이다. 전략적인 리스크 측정(Strategic Risk Assessments)은 CCI의 '전략적 리스크 예측'(Strategic Rist Forecasting)이라는 방식을 따르도록 되어 있으며, 적어도 2년마다 실시하게 되어 있다.

현장 취약점 측정(Field Vulnerability Assessments)은 CCI의 '기술적인 리스크 측정'(Tactial Rist Assessment) 방식을 따르도록 되어 있고, 새로운 프로젝트가 시작될 때 실시되며 그 이후로는 2년마다 하게 된다.

전략적이고 기술적인 리스크 측정의 빈도는 만약 다음과 같은 상황이 되면 늘어나야 한다.

① 중요한 환경의 변화가 있을 때(가령 정권 변화, 실제적인 정치적 변동, 전쟁의 위협 또는 발발 등).
② 측정된 리스크 위협 수준을 참작할 때, 보다 잦은 리스크 측정이 필요하다고 현장, 지역 혹은 본부 리더십이 판단하는 경우.

8. 정책 모델: 위기대처 플랜

　안전과 위기관리의 주요 요소로서 위기대처 플랜은 반드시 필요하다. 위기대처 플랜은 발생한 사건에 대한 단체의 대응을 도울 뿐 아니라 원치 않는 사건들의 발생 가능성과 그러한 사건들이 실제로 일어났을 때의 충격 정도를 줄일 수 있는 예방책을 제공해준다.
　현지 단체에 의해 이뤄진 리스크 측정에 따라 어떤 특정한 위협과 상황에 맞는 보다 진전된 위기대처 플랜이 구상될 것이다. 그러나 어떤 위기들은 충분히 보편적이고 예견 가능하므로 모든 단체들이 위기대처 플랜을 서로 공유할 필요가 있다. 끝으로 모든 조직체가 일관된 위기대처 플랜의 양식을 사용하는 것은 매우 유익하다.
　각 조직체는 합리적으로 예견할 수 있는 위협과 위험들 그리고 스태프들의 안전이나 사역의 진행을 잠재적으로 방해하는 요소들에 대해 최신 위기대처 플랜을 준비하고 유지해야 한다는 것이 우리 단체의 정책이다. 위기대처 플랜은 CCI의 추천 양식을 기본으로 하여 각 현지 조건과 환경에 따라 적용하면 좋다. 그리고 위험 가능성과 결과를 모두 줄일 수 있는 예방 수단들을 찾아내고, (가능하면) 대응 방편도 마련해둔다. 모든 조직체는 다음과 같은 상황에 대한 최신 위기대처 플랜을 완성하고 유지해야 한다.

① 스태프들의 철수(지역과 그 나라 전체).
② 조직체 내의 위기관리팀 형성과 운영.
③ 위기 중 정보 관리.

덧붙여 각 조직체는 기술적인 리스크 측정 결과 혹은 전략적인 리스크 측정 결과가 '심각한'이나 '높은' 등급인 어떤 사건에 대해서는 최신 위기대처 플랜을 완성하고 유지해야 한다.

'최신' 위기대처 플랜이란 조직체의 현 상황과 자원, 위협, 환경 등을 반영하는 것으로, 적어도 2년마다 재검토되어야 하고 필요하면 수정하거나 혹은 현재 그대로의 것을 확정해야 한다. 리스크가 높아지고 현지 상황이 역동적이면 더 잦은 검토와 수정이 요구된다.

9. 정책 모델: 훈련

가장 효과적인 안전과 위기관리 활동은 원치 않는 사건들이 발생하지 않는 것이요, 막을 수 없는 사건들의 충격(결과)을 줄이는 것이라고 하겠다. 인력 훈련은 한 단체가 취할 수 있는 가장 가치 있고 효과적인 예방 차원의 과정 중 하나다.

잘 훈련된 인력은 위험 노출을 최소화하는 데 가장 성공적이며, 훈련된 인력은 그 단체가 위험하고 혼란스럽고 타협적인 상황을 피할 수 있도록 돕는다.

모든 사람에게 안전과 위기관리 훈련을 제공하는 것이 우리 단체의 정책이다. 훈련의 형태와 정도는 노출되는 리스크의 형태와 정도에 따라 달라질 것이다. 또한 한 멤버가 단체 혹은 다른 스태프의 재산과 안전에 대해 지고 있는 책임 정도에 따라 달라질 것이다.

모든 사람은 (적어도) 다음과 같은 훈련을 받을 것이다.

① 단체의 정책들.
② 철수 절차.
③ 기본적인 개인 안전과 보안.

10. 정책 모델: 위기관리팀

위기나 응급 상황에서는 미리 정해져 있고 구조화되어 있는 대응 체계의 존재가 종결과 회복의 속도를 높이고, 또한 단체의 혼란을 최소화한다. 만일 대응 체계가 미비하다면 단체의 위기 해결 능력은 방해를 받을 뿐 아니라 궁극적으로는 본래 사건보다 더 파괴적인 새로운 부가적인 위기를 야기할 수도 있다.

중대한 위기나 주요 응급 상황을 목전에 두고 있더라도 단체의 우선적인 목표는 일을 계속해나가는 것이며 이를 가능한 한 생산적인 방식으로 하는 것이다. 그러한 이유 때문에 우리는 위기와 응급 상황에 대한 단체 차원의 사전 대응 계획이 중요하고 필수적이라고 생각한다.

위기 혹은 응급 상황이 발생할 경우 위기관리팀을 형성하여 이 팀이 사건의 종결과 회복에 이르기까지 관리한다는 것이 우리 단체의 정책이다. 위기관리팀은 이 글에 나온 정책에 부응해야 하며, CCI가 정부나 기업체를 대상으로 가르치는 전문 훈련에 따라 형성되고 구조화될 것이다.

여기서 말하는 '위기'는 단체나 스태프의 안전을 위협하는 사건, 혼란을 야기하는 잠재적 위험을 지닌 사건, 시간적으로 지연되고 비상시 자원의 동원을 필요로 할 가능성이 많은 사건 등을 포함한다.

위기관리팀은 현장에서 어떤 사건이라도 발생하면 현장 리더십에 의해 만들어질 수 있다. 그리고 현지 조직체를 넘어서 단체적인 충격이 예견되는 어떤 사건을 위해서는 지역 리더십이나 본부 리더십에 의해 만들어질 수 있다.

위기관리팀이 만들어지면 위기에 대해서 '작동하는' 유일한 요소는 위기관리팀 자체가 된다. 사건과 관련한 모든 단체는 정보 제공과 정책 제안을 모두 위기관리팀에 하게 될 것이다. 위기와 관련된 어떤 행동도 위기관리팀의 허락 없이는 결코 행해질 수 없다. 또 위기와 관련된 어떤 공적 언급도 위기관리팀의 허락 없이 이뤄져서는 안 된다.

11. 정책 모델: 정보 관리

위기 중에는 정보의 흐름이 조심스럽고 엄격하게 관리되고 통제되어야 한다. 배경 정보와 자원에 대한 제안 그리고 해결을 위한 도움과 아이디어 등과 같은 정보들은 위기관리팀에 제출되어야 한다. 나아가 보안이 필요한 정보의 유출을 막고, 상황의 악화나 제2차 위기 발생을 막기 위해서 그리고 소문의 확산을 통제하기 위해 모니터링을 하고 통제할 필요가 있다.

위기에 관련된 모든 정보, 지식, 아이디어, 제안 등은 가능한 신속하게 위기관리팀으로 모아져야 한다는 것이 우리 단체의 정책이다. 정보나 제안을 가진 단체의 멤버는 누구라도 이를 위기관리팀에 전달해야 한다.

더 나아가 위기 중에 흘러나간 모든 정보와 위기에 대한 공적 진술은 위기관리팀에 의해 이뤄지거나 혹은 위기관리팀의 허락에 따라 공개되어야 한다. 위기관리팀 외에는 어느 누구도 진행 중인 위기 관련

정보를 어떤 형태로든 진술할 권한이 없다. 여기서 말하는 정보는 멤버나 가족 등의 내부인과 언론 보도, 모교회, 정부 유관 기관, 확대 가족 등의 외부 대상에 관련한 정보를 모두 말한다.

12. 정책 모델: 멤버 케어

충격적인 사건을 겪었거나 이런 사건에 연루된 사람들은 적절한 처치가 이뤄지지 않을 경우 파괴적인 정서 반응으로 고통당할 수 있다. 이 정책의 의도는 충격적인 사건에 관여된 사람들에게 내상에 대한 평가와 (필요하다면) 정신건강 전문의의 개입을 받아들이게 하는 것이다.

이러한 평가와 개입은 현존하는 트라우마를 처치하고 위기와 관련된 미래의 트라우마를 예방한다는 데 목표를 두며 은밀하게 이뤄져야 한다.

우리는 위기에 노출된 이들이 기독교 정신건강 전문의에게 초기 평가와 사후 평가를 받게 한다. 이러한 평가는 위기 후 가능한 빠른 시간 내, 혹은 정신건강 전문의가 달리 특별한 조치를 취하지 않는 한 6-12개월 안에 이뤄져야 한다.

또한 이러한 평가와 치료는 비밀리에 이뤄져야 한다. 이 정책과 관련해 발생하는 비용은 단체가 지불할 것이다. 비록 여기에 묘사된 위기들은 사건마다 다른 성격을 띠지만 어떤 경우라도 피해자와 직계 가족 그리고 위기관리팀은 이 평가를 받아야 한다.

그룹 철수와 같은 다수의 멤버들이 연루된 상황이라면 '위기 상황 스트레스 보고'(CISD: Critical Incident Stress Debriefing)를 적절한 감독 하에 수행해야 한다. '위기 상황 스트레스 보고'는 조치의 필요성을 인지하고 후속 조치 차원의 상담 및 치료를 받게 하는 과정을 포함해야 할 것이다.

13. 정책 모델: 철수에 관한 권한

이 정책은 위기가 발생하기 전 철수 계획과 의사결정 요소를 다루는 것이다. 철수에 관한 의사결정의 가장 핵심적인(잠재적으로 분열을 일으킬 수 있는) 요소 중 하나는 "철수를 결정적인 권한을 누가 가질 것인가"이다.

대개 현장과 멀리 떨어진 사람은 "어떤 사안에 우선권을 두어야 하는가"에 대해서 서로 다른 견해를 피력하는 경우가 많다. 어떤 경우에는 현장 가까이 있는 이들에게 철수 결정에 도움이 될 만한 정보가 신속히 전달되지만 또 다른 경우에는 도리어 이런 정보가 그들에게는 가닿지 않고 그 사건과 상관없는 이들에게만 주어지기도 한다.

철수에 관한 결정은 다자간에 이뤄진다. 즉 본부는 개인이나 가정이 철수에 대해 결정할 수 있도록 지지해야 하며 개인과 가정 또한 본부나 현지 조직체의 리더가 결정하는 일에 협조해야 한다.

14. 정책 모델: 철수 판단 기준

이 정책은 철수 계획과 결정에 관련한 요소를 위기 파악 전에 파악할 수 있도록 하기 위함이다. 미리 응급 상황을 예측하고 준비하는 것은 성공적이고 안전한 철수로 이어진다. 준비가 미흡하면 결과적으로 멤버들을 위험에 빠뜨리고 단체에 소모적인 분란을 야기한다.

우리는 현지의 각 조직체가 관할하는 모든 인력에 대한 철수 계획을 세우도록 한다. 이러한 계획은 사본 형태로 본부 리더십에 제출하고 본부는 이를 보관해야 한다. 또한 계획은 적어도 2년에 한 번 재검토하여 필요에 따라 수정하고 업데이트한다. 계획에 포함해야 할 내용은 다음과 같다.

1) 철수 여부를 현지 조직체가 어떻게 결정하는지에 대한 설명.
   - 특히 여기에는 철수 여부를 결정하는 주체와 그 결정에 필요한 판단 기준을 포함시킨다.

2) 철수 이전과 도중, 모든 사람에게 필요한 정보가 확실하게 전달될 수 있도록 통보 시스템이 잘 구축되었는지에 대한 설명.

3) 현지 조직체가 사용할 방법에 설명.
   - 교통 수단, 철수 경로와 교대 지점, 머무는 곳, 목적지, 소통 절차 등.

4) 두 가지 철수 시나리오, 즉 "무엇을 가지고 갈 것인지"와 "어떻게 철수를 할 것인지"(가령 교통수단, 경로, 머물 곳 등)에 대한 명확한 설명.

5) 적어도 24시간 전에 알리고 한 대의 차로 인원과 소지품을 이동시키는 철수.

6) 1시간 내에 알리고 손으로 들고 갈 수 있는 것들만 갖고 가는 철수.

각 멤버 및 가족 플랜은 현지 조직체에 제출하고 이는 그 조직체에 보관되어야 한다.

15. 성찰을 위한 질문들

1) 당신은 이 장에서 말하는 내용과 이 책 전체가 주장하는 내용 사이에 부조화가 있다고 생각하는가?
그렇게 생각한다면(혹은 생각하지 않는다면) 왜 그러한가?

2) 이 장에서 제안된 정책과 이슈는 당신의 선교회(혹은 당신이 잘 알고 있는 선교회)에서 적절하게 다뤄지고 있는가?
그렇지 않다면 당신의 선교회에서는 어떤 논의가 더 진전되어야 하는가?

3) 남반구에서 일어나는 선교 운동은 서구와 같은 관점으로 선교사의 안전을 생각하는가?
또한 서구와 같은 방식으로 생각하는 것이 마땅한가?

4) 선교사의 안전을 너무 고려한 나머지, 오늘날 선교가 예수께서 말씀하시고 제자들도 경험했던 성경적 선교의 위험 부담과 상충되는 점이 있지는 않은가?

글쓴이

국제위기컨설팅(CCI, Crisis Consulting International)은 기독교 선교사, 박애주의자, 교회 파송 선교사들에게 안전 및 위기관리 서비스를 제공하고 있다.

제12장

박해받는 교회들을 향한 사역의 모범 경영

종교적 자유 파트너십(Religious Liberty Partnership)

전 세계 박해받는 교회를 향한, 그리고 그들과 함께하는 사역의 모범 경영 규정(Code of Best Practices)은 단체들이 행할 정책과 실천 규범을 만드는 데 벤치마킹을 할 수 있는 문서로 고안되었다. 그것은 법적 표준을 제시하거나 법적 책임을 지우기 위한 의도로 만들어진 것이 아니다.

오히려 이 코드는 종교적 자유 사역을 하는 모든 관계자와 파트너들을 향한 책임에 근거하여 개발되었고, 그래서 그들이 가능한 한 최고의 표준으로 섬길 수 있도록 하였다.

이 규정은 반드시 현재 실천하고 있는 것을 나타내는 것은 아니지만 탁월성을 향한 열망을 격려하고 있다. 최소한의 표준들만이 적용되고 있기 때문에 이 원리들은 그 자체가 하나의 목적이라기보다 과정상의 여러 걸음으로 여겨져야 한다. 이 코드는 또한 종교적 자유를 위한 모든 사역에 다 적용될 수 있는 것은 아니다.

원리들에 대한 어떤 문서나 합의서도 그것들이 나오게 된 사고방식이나 관계를 다 반영할 수는 없다. 그렇지만 우리는 조금이라도 반영하려고 시도하였다. '종교적 자유 파트너십'(RLP, Religious Liberty Partnership)은 대략 다음 이슈들이 이 문서에서 다뤄질 필요가 있다고 생각한다.

① 시장이나 기부자 중심으로 흘러가는 사역의 문제.
② 상황의 필요에 대한 상식적인 이해.
③ 해를 끼치지 않기.
④ 타 문화의 가치를 인식하기.
⑤ 사후 반응이 아니라 예방 차원의 장기적 사고.
⑥ 돈과 기술, 자원의 필요성을 우선적으로 생각하는 경향.
⑦ 박해 원인에 대한 의견 충돌의 가능성.
⑧ 사역 준비, 성경 및 신학적 훈련, 박해에 대한 성경의 원리를 알고 적용하기.
⑨ 정직한 의사소통.
 - 단체들 간 / 소속 단체 내부와 네트워크 간 / 현지인과 국제팀 간 / 해외의 파트너 격려하기.
⑩ 그리스도 몸을 관계적 관점으로 바라보기.
⑪ 파트너십과 협업.
⑫ RLP 사역에서의 책무.
⑬ 지역 교회의 중심성 인정하기.
 - 교회를 통한 재정 공급.
 - 도움과 상담을 위한 지역 교회의 역량 키우기.
⑭ 박해받는 교회 지도자들을 피해자로 보지 않고 동등한 동역자

로 여기며 함께 일하는 개념.
⑮ 영어를 하지 못하는 이들에게도 동등한 기회 부여하기.
⑯ 전문성에 대한 지나친 강조의 위험성 인지하기.

원리 1. 협업과 파트너십

박해받는 교회는 사역의 독특성을 유지하면서 동시에 여러 사역팀과 협력하여 일할 때 가장 잘 섬길 수 있다. 이런 섬김을 통해 교회는 중복을 줄이고, 정보를 지혜롭게 나누고, 문제와 박해의 원인에 대한 이해를 함께 증진하고, 강력한 신뢰 관계와 책임 의식(정보, 돈 등에 대한)을 형성할 수 있다.

* 주요 지표들

① 서로 신뢰하는 관계를 개발하기 위해 시간을 들인다.
② 가능한 한 주어진 영역에서 사역의 중복을 피하고자 노력한다.
③ 정보와 지식, 교훈을 공유함으로써 집단 지성의 자산을 개발하려고 노력한다.
④ 경쟁의 태도를 줄여간다.
⑤ 서로에 대해 좋게 말하고, 어떤 불일치가 있을 때에는 당사자와 직접 소통한다.
⑥ 연합 프로젝트를 더 많이 시작하고 있다.
⑦ 성공을 어떻게 서로 나누는지 배워가고 있다.

원리 2. 해를 끼치지 않기

박해받는 교회들을 향한 사역은 우리가 섬기고자 하는 사람들에게 결코 해를 끼치지 않도록 열심히 노력한다는 핵심 가치 안에서 이뤄져야 한다. 이는 타 문화에 대한 배려와 인정, 동등한 기회 부여, 현지 지도자들에 대한 지원, 장기적 사고와 지속 가능성, 착취 가능성에 대한 검토를 포함한다.

* 주요 지표들

① 현지 문화와 언어, 행습을 존중한다.
② 언론 홍보라는 목적으로 박해받는 성도들이 착취당하거나 과도히 노출되는 것을 피하기 위해, 인터뷰를 거절하고 질문에 답하지 않는 법을 배우고 있다.
③ 광범위한 자원들을 제공함으로써 현지 기독교인들 사이에 분열을 조장하지 않고 연합을 증진시킨다. 즉 가능한 프로젝트들에 대한 컨설팅, 과거와 현재의 프로젝트들에 대한 평가, 지속 가능성과 연관된 평가를 위해 자원을 제공한다.

원리 3. 교육과 훈련

박해받는 교회를 더 효과적으로 섬기기 위해 우리는 다른 사역과 마찬가지로 우리의 실수들로부터 계속 배우고, 그렇게 할 수 있는 기회를 기꺼이 포용하려고 노력한다. 이는 미래에 일어날 수 있는 박해에 대한 준비, 성경적 원리에 대한 교육과 신학 훈련, 사역자들 대상으로 의존성에서의 탈피 개념 가르치기, 현지 교회 리더십 함양을 포함한다.

* 주요 지표들

① 스태프들과 사역자들에게 의존, 파트너십, 문화적 민감성 등과 같은 주요 이슈들에 관한 오리엔테이션과 훈련을 제공한다.
② 박해의 여러 차원에 대한 이해와 경각심을 증진시킨다.
③ 리더십, 스태프, 파트너에게 박해의 성경적, 선교학적 원리들을 가르치며 그들을 적절히 준비시킨다.

원리 4. 의사소통

우리는 모든 의사소통 과정에서 진실하려고 노력한다. 의사소통 과정에는 홍보, 정보 수집, 보급, 통계 사용 등의 활동도 포함된다.

* 주요 지표들

① 박해받는 그리스도인의 곤란한 상황, 통계치, 필요 등을 과장하지 않으면서 효과적으로 의사소통을 한다.
② 정확하고 입증 가능한 통계와 연구 결과를 사용한다.
③ 외부와의 적절한 협력, 확인 작업, 허가를 실천한다.
④ 정보 수집에 있어서 이것이 박해받는 신자에게 미칠 영향을 신중하게 고려한다.

⑤ 어떤 것을 보고하고 공개할 수 있는지에 대해 현지 지도자들의 지시와 안내를 따르고 있다.
⑥ 박해받거나 순교하는 사람들의 수를 왜곡하지 않으려 한다. 이를 위해 내부에서 그 숫자를 합의한다.

원리 5. 책무

상호 책임을 통해 우리는 박해받는 자들에 대한 우리의 사명을 더욱 효과적으로 실천하게 되며 신실한 청지기로 살아가게 된다.

* 주요 지표들

① 국내적으로 합의된 재정 표준을 준수하고 공인 회계 감사를 받고 있다.
② 우리가 그간 신실하고 성실하게 모범 경영을 해왔기 때문에 다른 기관들에서 우리로부터 기꺼이 도움을 받으려 한다.
③ 책무에 관한 중요 문제들은 직접 만나서 이야기한다. 만일 우리 안에서의 분규를 해결하는 데 실패하면 마태복음 18장의 원리를 상기하고 묵상하며 그 문제를 다룬다.

원리 6. 옹호

우리는 박해받는 신자들에 대한 인식을 불러일으킬 뿐만 아니라 사회경제적이고 정치적인 정책과 구조에 영향을 주고자 노력할 것이다. 이러한 활동은 박해받는 신자들의 유익을 도모하는 마음으로 다른 단체와 협력하며 진행할 것이다.

 * 주요 지표들

① 방치된 사람들이 적절한 관심을 받고 있다.
② 가능하면 다른 단체와 협력하는 방식으로 옹호 활동을 펼친다.
③ 공개적인 옹호 활동과 캠페인은 언제나 가족 및 현지 교회 리더십의 동의와 참여 속에서 이뤄진다.

원리 7. 실행 전략들

박해받는 교회를 위한 사역은 '잘 팔리는' 전략을 넘어서야 한다. 이는 박해받는 교회 지도자들과 함께한다는 태도를 지니고, 현지 신자들 사이에서도 주어진 상황을 어떻게 처리할 것인지에 대한 이견이 있을 수 있음을 이해하는 것이다.

 * 주요 지표들

① 우리는 우리의 일이 결코 기부자 중심으로 흘러가게 하지 않을 것이고 실제로 그렇다.
② 돈, 기술, 자원들이 유일한 '답'은 아니라고 본다. 박해받는 이들의 필요를 언급할 때, 우리는 돈과 기술적인 것, 혹은 물질적인

자원 이상을 본다.
③ 단지 세속적인 운영 표준을 따르는 것이 아니라 박해받는 이들에 대한 마음의 동기가 자라게 한다.
④ 장기적인 고려 사항, 영향, 결과 등에 대해서는 단지 편의성이 아니라 전반적인 전략의 관점에서 본다.
⑤ 각 지부는 현지 문화와 상황, 경제적 현실(월급, 인력)에 맞게 세워지며 국가 차원의 상위 단체가 일을 하고 있을 경우에는 그 일을 중복해서 하지 않는다.
⑥ 국가 지도자들과 교회들의 자급자족 및 수용력을 향상하는 데 참여하고 있다.
⑦ 서로에게 우리의 비전과 사명, 장기적인 전략을 볼 수 있게 한다.

원리 8. 모금

박해받는 교회에 대한 사역을 위해서 모금을 할 때 정직성을 더욱 강화할 필요가 있다.

* 주요 지표들

① 모금을 위한 자료에는 자극적인 접근을 피하고, 정확하고 입증 가능한 통계와 사실, 간증을 사용한다.
② 박해받는 이들의 필요를 제시할 때는 진심과 존중심을 가져야 하며 물질적인 유익을 위해 그들의 곤경을 이용하거나 언론을 통해 그들을 더 위험에 빠뜨리는 일이 없는 방식으로 한다.

우리는 이러한 모범 경영을 하나의 '살아 있는 문서'로 보는데, 이것은 본래 2007년 8월 RLP의 다원전담팀(multi-organizational task force)에 의해 초본이 나왔었다. 그리고 2011년 3월까지 7차례의 수정을 거쳤다. 질문이나 댓글 혹은 추가적인 정보 요청을 위해서는 다음 주소로 연락하기 바란다.

Brian F. O'Connell, RLP Facilitator
Phone: 1-425-218-4718
E-mail: brian@RLPartnershiporg
www.RLPartnership.org

성찰을 위한 질문들

1) 모범 경영 규정은 단계적인 목표 성취에 있어 어떻게 도움이 되는가?

2) 왜 이러한 규정을 되돌아보는 것이 중요한가?

3) 이 7가지 원리 중 당신의 단체가 갖고 있는 강점은 무엇인가? 또 발전이 필요한 부분은 어떤 것인가?

글쓴이

종교적 자유 파트너십(RLP, Religious Liberty Partnership)은 전 세계 박해받는 교회를 섬기는 데 초점을 맞추고 있는, 30개가 넘는 단체들의 협력체다. 전 세계에서 일어나는 종교적 박해에 대한 인식을 불러일으키고 박해받는 이들을 옹호하는 일에 힘쓰고 있다.

자기를 부인하고 자기 십자가를 지고 나를 따를 것이니라(막 8:34).

예수께서는 은혜롭게도 먼저 자기 부인에 대해 말씀하심으로써 이 말씀으로 가는 길을 준비하셨다. 오직 우리가 자신에 대해 완전히 의식하지 못하게 될 때라야 비로소 우리는 그분을 위해 십자가를 질 수 있다. 만약 궁극적으로 우리가 오직 그분만을 안다면, 만약 우리가 우리 자신의 십자가의 고통에 주목하기를 그친다면, 우리는 진실로 그분만을 바라볼 것이다. 만약 예수께서 이 말씀에 대해 은혜롭게도 우리를 준비시키지 않으셨다면 우리는 그것을 질 수 없다는 것을 발견하게 되었을 것이다. 그러나 예수는 그것을 위해 우리를 준비시키심으로써 우리로 하여금 이처럼 어려운 말씀도 은혜의 말씀으로 받아들이게 만들어주셨다. 십자가는 우리에게 제자도의 기쁨 속에서 오고, 우리를 그 속에서 확신시켜준다.

— 본회퍼, 『제자도의 대가』(*The Cost of Discipleship*, 1976, 97)

제12장 ■ 박해받는 교회들을 향한 사역의 모범 경영 193

-『우간다의 기독교 순교자들』(*The Christian Martyrs of Uganda*, www.buganda.com/martyrs.htm)

우간다의 순교자들은 성공회와 로마가톨릭교회 신자 45명으로, 그들은 신앙 때문에 1885-1887년 부간다(현재 우간다)의 통치자인 므왕가(Mwanga) 치하에서 죽음을 당했다. 그 숫자는 개신교와 가톨릭 선교사들, 종교 교육을 받은 어린 시동들, 판사 조력자, 성공회 감독, 왕과 다른 사람들의 자문가도 포함하고 있다.

이들 각 순교자들은 그들의 신앙 때문에 산 채로 불태워지고, 거세당하고, 창에 찔리고, 사지가 절단되고, 매 맞거나 목 베임을 당했다. 하지만 그들의 순교는 기독교의 전파를 방해하기는커녕 "순교자의 피는 교회의 씨앗이다"라고 말한 터툴리안(Quintus Septimius Florens Tertullianus)의 말처럼 교회 성장기의 불꽃을 일으켰다.

오늘날 기독교는 (다양한 명칭으로 표현되지만) 우간다를 주도하는 신앙이 되었다. 22명의 가톨릭 순교자들은 교황 바오르 6세에 의해 제2차 바티칸공회 중 1964년 10월 18일에 성인으로 공표되었다. 이것은 근대 아프리카에서는 처음이었으며 대륙 전체의 자랑이 되었다. 수많은 순교자들이 죽은 6월 3일은 우간다에서 매년 국경일로 기념되고 있다. 위 그림은 22명의 성인이 된 가톨릭 순교자들의 모습이다.

참고문헌

Martyrs of Uganda. 2011. *Encyclopaedia Britannica.* http://britannica.com/EBchecked/topic/612654/Martyrs-of-Ugand.

제13장

박해받는 자들로부터
우리는 무엇을 배우는가?

로널드 R. 보이드-맥밀란(Ronald R. Boyd-MacMillan)

    박해받는 그리스도인들을 만나게 될 때 우리의 신앙은 적어도 세 가지 방법으로 변혁이 일어날 수 있다. 즉 우리에게 신앙의 모델과 신앙의 경고 혹은 신앙의 격려가 될 수 있다. 이 세 가지는 한 번에 이뤄질 수도 있다. 각각의 것은 우리로 하여금 하나님과의 동행에 있어 우리에게 특정한 질문을 하도록 만든다.

    첫째, 신앙의 격려 - 나의 하나님은 충분히 크신 분인가?
    둘째, 신앙의 경고 - 나는 예수를 위하여 충분히 고통 중에 있는가?
    셋째, 신앙의 모델 - 나는 십자가의 길을 걷고 있는가?

    이 세 가지 중 '신앙의 모델'부터 시작해보자.

1. 신앙의 모델: 나는 십자가의 길을 걷고 있는가?

　박해받는 교회의 궁극적인 도전은 우리에게 우리가 매일의 삶 가운데 통합시킬 수 있는 하나님에 관한 것들을 가르쳐준다는 것이다. 만약 우리가 할 수 있는 것이 박해받는 자를 위해 기도하고, 박해받는 자를 후원하고, 박해받는 자를 위하여 행진하는 것이 전부라면, 그렇다면 우리는 여전히 '우리가 그들을 돕는' 모드 속에서 작동하고 있는 것이다.

　우리는 박해받는 자들이 우리의 삶을 바꾸도록 실제로 허락하고 있지 않는 것이다. 여기서는 박해받는 자들에게 받은 통찰에 초점을 모아보기로 한다. 그것은 특별히 서구에서 신앙생활을 사람들에게 도전이 될 것이다. 나는 이를 '감방의 길'(way of the cell)이라고 부른다.

　서구에서는 우리 모두 정보 혁명에 의해 영향을 받고 있다. 실리콘 칩에 의해 주도되는 새로운 기술들이 정보의 폭발을 가져와 이론상으로는 우리에게 더 많은 정보를 제공해준다. 그러나 전체적인 정보량은 증가했지만 좋은 정보를 찾기는 더 어려워졌다. 우리는 이 '데이터 스모그'(인터넷이 제공하는 압도적으로 과다한 정보-역자 주) 때문에 진리를 볼 수가 없다.

　더 나쁜 것은 정보 시대에 진리를 찾는 것이 극도의 스트레스를 유발한다는 것이다. 보이스 메일, 이메일, 인터넷 등 이 모든 것은 우리 생활을 더 쉽게 만들어주기 위한 것이었다. 그렇지만 이것 때문에 우리의 근무 시간은 길어졌다. 컴퓨터는 업무 속도가 느리다고 우리를 조롱하는 것 같다. 한꺼번에 다섯 가지 일을 해내지 못하면 인력 시장에서 도태되는 것 같다. 우리는 거의 컴퓨터가 되기를 원할 지경에 이르렀다.

박해받는 교회가 답이다!

왕 밍 다오(Wang Ming Dao)는 "당신 자신이 감방을 만들라!"고 말했다. 세기의 전환기에 태어난 왕 밍 다오는 1991년 사망할 때까지 중국의 가장 유명한 가정 교회 목사이며 전도자로서, 빌리 그레이엄 같은 유명한 종교 VIP 상을 받았다. 왕은 진정한 전설이었다. 1980년까지 23년간 옥살이를 한 그의 견고한 믿음은 수백만의 중국 그리스도인들에게 영감을 주었다. 상하이의 한 목사는 이렇게 말했다.

> 왕 밍 다오는 하나님이 존재하신다는 것을 증명했다. 하나님이 실제로 존재하시지 않았다면 아무도 그 오랜 기간 동안 감옥에 살면서 그런 믿음을 온전히 지키지 못했을 것이다.

그렇지만 그의 방문자들에 따르면 왕은 종종 손가락을 흔들며 신랄하고 날카롭게 다음과 같이 말하곤 했다.

"당신은 어려운 길을 걷지 않았기 때문에 부흥을 경험하지 못하는 겁니다."

왕에게 부흥이란 오직 그리스도의 길을 걷는 것이 어려운 것임을 아는 자에게만 오는 것으로, 용기와 결단과 희생을 요구한다.

그러나 그 어려운 길이라는 것이 서구 그리스도인들에게는 어떤 길로 보일까?

(감사하게도) 서구에서 우리는 신앙 때문에 감옥에서 20년이나 지내지는 않는다. 왕 밍 다오와의 세 차례의 인터뷰를 통해 나는 그의 대답이 무엇을 말하는 것인지 약간의 짐작을 하게 되었다. 처음 내가 그를 만났을 때 그는 내게 갑자기 물었다.

"젊은이, 하나님과 어떻게 동행하고 있소?"

나는 성경공부와 기도와 같은 일련의 경건 생활에 대한 내용을 열거했는데, 그에 대해 그는 장난스럽게 반박을 했다.

"틀렸소. 하나님과 동행하기 위해서는 걸음걸이 페이스를 제대로 해야 하오."

솔직히 나는 그가 무슨 말을 하는지 알 수가 없었다. 그냥 80대 후반 노인의 약간 노망기 섞인 횡설수설이라 여기며 흘려보냈다.

그 다음에 내가 그를 방문했을 때 그는 밤잠을 잘 자고 정신이 더 맑은 상태였다. 나는 그를 쳐다보면서 그의 경험을 나의 것과 연관시키기가 어렵다고 고백했다.

"저는 당신처럼 감옥에 갇히는 일은 없을 것 같습니다. 그렇다면 당신의 신앙이 저에게 어떠한 영향을 줄 수 있겠습니까?"

그는 잠시 동안 생각하더니 내게 일련의 질문들을 함으로써 대답을 했다.

당신은 고향에 다녀오는 한 달 동안 책을 몇 권이나 읽어야 하지요?

몇 통의 편지를 써야 하나요?

몇 명의 사람들을 만날 겁니까?

소논문을 몇 개나 써내야 하나요?

설교는 몇 편이나 해야 하나요?

그는 계속 질문했고 나는 매번 대답을 했다. 그의 질문이 15분쯤 이어지자 나는 앞으로 해야 할 일의 양에 대해 패닉 상태가 되었다. 나는 이마의 땀을 닦으면서 내 앞에 놓인 접시 위 수박을 침울하게 바라보았다.

그는 눈이 보이지 않는데도 이것을 눈치챈 것 같았다. 그러면서 다음과 같이 말했는데, 이 말은 그 이후로 내게 너무나 큰 의미를 주었다.

"당신은 자신에게 감방을 만들 필요가 있다오!"

그가 설명했다.

"감옥에 갇혔을 때 나는 절망했소. 내 나이 예순이었고 힘은 절정이었지. 나는 잘 알려진 전도자였고 중국 전체에서 전도 대회를 열기 바랐다오. 나는 작가였소. 더 많은 책을 쓰고 싶었소. 나는 설교자였소. 성경을 더 공부하고 더 많은 설교문을 작성하기 원했소.

그러나 이 모든 방법으로 하나님을 섬기는 것 대신에 나는 어두운 감방에 혼자 앉아 있는 나를 발견했다오. 나는 저술을 위해 시간을 보낼 수 없었소. 그들이 내게서 펜과 종이를 빼앗아버렸기 때문이오.

나는 성경을 연구하고 더 많은 설교문을 만들 수가 없었다오. 그들은 그걸 가져가버렸지. 수년 동안 내 주변에서 볼 수 있는 사람이라곤 쪽문으로 밥을 넣어주던 간수뿐이었기 때문에 심지어는 내가 전도할 수 있는 사람도 하나 없었소.

기독교 사역자로서 내게 의미를 주었던 모든 것을 내게서 다 빼앗아 가버린 거요. 나는 아무것도 할 게 없었소."

그는 말을 멈췄고 그의 눈시울은 다시금 붉어졌다.

"하나님을 알아가는 것 외에는 아무것도 할 게 없었소. 그리고 20년 동안 그것은 내가 아는 한 가장 위대한 관계였소. 그러나 감방이 그 수단이었다오."

그의 마지막 충고는 이것이었다.

"나는 감방에 갇힐 수밖에 없었지만 당신은 자신을 거기에 스스로 밀어 넣어야 할 것이오. 당신은 하나님을 알 시간이 없소. 당신은 스스로 감방을 만들 필요가 있다오. 그래야 박해가 내게 주었던 것, 바로 삶을 단순화하고 하나님을 알게 된 복을 당신 자신도 얻게 될 것이오."

우리가 세 번째 만난 것은 그의 죽음 조금 전이었다. 나는 우리의 첫 대화를 다시금 언급하면서 물었다.

"당신은 왜 하나님과 동행하기 위해서는 걷는 속도로 가야 한다고 말씀하신 건가요?

진실로 하나님은 달려가거나 날 수 있는, 어떤 속도로든지 원하는 대로 하실 수 있는 분입니다.

왜 하나님이 걷는 것을 선택하시고 우리에게 걷기를 요청하실까요?"

그의 대답은 아직도 내 귓가를 맴돈다.

"왜냐하면 그분은 그의 정원을 사랑하시니까요!"

왕 밍 다오는 결코 설명하지 않았지만, 나는 그가 의미하는 바를 알 것 같았다. 에덴은 하나님이 아담과 하와와 함께 말씀하시려고 걸어서 찾아온 곳이었다. 온 세상은 교제의 정원이다.

그리고 인간 삶의 목적은, 그때나 지금이나, 이 멋진 하나님과 함께 이 멋진 정원에서 걷는 것이다!

물론 일이라는 의무는 수행해야 하지만, 우리가 걸을 수도 있는데 걷지 않는다면 삶의 의미와 기쁨은 사라질 것이고, 종교의 자유가 아무리 많이 주어질지라도 그것의 유익은 없을 것이다.

그와의 대화는 고난당하는 교회의 믿음을 이해할 수 있는 하나의 열쇠가 되었다. 하나님은 일을 천천히 하신다. 그는 마음을 갖고 일을 하신다. 우리는 너무 성급하다. 우리는 할 일이 너무 많다. 너무 많아서 사실 하나님이 완벽한 교제의 정원인 에덴을 창조하셨을 때 그분이 의도하신 방식대로 그분과 교통하고 있지는 못하다.

왕 밍 다오에게는 박해, 또는 그 자신을 발견했던 감방이 속도를 늦추고 하나님과 제대로 교통할 수 있을 만큼 자신을 고요히 하는, '걸음걸이 속도'로 돌아온 곳이었다. 부흥이란 하나님을 위하여 여지를 만드는 사람에게만 찾아올 수 있다.

일본인 선교학자 코수케 코야마는 성경에 나오는 '시속 5km의 하나님'에 대해 말하면서, 이스라엘 백성들을 광야에서 40년간 1시간에 5km씩 걸어가게 하셔서 그들로 하여금 "사람이 떡으로만 사는 것이 아니요 여호와의 입에서 나오는 모든 말씀으로 사는 줄을"(신 8:3) 그들로 알게 하려 하셨다고 했다.

시속 5km가 바로 우리가 걷는 속도다. "우리 자신에게 감방을 만들 필요가 있다"는 이 한 문장의 의미를 배우기 위해 우리는 이 속도로 걸어야 한다. 우리가 결코 만족할 수 없는 생산성이다.

그러나 만약 위대한 진리를 제대로 배우기만 한다면, 우리는 영적 생산성의 정의를 다시 내려야 할 것이다. 그것은 우리가 시속 5km를 통해서만 배울 수 있는 교훈인 것 같다. 하나님은 우리가 "얼마나 많이 하는가"보다는 "그 진리 안으로 얼마나 깊이 들어가는가"에 더 관심이 많으시다.

하나님을 더욱 실제적으로 알기 원하는 사람이라면 삶의 영적 걸음걸이 속도를 늦춰야 한다(박해를 받는 상황에서는 불가피하게 그렇게 되겠지만). 그렇게 할 때 우리는 단순히 하나님을 섬기는 것이 아니라 그분 자체를 알게 된다.

왕 밍 다오의 충고를 따르고자 한다면 자신의 감방을 만들라.

그 감방은 정원이 될 것이다. 이것은 박해받는 그리스도인들이 어떻게 신앙의 모델들이 될 수 있는지에 대한 하나의 본이 된다. 그러나 그들은 또한 신앙의 경고도 제공한다.

2. 신앙의 경고: 나는 예수를 위해 충분히 고난 가운데 있는가?

성경학자인 윌리엄 바클레이는 신약의 그리스도인들이 세 가지 특징을 가지고 있는 것으로 탁월한 묘사를 했다.

① 그들은 불합리하게도 기뻐했다.
② 그들은 모두를 향한 비이성적인 사랑으로 가득 찼다.
③ 그들은 언제나 곤란 가운데 있었다!

한 팔레스타인 목사가 표현한 것처럼 "만약 권세자에게 진리를 말한다면, 권세자는 언제나 반발할것이다." 박해받는 자들을 만난다는 것은 우리가 따르는 이 복음의 자극적인 성격을 드러내는 것이다. 만약 우리의 증언이 어떤 종류의 폭발적인 반동을 불러일으키지 않는다면, 우리는 우리 복음의 가루가 젖어있거나 말라버린 것은 아닌지 점검해 보아야 한다.

우리는 예수를 위하여 고난을 받아야 한다!

만약 우리가 고난을 받지 않는다면 뭔가가 잘못된 것이다. 이것이 바로 신앙의 경고란 말이 의미하는 바다.

물론 우리를 고난 가운데로 끌어가는 것은 복음 자체이지 우리 자신은 아니다. 우리는 우상들의 세상에서 살고 있다. 만약 우리가 이들 우상들을 경배하기를 거절한다면(아이러니칼하게도) 우상들은 언제나 뒤통수를 친다. 우상의 근사한 정의는 "당신에게 하나님보다 더 중요해진 그 무엇"이다.

좋아하든 않든, 우리는 갈등의 영역에 살고 있다. 비록 우리 중 어떤 이는 완전히 이 사실에 대해 "두 눈을 넓게 감아버리고" 있지만 말이다. 우리는 싸워야만 한다. 왜냐하면 매일 우리는 우리에게 더욱 자기 중심적이 되고 그리스도는 덜 사랑하라고 하고, 우상을 먼저 두고 그리스도는 둘째로 두라고 하는 수많은 메시지를 듣고 있기 때문이다.

박해받는 그리스도인들은 세상은 사실 우리가 그리스도와 동일시하는 것을 개의치 않는 친절한 곳이라는 환상에 유혹에 빠지지 않는다. 그들에게 있어 세상은 그리스도에 대한 적대감을 민낯으로 드러내고 있다.

어쩌면 신앙 경고의 열쇠는 그리스도에 대한 적대감을 가진 우리 문화일 수도 있다는 것을 깨닫는 것이다. 그 문화는 심지어 그 미사여구는 꽤 기독교적일지 모르나 그 뿌리에 있어서는 우상숭배적이고 우리를 그리스도에게서 멀어지게 만드는 것일 수 있다. 이 점을 내게 각인시켜 준 것은 상하이에 있는 한 젊은 청년 미술가였다.

그녀의 이름은 핑 안이었으며, 그녀는 중국 풍경화가였다. 그녀가 아주 유명한 아카데미에서 훈련받는 동안 그녀는 그리스도인이 되었다. 전통적인 중국 풍경화는 가파른 산들이 그 정상이 안개에 가리운 채, 강줄기는 넓고도 희미하게 빛나는 호수 속으로 장엄하게 떨어지는 모습을 묘사하고 있다. 그런 그림에서 인간의 모습은 언제나 아주 작아서, 자연의 영광에 비해 인간은 보잘것 없다는 신념을 반영하고 있다.

그러나 핑 안은 창세기 1장을 읽고 있었으며, 창조에 대한 기독교적 관점은 그녀가 자신의 전통적인 캔버스 위에 묘사했던 그것과는 얼마나 현격하게 다른 가를 갑자기 깨달았을 때 그녀의 두 눈은 활짝 열렸다. 그녀는 이렇게 회상한다.

나를 놀랍게 한 것은 창조 이야기가 산과 바다, 혹은 하늘이 아니라 아담과 이브의 창조에서 절정을 이룬다는 것이었다. 우리 중국인들은 산과 강들이 인간보다 훨씬 더 인상깊은 것이라 생각한다. 그러나 하나님께서는 그것을 뒤바꾸셔서 유약한 생명을 강한 바위보다 더 귀히 여기신다.

그 다음 날 그녀는 수업 시간에 전통적인 형태로 풍경화를 그리고 나서 중앙에 두 사람을 그렸는데 평소보다 아주 크게 그렸다. 그것은 적어도 전통을 깨뜨리는 하나의 행위였다. 그녀가 점심을 먹고 돌아왔을 때 "운영위원들이 당신을 보자고 했습니다"란 말을 들었다. 그녀가 방으로 찾아갔을 때 거기에는 돌같이 굳은 얼굴을 한 여섯 명의 남자들이 한 줄로 앉아 있었다. 그들 오른쪽에는 그녀의 새 그림이 걸려 있었다.

"이것의 의미가 뭐죠?"

그들이 물었다.

핑 안은 설명하려고 애썼지만 아주 유명한 교수가 그녀의 말을 참견했다. 그는 아이에게 말하듯 인내심을 갖고 말했다.

보세요, 만약 내가 나뭇가지 하나로 당신을 찌른다면, 피가 흘러나오고 당신은 죽을 것이오. 그러나 만약 내가 나뭇가지 하나로 산을 찌른다면, 산은 그것을 나무 속으로 들어가게 할 것이오.

그렇다면 당신이 어떻게 과연 우리 인간이 산들보다 더 중요하다고 말할 수 있겠소?

산들은 영원히 계속 갈 것이오. 우리는 여기 지나가는 한 순간만 있는 것 뿐이지요. 그것이 우리가 사람들을 그렇게 작게 그리는 이유인 것이오."

"아닙니다, 우리는 보잘 것 없는 존재가 아닙니다."

그녀는 대답을 하면서 누가복음 21:33에 있는 예수의 말씀을 깜짝 놀란 위원들에게 인용해주었다.

천지는 없어지겠으나 내 말은 없어지지 아니 하리라(눅 21:33)".

보십시오, 무언가를 중요하게 만드는 건 하나님의 말씀입니다. 그는 산들에게 말씀하지 않으셨고 우리에게 말씀하셨어요. 그분은 우리를 위해 산들을 만드신 것입니다!

놀랍지 않습니까?

운영위원들은 동의하지 않았다. 그녀는 그 학교로부터 쫓겨났고, 어떤 미술 훈련도 받지 못하도록 금지를 당했다. 지금은 여가 시간에 초상화를 그리면서, 교사로서 겨우 생활을 꾸려가고 있다. 그러나 그녀의 새로운 기독교적 각성과 불협화음을 일으킨 건 전통적인 중국의 문화였다. 그녀의 충돌은 그녀가 하나님께 대한 예배가 제한되고 있는 공산 국가에 살고 있다는 사실과는 별로 상관이 없었다.

마찬가지로, 우리 모두는 자신의 문화권 속에서 일어나는 이 같은 가치 충돌에 대해 각성해야 한다. 브라더 앤드류는 그것을 이렇게 표현했다.

> 박해는 급진적인 삶 때문이지, 그 반대는 아니다.
>
> 우리가 왜 박해를 당하지 않는가?
>
> 왜냐하면 우리는 그것을 재빨리 피하고 있기 때문이다. 디모데 후서 3:12과 같은 많은 성경 구절들이 있다.
>
> "무릇 그리스도 예수 안에서 경건하게 살고자 하는 자는 박해를 받으리라"(딤후 3:12).
>
> 우리는 그 구절과 같은 것을 좋아하지 않기 때문에 빙 둘러가서 해석을 하므로 그 말의 의미가 없어지게 만든다. 혹은 우리는 그것을 단지 사도 바울의 시대에만 적용시킨다. 만약 우리가 우리의 그리스도인 삶에 있어 급진적이라면(radical) 우리는 박해를 받을 것이다.

그것이 바로 우리가 박해 받는 자들로부터 신앙의 격려를 받아야만 하는 이유이다.

3. 신앙의 격려(Faith Boost): 나의 하나님은 충분히 크신 분이신가?

우리들 대부분은 보통 하나님을 위해 크게 고난을 당하였지만 승리한 사람들의 이야기를 듣거나 읽음으로써 박해당한 교회를 만난다. 승리의 간증들은 재빨리 퍼지고, 선교회들은 이런 간증들이 유포되도록 우리들을 잘 섬겨주고 있다. 내가 아는 한 목사는 박해받는 자들의 이야기를 읽을 때의 효과를 이렇게 묘사하고 있다.

> 나는 옷장 안에 살고 있는데, 이런 성도들이 내게로 와서 나를 꺼내면서 이렇게 말하는 것 같이 느껴졌다. 실제로 당신은 맨션에 살고 있으니 당신에게 방들을 좀 보여주리라!

이것이 바로 우리가 신앙의 격려라는 말로 의미하는 바이다. 그리스도인들이 이들 박해받는 성도들의 이야기를 읽을 때 깨닫는 것은 박해받는 성도를 건져내시거나 강하게 하셨던 하나님이 그들도 똑같이 사랑하시며, 그들도 똑같이 도와주실 것이라는 사실이다. 그래서 믿음이 증진된다. 우리는 우리 하나님이 얼마나 크신 분이신지를 상기하게 된다.

그러나 우리는 왜 이것을 상기해야 할 필요가 있는 것일까?
아마도 그것은 우리가 안락한 서구 그리스도인들로서 충분한 위기

(너무나 무기력한 상황이어서 우리가 할 수 있는 것이라곤 기도밖에 없는 그런 위기가) 없기 때문일 것이다. 박해받는 자들은 매주 응급 상황을 직면한다. 그들은 언제나 하나님께 건져달라고 부르짖고 있는데, 왜냐하면 너무나 자주 그것이 그들이 할 수 있는 전부이기 때문이다.

그들이 우리보다 하나님에 대해 더 많이 아는 것은 놀랄 일이 아니다. 그들의 이야기를 통해서, 하나님의 능력과 사랑에 대한 그들의 간증들을 통해서 우리의 믿음이 강건해질 수 있다. 이야기들은 대략 두 가지 주된 형태로 다가온다

① 하나님의 구해내시는 능력을 증거하는 구출의 스토리.
② 오랜 시간 동안 하나님의 신실하심을 증거하는 인내의 스토리.

4. 구출 스토리들(Deliverance Stories)

적나라한 구출의 스토리들은 우리가 하나님의 능력에 대해 놀라움을 금치 못하게 한다. 그것들은 우리로 하여금 기적이란 성경 시대와 마찬가지로 오늘날에도 일상의 한 부분이라는 것을 상기시켜준다. 나는 불교인들을 전도하기 위해 티벳으로 갔던 한 전도자에게서 들었다. 그는 붙잡혀서 실제로 유명한 공중 매장(sky burial)을 당하였는데... 살아났다! 그는 야크 가죽 속에 넣고 꿰매어진 채 뜨거운 햇빛 아래 죽도록 매달렸었다. 그를 고문했던 티벳인들도 영들을 두려워하여 그를 혼자 내버려두고, 심지어 멀리서 지켜보지도 않았다. 그것은 천천히 처참하게 죽어가는 그런 것이었다.

그러나 그의 경우는 달랐다. 그는 나중에 그의 이야기를 혜난의 한

전도자에게 이렇게 말했다.

> 내 생각에 이틀째 쯤 되어서 커다란 새들이 내 주위에 있다는 걸 깨닫게 되었지요. 내 생각에 매였던 것 같아요. 그들이 나를 쪼아대기 시작하는 거에요. 나는 너무나 지쳐서 그것들이 내 두 눈을 파고 뇌까지 파고들어서 죽음이 빨리 오도록 해 주기를 바랬답니다. 그러나 얼마 지난 후 내가 깨달은 것은 그 새들이 나를 먹으려고 시도했지만 꿰맨 자리만을 계속 파고 있은 거에요. 그래서 마치 번데기에서 나비가 나오는 것처럼 내가 움직일 수 있을 정도로 느슨해졌지요."

그 이야기를 들은 사람이 고백하기를 그 이야기가 자신의 삶을 완전히 바꾸어버렸다고 했다. 홍콩 안전요원이었던 그는 도박으로 진 빚을 도저히 갚을 길이 없어 막 그의 목숨을 끊으려고 하고 있었던 것이었다. 그의 아내는 아이들을 데리고 그를 떠났고, 게다가 그의 고급 자동차도 도둑을 맞았고, 이 모든 게 한 주간에 다 일어났다.

그는 그 집의 이층에 올라가 오븐 속에 머리를 처박았다. 그가 가스를 켜려고 스위치를 트는데 갑자기 그 이야기가 생각나면서 새들이 꿰맨 자리를 쪼아대고 있는 모습이 그려지는 것이었다. 그러자 그는 멈추고 하나님께 말했다.

"나도 좀 구해주시지 않겠어요?"

그는 그 스위치를 20분 동안이나 흔들어댔지만, 아무 일도 일어나지 않았다. 가스는 요금 체납으로 그날 오후에 중단이 되었었다. 그는 그것을 또 다른 구출이라고 보았고, 경찰서로 가서 그의 중독에 대해 자백을 했다. 그는 아직 그 빚을 다 갚지는 못했지만, 그의 새로운 태도에 너무나 깊은 인상을 받고서 아내와 아이들이 그에게로 돌아오게 되었다.

5. 인내 스토리들(Endurance Stories)

그렇지만 그 구출 스토리들은 비록 톱기사감이기는 하지만 보통 있는 일은 아니다. 베이징에 있는 나이든 친한 그리스도인 한 명이 내게 이렇게 말하곤 했다.

"기억하시오. 당신이 듣는 구출 스토리 한 토막마다 열 개의 인내의 스토리들이 있다는 것을."

그가 옳았다. 박해받는 자의 이야기는 기본적으로 인내 이야기이다. 그것은 신약 시대로부터 그래왔다. 바울은 그리스도와 함께 견딘 자만이 그와 함께 다스릴 것이라고 경고한다(딤후 2:12). 그리고 이것은 진정 옳다.

결국 우리가 그것으로부터 건짐을 받은 그것들이 우리를 취하려고 다시 온다. 우리 목숨을 취하려고 위협하던 질병이 지나갈지 모르지만, 또 다른 것이 올 것이고 결국에는 우리 생명을 취하여 갈 것이다.

하나님께서는 인내를 통해 구출하신다. 만약 예수께서 십자가의 고통으로부터 구출을 받고 기적적으로 풀려나셨더라면, 우리들은 우리 죄로부터 풀려나지 못할 것이다. 그는 인내하셨다. 그리하여 더 깊고 위대한 구원이 일어날 수 있도록 말이다.

나는 이 원리를 중국에 사는 한 나이든 그리스도 여인의 이야기에서보다 더 잘 예를 든 곳을 보지 못했다. 베이징의 의사인 그녀는 빛나는 그리스도인의 간증으로 잘 알려져 있었다. 그녀는 병든 동생을 돌보기 위해 결혼을 하지 않았다. 그녀의 가정은 부유했다. 그들은 수도의 중앙에 있는 큰 집에서 살았다. 1949년 모든 것이 돌변했다. 그녀의 큰 집은 그녀를 지주 계층으로 분류되게 했다. 그녀는 자기 집에서 쫓겨나고 그녀의 기독교적 확신은 그녀가 의심의 대상이 되었다는 것을 의미했다.

문화혁명이 발발했을 때 그녀는 의사의 신분에서 쫓겨나 노동자들 무리 속으로 보내져 삽으로 모래를 치우는 일을 하게 되었다. 그러나 마지막 수모(indignity)는 혁명을 지도하는 세력이었던 십대들인 홍위병들이 그녀를 찾아와서 때리고 그녀를 길거리에 내치며 소위 말하는 죄목들이 쓰여 있는 플래카드를 입고 가두시위를 하라고 그녀를 강요할 때 시작되었다.

홍위병들은 너무나 철저하게 그녀의 집 바깥에 그녀가 왕따라고 알리는 커다란 표시판을 세웠다. 왜냐하면 그녀가 "반(反) 모택동당쟁을 부추기는 제국주의적 문서"를 배포했기 때문인데, 그것은 그녀가 종교는 도움이 되는 것이라는 "잘못된" 신념에서 성경을 나눠주었음을 의미하는 것이었다.

홍위병들에게는 오직 하나의 '신'(god)만이 허용되었는데 그것은 모택동이었으며, 오직 하나의 '성경'(bible)만이 허용되었는데 그것은 그의 작은 붉은 수첩(Red Book)이었다.

> 그러므로 내가 너희에게 선지자들과 지혜 있는 자들과 서기관들을 보내매 너희가 그 중에서 더러는 죽이거나 십자가에 못 박고 그 중에서 더러는 너희 회당에서 채찍질하고 이 동네에서 저 동네로 따라다니며 박해하리라 그러므로 의인 아벨의 피로부터 성전과 제단 사이에서 너희가 죽인 바라갸의 아들 사가랴의 피까지 땅 위에서 흘린 의로운 피가 다 너희에게 돌아가리라(마 23:34-35).

마벨은 지옥으로 내려갔다. 이웃들에게서 차단되고, 노동자 그룹들에 의해 매일 포로가 되어 홍위병들에게 정기적으로 맞았다. 그녀는 어느 날 밤 그녀의 작은 거처 오두막로 돌아와서 하나님께 말했다.

"저는 충분합니다."

그녀는 따졌다.

"이제 저는 육십대입니다. 저는 좋은 생애를 살았고, 하나님은 제가 천국에 빨리 오는 걸 상관치 않으시겠지요."

그래서 그녀는 커다란 식칼을 자기 손목 위에 들고서, 그걸 내려 긋기 전에 마지막 기도를 했다.

"주님, 이게 틀린 것이라면, 도와주세요."

그녀는 결코 식칼을 내려긋지 않았다. 그녀는 그걸 치우고 앉았고 눈물이 터져나왔다. 그리고 또 다른 8년의 매질과 고립, 포로상태를 견뎌내었다.

그녀는 말했다.

"무언가, 하나님께서 견딜 힘을 주셨어요. 하지만 저는 어떻게 견딜 수 있는지 정말 몰랐어요."

6. 여러 해 후, 그녀는 이유를 알았다

70년대 후반, 모택동이 죽고 등소평이 권좌에 올랐을 때, 중국은 문화혁명의 잔재를 뒤로 내려놓기 시작했다. 증오에 가득찬 홍위병들은 무장해제 당하고, 작은 붉은 수첩은 사용하지 않게 되었다. 그러나 마벨은 그녀의 집을 돌려받지 못했다. 그렇지만 그녀는 일련의 방문객들을 맞이하기 시작했다. 놀랍게도 이들 방문객들은 모두 꽤 높은 지위의 공산당원들이었다. 심지어 더 놀랍게 했던 것은 그들이 그녀에게 성경을 요청했다는 것이었다.

"베이징에 있는 모든 사람들 중에서 왜 내게로 왔습니까?
왜 당신은 칠순이나 된 내 집에 오신 겁니까?"
그녀는 물었을 것이다.
각자는 다 같은 대답을 했을 것이다.

> 문화혁명 동안에 당신 집 바깥에는 당신 죄목이 가득 적힌 커다란 표지판이 있었습니다. 그 중에 하나는 당신이 성경책을 배포했다는 것이었어요. 당신에게는 남은 게 좀 있을 것 같아 여기 제가 왔지요.

놀랍게도, 그녀의 삶을 그처럼 비참하게 만들었던 그 표지판이 새로운 사역의 도구가 되었다. 그것은 문화혁명 동안에 그녀로부터 사람들이 떠나가게 만들었지만, 그 후에는, 그녀가 인내를 한 후에는, 그것은 사람들을 그녀에게로 이끌었다. 마벨은 성경을 그녀에게 밀수해 주는 한 서구 선교회와 연결이 닿을 수 있었고, 중국의 수도로 성경을 반입하는 첫 전달자가 되었다. 그녀는 중요한 공급원이 되었고, 오늘날 중국에 있는 수많은 고위층 공산당원들은 그녀의 인내 덕에 믿음을 갖게 되었다. 그녀는 이렇게 회상했다.

> 왜 그랬는지 알게 되는 것은 좋은 일이다. 하지만 그것은 어려웠다. 매일이 어려웠다. 나는 예수님을 보았다고 말할 수 없고, 심지어 대부분의 시간에 그분을 가까이 느낄 수조차 없었다. 나는 그저 계속 갈 힘밖에 없었고, 그것이면 족했다.

모두가 다 그 이유를 알지는 못한다.
그러나 인내를 통해 하나님께서는 십자가상의 그리스도를 위해 하신 것처럼 그의 승리의 뜻을 이루실 것임을 믿는 믿음 가운데 앞으로 나아가라.

그리하여 이와 같은 방법으로 적어도 박해받는 교회와의 만남은(그것이 얼마나 잠시 동안 혹은 간접적인 것이라 할지라도) 우리의 영적 생활을 바꿔놓을 수 있다. 그들은 신앙의 모델, 신앙의 경고, 그리고 신앙의 격려가 될 수 있다. 만약 우리가 볼 눈이 있고 들을 귀가 있다면 말이다.

7. 성찰을 위한 질문들

1) 이 글은 어떻게 박해 받는 자들과 관계하는 사역이 박해를 받지 않는 자들이 박해 받는 자들을 일방적으로 돕는 것이라는 생각을 반박하고 있는가?

2) 박해가 없는 세계에 사는 교회들과 그리스도인들은 종종 박해 받는 자들에 대해 별로 아는 게 없다.
그들은/우리는 박해 받는 자들로부터 배울 수 있는 귀중한 교훈을 어떻게 더 효과적으로 잘 배울 수가 있을까?

3) 이 글의 저자가 박해 받는 그리스도인들로부터 우리가 배워야 할 것을 제안한 세 가지 방법에 대해 당신 자신의 말로 요약해 보라.

4) 예수를 신실하게 따르는 자들은 어떤 식으로 우리가 처한 각자

의 사회 속에서 "곤란을 당하게" 되는가?

글쓴이

로널드 R. 보이드-맥밀란(Ronald R. Boyd-MacMillan)은 현재 국제 오픈도어즈의 수석 전략 담당자이다. 그는 냉전 시대 동유럽에 성경 밀수꾼으로, 영국의 브리스톨에서 목회자로, 홍콩에서 저널리스트로, 그리고 중국에서는 지하 설교가들 훈련자로서 대조적인 직업을 즐겨 왔다.

그는 25년 이상 세 대륙에서 박해받는 그리스도인들 사이에서 사역한 경험을 갖고 있다. 그는 『견디는 믿음: 박해받는 교회를 위한 필수적인 가이드』(*Faith that Endures: The Essential Guide to the Persecuted Church*)(Baker Books, 2006)의 저자이다.

제14장

인권과 박해
- 선교와 종교의 자유라는 틀

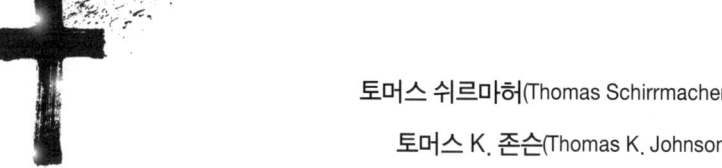

토머스 쉬르마허(Thomas Schirrmacher)
토머스 K. 존슨(Thomas K. Johnson)

UN의 세계인권헌장(United Nations Universal Declaration of Human Rights, 1948)은 다음과 같이 선언한다.

모든 인간은 동등한 존엄성을 지니며(제1조) 종족이나 피부색, 성, 언어, 종교 혹은 정치적인 신념으로 인한 차별을 받지 아니한다(제2조).

모든 사람은 '인간으로서' 취급될 권리를 갖고 있다.
만일 모두가 하나님의 형상 안에서 창조된 것이 아니라면 동등한 인간 존엄성에 대한 궁극적인 근거란 무엇이겠는가?

하나님이 자기 형상 곧 하나님의 형상대로 사람을 창조하시되 남자와 여자를 창조하시고(창 1:27).

그리고 만약 가인에게와 같이 "죄가 문에 엎드려"(창 4:7) 있어서 우리가 쉽게 살인자, 특히 종교적인 갈등에 있어 살인자가 되기 쉬운 것이 아니라면 왜 그와 같은 보호가 필요했겠는가?

만약 무지개 언약뿐만 아니라 율법의 강화를 통해 공의를 수호했던(창 9:6) 하나님의 일반 은총이 아니라면, 인권(그리고 그러한 권리들을 보호하는 데 상응하는 의무들)에 대한 공적인 인정이 어떻게 생겨나게 되었을까?

박해받는 그리스도인들을 대변하는 데 참여하는 선교사들과 활동가들은 인권 보호와 복음 사이, 일반 은총과 구원 은총 사이의 상호 작용을 고려함으로써 힘을 얻고 인도함을 받을 수 있다. 존엄성은 모든 사람에게 주어진 하나님의 선물이며, 종교와 모든 인권의 자유에 대한 근거가 된다.

종교와 인권은 모든 일반 은총 기관(all common grace institutions)들에 의해 보호되어야만 하고, 일반 은총은 또한 회개와 복음에 대한 믿음을 촉구하는 하나님의 부르심이다. 제대로 된 선교 사역은 인권의 광범위한 보호를 증진하기도 하는데 이것은 생명 보호에 대한 각 나라의 역할이 다를 수 있음을 이해한다는 것을 의미하기도 한다.

1. 하나님과 인권

개인들을 보호하기 위해 주어진 인권이란 개념은 주로 기독교계 내에서 발전되었고 이 개념은 더 넓은 정치적 문화로 확장되었다.[1]

---

[1] 인권에 관한 좀 더 이른 몇몇 토론은 중세 기독교 철학 가운데 있었다. 물론 비슷한 토론이 고대 그리스와 로마의 사고 가운데 나타나기도 한다. 하나님의 말씀의 문화에 대한

기독교의 어떤 분파들은 인권을 위해 더 일찍 싸우지 않았다는 사실이 이 주장을 거슬러 논박하는 것은 아니다. UN의 세계인권헌장은 사회에서 공론화된 도덕적 관심뿐 아니라 이에 대한 저술들의 기독교적 뿌리를 반영한다.

노예 무역과 고문의 금지, 법 앞에서의 평등 원칙, 쉬고 재창조할 권리(주일 성수)는 기독교적인 전통에서 왔고 하나님의 관심을 반영한다. 이러한 권리들을 그들의 헌법에 처음 확정한 정부들은 기독교인들에 의해 영향을 입은 정부들이라는 것이 우연은 아니다.[2] 하나님의 일반 은총이 역사하고 있다.

사람들이 인권을 다른 세계관 속에서 방어할 때 그것은 좋은 것이며 기독교인들에 의해 인정되어야 한다. 우리는 "그들의 인권적인 관심을 기독교적인 확신으로 인도해야 하지 않을까?"라고 질문할 수도 있다.[3]

대부분의 상당한 기독교적 유산을 가진 나라들이 (몇몇 정교회 나라들을 제외하고) 인권을 수호하기 위한 시도인 민주주의 국가가 되었다는 것은 놀랄 일이 아니다. 반대로 (책임 있는 정부를 포함하여) 인권의 보다 나은 시스템을 계발하는 것은 하나님을 알아가려는 인간 본성(우리의 존엄성과 죄성 둘 다)에 대하여 무언가를 가르치고 있다.

왜냐하면 하나님을 아는 것이 인간 본성을 아는 것으로 인도할 수 있는 것처럼 인간 본성에 대한 지식은 하나님을 아는 것으로 인도할

다중적인 관계에 관하여는 Johnson의 글을 보라(2011, 4-16). 이러한 원리들의 구 버전은 온라인상에서 볼 수 있다. www.bucer.u/internation, MBS Text 79

2 1948년 이전에는 악의적인 무신론의 조류들이 있었다. 특히 Karl Marx와 Friedrich Nietzsche에 의해 영향을 입은 무신론자들은 인권을 아주 유대적이고 기독교적인 색채가 뚜렷한 도덕 교리로 여겨 그것을 거부해야 한다고 여겼다.

3 Johnson을 보라(2008, 29-50).

수 있기 때문이다. 일반 은총은 복음의 문화적인 결과로 따라오지만, 또한 복음을 위한 길을 예비한다.

> 선을 행함으로 고난 받는 것이 하나님의 뜻일진대 악을 행함으로 고난 받는 것보다 나으니라 그리스도께서도 단번에 죄를 위하여 죽으사 의인으로서 불의한 자를 대신하였으니 이는 우리를 하나님 앞으로 인도하려 하심이라 육체로는 죽임을 당하시고 영으로는 살리심을 받으셨으니(벧전 3:17-18).

어떤 법체계도 최소한의 도덕 가치가 없이 만들어지지는 않는다. 법체계는 도덕적, 문화적인 가치체계를 전제로 한다. 법이란 것은 법 이전에 있었고 그 자체 안에 있지 아니한 도덕적인 기준으로부터 파생되는 것이다. 그것은 형이상학적인 토대 위에 있으며 일반 계시와 특별 계시를 통해 온다.

인권 존엄성의 법적 보호는 인간이란 자기 자신에 대해 직접 인지할 수 있는 것 이상의 존재요, 자연 과학의 수단에 의해 다 이해될 수 없는 그 이상의 존재임을 가정한다. 인간이란 초월성을 향하여 열려있다. 책임 있는 법체계는 그 자체가 스스로 보장할 수 없는 어떤 필수 요소에 의존해 있다. 인간의 존엄성과 권리들은 하나님의 피조물로서의 인간 존재의 한 부분이다.

국가가 인권을 만들어내지 않는다. 국가는 단지 그것을 성문화하고 보호할 따름이다. 생명을 향한 권리는 인간성 본질 그 자체에 속한 것이다. 사람은 그것을 정부로부터 받은 게 아니다. 시민의 생명은 그 어떤 정부에 의해 소유된 것이 아니므로 지배자의 변덕에 따라 농락당해서는 안 된다. 때로 우리는 기본권을 거부당하기도 하고 때로는 그릇된 바람을 '권리'라 주장하는 경솔을 범하기도 하지만 어찌 되었건 우리의 모든 기본권은 하나님의 창조 방식에 상응하는 것이다.

2. 교회와 국가의 분리

국가에 대한 결정적인 성경 구절은 로마서 13:1-7이다. 바울은 기본적으로 국가에 대항하는 자는 아무도 하나님의 권위에 호소할 수 없다고 분명히 가르친다. 오히려 그 사람은 하나님의 법을 대항하고 있는 것이며 법적으로 체포될 것이다(롬 13:2). 국가는 악을 통제하고 징벌할 책임을 갖고 있으므로 그리스도인들은 갈등을 피하려면 선을 행해야 한다.

만약 그리스도인이 잘못하면 그는 당연히 국가로부터 벌을 받게 된다. 왜냐하면 정부는 하나님의 일꾼으로서 정의를 행할 의무를 갖기 때문이다(롬 13:4). 결과적으로 그리스도인은 세금을 내고 정부 관리들에게 적절한 존경을 표해야 한다(롬 13:6-7).

바울의 언급으로부터 우리는 세 가지 원리들을 이끌어낼 수 있다.

1) 정부는 사람들이 생각하거나 믿는 바, 혹은 느끼는 것에 대해서가 아니라 단지 행하는 것에 대해서만 심판할 수 있을 뿐이다. '행동으로 도출된' 선과 악에 대해서 책임이 있는 것이다. 국가의 의무는 모든 죄를 다 통제하는 것이 아니고, 누구의 행동인지 관찰될 수 있는 죄들과 국가가 마땅히 보호해야 하는 공공질서에 해를 끼치는 죄들만 통제하는 것이다.

2) 국가는 그리스도인들과 다른 사람들, 예를 들어 다른 신앙을 가진 자들이 자신의 신앙을 평화로운 방법으로 추구한다면 그들을 차별하지 않을 것이다. 하나님은 법적 문제에 있어 편드는 것을 금하시기 때문에 그리스도인이 법을 어기면 불신자와 마찬가지로 동일한 정도의 형벌을 받아야 한다. 국가는 그리스도인들과 다른 종교에 속한 사람들을 차별할 수 없다. 왜냐하면 오직 행위에 근거해서만 심판을 할 수 있기 때문이다.

3) 국가는 일반 은총의 기관이지 복음을 전하는 기관이 아니다. 국가가 교회나 종교를 주장하는 것이 아닌 것처럼 국가가 어느 교회나 종교에 종속되거나 교회와 같은 기능을 하지도 않는다. 교회와 국가의 분리는 기독교 신앙과 모순되지 않으며 자연적으로 기독교 신앙으로부터 나온 것이다.

왜냐하면 복음을 전하고 사람들을 신앙 안에서 양육하는 것이 교회의 의무이듯이 성경은 백성들이 무엇을 믿든 그들로 하여금 평화와 정의 가운데 살 수 있게 하는 것이 국가의 의무라고 말하고 있기 때문이다.

역사가 오이겐 에빅(Eugen Ewig)은 구약을 '두 권력의 교리'라고 표현했다. 에두아르트 아이히만(Eduard Eichmann)은 제사장과 왕 사이의 성경적인 권력 분립에 대하여 이렇게 말했다.

성경과 함께 그러한 구약적 관점은 기독교 서구의 공통분모가 되었다 (1928, 6, 8).

예수께서는 이러한 분리를 "가이사의 것은 가이사에게, 하나님의 것은 하나님께 바치라"(막 12:17)는 말씀으로 확실하게 하셨다. 이러한 법칙은 하나님에게서 온다. 종교적인 기관들은 황제 위에 있지 않다. 그러나 어떤 영역은 황제 아래 있는 게 아니라 하나님 아래 있다.

가이사에게는 무엇이 하나님에게 속한 것인지 결정할 권한이 없다. 이것은 통치자가 교회에 의존한다는 걸 의미하는 것이 아니다. 왜냐하면 하나님은 통치자에게 단지 한 종교 그룹에 속한 사람들만이 아니고 그의 영역 안에 있는 모든 사람들을 위한 책임을 주셨기 때문이다.

사회 속에 있는 권력의 분리는 성경적인 근거를 갖는다. 국가가 우선적인 의무를 잊어버리고 신자들을 박해하는 것이 아니라면, 국가와 교회의 분리는 기독교에 대한 전쟁을 의미하는 것이 아니다(계 13장; Johnson 2009, 33-38).

3. 종교의 자유: 종교개혁의 이복 자녀들[4]

근대 초기는 17세기 영국의 급진적인 개신교에서 일어난 종교적 자유와 양심의 자유를 요구한다. 종교적인 자유의 근원에 관한 포괄적인 연구에서 마이클 패리스(Michael Farris)는 존 칼빈의 제자인 세바스찬 카스텔리오(Sebastian Castellio)가 1544년 칼빈에 대항해 말하면서 종교적 자유의 초기 형태('불경건한' 자들을 여전히 형벌하는, 패리스 2007)를 변호했던 것에 주목한다.

---

[4] 이 주제에 대해 더 많은 것을 위해서는 Schirrmacher (2009, 73-86)를 보라.

영국 침례교인 토머스 헬위즈(Thomas Helwys)는 연이어 완전한 종교적 자유를 요청하는 첫 소책자로 알려진 글을 1616년에 썼다. 영국 침례교인 레너드 부셔(Leonard Busher)는 1614년에 비슷한 소책자를 만들었다(Busher, 1614). 그 생각은 영국과 화란에 있는 침례교인들과 그 밖의 '분리주의자들' 사이에 퍼져나갔다.

나중에 미국에서는 1639년 회중교회 구조를 가진 최초의 미국 침례교회의 공동 창립자 로저 윌리엄스(Roger Williams)가 1644년에 완전한 종교적 자유를 요청하였다. 그는 로드 아일랜드에서 교회와 국가가 분리되되 기독교 선교의 자유를 지지하면서 유대인과 무신론자들을 위한 완전한 종교적 자유를 보장하는 방식으로 진정으로 분리되는 첫 헌법을 확립했다. 라이너 프래토리우스(Rainer Prätorius)는 이렇게 정곡을 찌른다.

> 윌리엄스가 아주 종교적이라는 사실에도 불구하고가 아니라 오히려 그가 그렇기 때문에 정치와 종교의 분리를 요구했다(2003, 35).

연이어 윌리엄 펜(William Penn)이 펜실베이니아 지역에서 통치 구조를 시도한 '거룩한 실험'(holy experiment)에도 동일한 사실이 적용된다. 역사가인 에른스트 트룉취(Ernst Troeltsch)[5]는 인권의 성문화는 기존 개신교회들 때문이 아니라 오히려 신세계로 내몰려온 자유교회, 이단들 그리고 청교도인들에서 퀘이커교도들에 이르는 영성가들 때문이었다는 점에 주목했다.

---

5 Graf (2002, 42-69) 참고.

이 시점에서 종교개혁의 이복 자녀들이 마침내 자신들의 역사적인 순간을 갖게 되었다(Troeltsch 1911, 62).

미합중국에서는 다음과 같은 여러 요소들이 합해지고 한데 어우러졌다. 즉, 아주 경건한 윌리엄스와 펜에 의해 개척되기 시작해서 어렵게 얻게 된 종교와 양심의 자유, 교회와 국가의 분리, (초기에는 종교의 자유가 없던) 청교도들과 여러 종교개혁자들에 의해 더욱 발전된 헌법 조문들 그리고 종교적인 가이드라인을 세속법으로 번역했던 계몽주의적이고 이신론자인 정치가들에 의해 점령지의 주들에서 이뤄졌던 민주주의의 실행 등의 요소들이다.

종교적 자유의 탄생은, 약간 과장해서 말한다면, 기독교 다수 교회들에 대항한 기독교 소수파들의 자유를 위한 투쟁이었다. 이것은 민주주의 발전과 관련된 기존 교회의 초기 양면성을 설명해주는데, 이는 역사적으로 기독교와 인권을 보호하는 민주주의 사이에 분명한 선을 그을 수 없게 만드는 '기독교 관용의 양면성'을 말한다(Forest 2006). 그럼에도 불구하고 종교의 자유는 복음주의 신앙을 통해서 전 세계 정치와 문화에 주어진 하나님의 일반 은총이 되었다.

4. 다른 종교들 돕기[6]

종교적인 박해는 그리스도인들이 동료 그리스도인들을 사랑함으로써 그들의 제자도를 보여줄 것을 요청할 뿐 아니라, 동시에 우리의

---

[6] 이 주제에 대해 더 많은 것을 위해서는 Schirrmacher (2008)를 보라.

모든 이웃들을 같은 식으로 사랑하라고 요청한다. 우리가 종교적인 자유를 추구함으로써 그리스도인들을 사랑할 때에는 모든 종교와 모든 사람에게도 유익이 되어야 한다.

이란에 있는 박해받는 그리스도인들(혹은 다른 나라에서 피난처를 찾는 회심자들)을 지원할 때 이란에서 잔혹한 박해를 함께 받고 있는 바하이 교도들도 또한 도와야 한다. 종교적 자유를 위한 그들의 목적은 실제적으로 로비가 없기 때문에 세상에 훨씬 덜 알려져 있다.

그리고 인도나 인도네시아가 종교적인 민족주의자들(어쩌면 그리스도인들을 박해할 수도 있는)의 압력에 굴복하지 않은 채 세속 국가로 남을 수 있도록 돕는 사람도 모든 종교의 추종자들을 또한 지원하고 있는 것이다.

그리스도인들의 권리를 위해 일하는 사람들은 종종 다른 종교의 추종자들을 직접적으로 돕는다. 예를 들어 이슬람에서 기독교로 개종한 아프가니스탄 사람들을 위해 일하는 것은 그 나라에 있는 많은 불교도나 무슬림들의 운명에 대한 전 세계적인 주목을 끈다. 사우디아라비아에 있는 필리핀 로마가톨릭의 어려운 상황에 대한 지원은 사우디아라비아에 있는 필리핀 무슬림들의 고통에 대해서도 주의를 끈다.

5. 개종과 종교적 자유

종교적 자유의 고전적 정의는 UN 세계인권헌장 제18조에 나온다.

모든 사람은 사상, 양심 그리고 종교의 자유에 대한 권리를 갖고 있다. 이 권리는 자신의 종교나 신념을 바꿀 수 있는 자유 그리고 개인적으로나 공동체적으로 자신의 종교나 신념을 가르치고 실천하며 예배와 규율을 통해 표현할 자유를 포함한다.

종교적 자유는 특별히 한 사람의 종교와 세계관을 바꿀 수 있는 권리를 포함하고 있음을 주목하라!

기독 신앙 안에서 내적인 각성을 통해 회심하는 것은 근대 종교 자유의 원초적인 근원이었다. 문제는 "내적 각성이 일어났음에도, 태생적으로 갖고 있거나 내면에 잠재된 신념을 더 이상 붙들지 않는다면 어떻게 해야 하는가"이다.

나(토머스)는 선교 사역을 반대하는 저널리스트들과 이것을 종종 토론했었다. 그들은 말한다.

"무슬림이 그리스도인이 될 때 당연히 이란에 문제들이 생긴다는 것을 당신은 알지 않는가?

그냥 이란 사람들을 평화롭게 내버려두라."

나는 즉각 대답한다.

"이란에서는 서구 선교사가 아닌, 토착인들이 전도하는 경우가 오랫동안 있어왔다. 그들의 노력의 결과로 이란 사람들은 이슬람을 떠나 바하이교도 혹은 기독교인이 된다.

누가 그것을 막겠는가?"

한편 다음 질문도 생각해보자.

"교회를 떠나는 사람은 누구나 직업을 잃고 시민으로서의 특권도 빼앗긴다는 원칙을 서구 법에 복귀시켜야 하는가?"

유럽은 오랫동안 이처럼 종교적인 소속과 시민 생활이 밀접하게 연결된 상태로 흘러왔다. 나는 이러한 원칙이 바뀐 것이 기쁘다. 참된 종교의 자유란 단지 한 사람이 다른 종교 추종자와 아무 말도 섞지 않은 채 자라나서 단순히 자신의 종교만을 지키는 것을 의미한다고 생각하는 것은 완전히 허상이다. 이것은 세습되고 강요된 종교의 형태로, 이제는 이런 원칙을 스스로 받아들이는 사람은 거의 없다.

우리 역시 다른 사람이 그렇게 되기를 원해서는 안 된다. 종교의 자유란 종교적인 소속을 시민의 지위와 분리하는 것을 의미한다. 이런 경우라야 각 개인은 공중 가운데 서서 자신의 신념을 전할 수도 있고, 고용주에 의해 그것 때문에 해고당하지 않을 수 있는 것이다. 이것은 기독교인, 무신론자 그리고 무슬림에도 다 유익한 것이다.

6. 평화로운 선교 사역과 인권

평화로운 선교 사역은 원래 종교의 자유 외에도 여러 개의 다른 인권들과 관계가 있다. 선교 사역을 진행하는 권리는 1948년의 인권선언문에 내재되어 있는 표현의 자유의 권리로부터 유래될 수 있다. 정치적인 정당, 환경단체들 그리고 심지어 광고주들이 그들의 관점을 공포할 수 있는 것과 마찬가지로 종교도 그렇다.

종교와 신념에 근거한 모든 형태의 불관용과 차별의 제거에 관한 선언(UN총회의 결의안 36/55, 1981년 11월 25일, 제6조, d항)에서는 종교의 자유를 가리켜 '집필과 발행, 출판물 유포의 권리'로 표현한다.

표현의 자유는 개인이 자유롭게 기도할 수 있을 뿐 아니라 자기의 신념을 대중에서 제시할 수 있는 권리를 포함한다. 평화로운 선교 사역은 또한 집회와 여행의 권리와도 연결되어 있다. 이러한 권리들은 선교의 법적인 정당성을 보여주며, 선교 사역은 이러한 권리들을 더 널리 보호하는 방식으로 진행되어야 한다.

과거에는 선교 활동들이 폭력과 압제의 근거가 되기도 했었다. 기독교와 이슬람의 십자군전쟁과 제국주의가 떠오른다. 이러한 경우의 문제는 한 사람의 관점을 공적으로 전파하는 데 있는 것이 아니다. 오히려 인권을 억압한 것이 문제다.[7] 문제는 폭력이었고 '선교'란 용어는 분명히 잘못 쓰인 것이다. 우리는 또한 기독교와 이슬람의 만남이 지적이고 문화적인 교류나 선교 현장에서 평화적으로 이뤄져왔음을 잊지 말아야 한다.

7. 해야 할 일

근대 인권의 보호는 일부는 기독교인들을 통하여, 일부는 다른 사람들을 통하여 주어진 하나님의 일반 은총의 선물이다. 기독교인들은 그들의 선교 사역을 감사함으로 수행하며 이 위대한 선물을 더욱 확장하기 위해 노력해야 한다. 그리고 언제나 하나님의 모든 선물은 회개와 믿음을 향한 초청이라고 말해야 한다.

8. 성찰을 위한 질문들

1) 저자에 따르면 인권의 기본적인 근거는 무엇인가?
   어느 교회 조직이 인권의 근대적인 발전을 위해 가장 큰 기여를 했으며 왜 그렇게 했는가?

---

7 보다 진전된 분석을 위하여는 Shirrmacher and Johnson (2010, 23-37)을 보라.

2) 인권에 관한 논쟁에서 '일반 은총'과 '구원 은총'이란 용어를 폭넓게 사용하는 것이 왜 중요한가?

3) 종교의 자유와 그 밖의 인권들은 어떤 관계에 있는가?

4) 기독교인들은 그들의 선교 사역을 감사함으로 수행하며 이 위대한 선물(인권)을 더욱 확장하기 위해 노력해야 한다. 이를 위해 우리가 해야 할 일은 무엇인가?

참고문헌

Busher, L. 1614, *Religious peace*. London: Sweeting 1644.

Eichmann, E. 1928. *Könings und bishofsweihe. Sitzungsberichte der Bayerischen Akademie der Wissenschaften: Philosophisch-philologische und historische Klasse Jahrgang*. Abhandlung. Munich: Verlag der Bayerischen Akademie dor Wissenschaften.

Farris, M. 2007. *From Tyndale to Madison*. Nashville, TN: Thomas Nelson.

Forest, R. Orignial bibliographic unknown, Quoted in Manfred Brocker/Tine Stein, eds., *Christentum und demokratie*, (Darmstadt: Wissenschaftliche Buchgesellschaft, 2006).

Graf, F. W. 2002. *Puritanische sektenfreiheit versus Lutherische volkskirche*. Zeitschrift für Neuere Theologiegeschichte 9, no. 1: 42-69.

Helwys, T. 1611. *A short declaration of the mystery of iniquity.* London. Reprint. London: Kingsgate, 1935.

Johnson, T. K. 2008. *Human rights: A Christian primer.* WEA Global Issues Series, vol. w. Bonn: VKW.

_____. 2009. *What difference does the Trinity make: A complete faith, life, and worldview.* WEA Global Issues Series, vol. 7. Bonn: VKW.

_____. 2011. *Christ and culture, Evangelical Review of Theology* 35, no. 1 (January): 4-16. An older version of these principles is available online at www.bucer.eu/international, MBS Text 79.

Prätorius, R. 2003. *In God we trust: Religion und politik in den USA.* Munich: CH Beck.

Schirrmacher, T. 2008. *The persecution of Christians concerns us all. WEA Global Issues Series,* vol. 5. Bonn: VKW.

_____. 2009. *Christianity and democracy. International Journal for Religious Freedom 2,* no. 2: 73-86. www.iirf.eu.

_____, and T. K. Johnson. 2010. Why evangelicals need a code of ethics for mission. *International Journal for Religious Freedom 3,* no. 1: 23-37. www.iirf.eu.

Troeltsch, E. 1911. *Die bedeutung des Protestantismus für die entstehung der modernen welt.* Munich/Berlin: Oldenbourg.

Williams, R. 1644. *The bloody tenent, for cause of conscience.* London. *See also Chistenings make not Christians.* London: 1645.

글쓴이

토머스 쉬르마허(Thomas Schirrmacher)는 독일인으로 '종교의 자유를 위한 국제기관'(International Institue for Religious Freedom, 본과 콜롬보, 케이프타운에 있음) 디렉터이며 WEA의 신학 분과장으로 섬기고 있다. 독일을 중심으로 활동하고 있지만 인도의 쉴롱과 유럽 전역을 다니며 종교사회학, 신학, 글로벌 윤리, 국제 계발에 대해 가르치고 전문가들을 양성하고 있다.

토머스 K. 존슨(Thomas K. Johnson)은 미국인으로 그는 교회 개척가이자 기독교 변증가로 활동했으며 구 소련을 비롯한 4개국의 대학 6곳에서 19년간 철학과 윤리학을 가르쳤다. 현재는 프라하에 베이스를 두고 '기독교학문연구국제연구소'(International Institute for Christian Studies), 코메니우스연구소, '마틴부처유럽학교와조사연구소'(Martin Bucer European School of Theology and Research Institutes), 올리벳대학교(Olivet University)에서 섬기고 있다.

이란에 머물러 빛이 되라

"아이들은 무슬림 가정에 가게 될 것이다."
법정에서 판결이 났다.
나디아는 여덟 살이다. 그녀의 부모는 기독교 신앙 때문에 감옥에 갇혀 있었고 나디아와 그 형제들은 무슬림 가정으로 보내졌다. 그녀는 마음에 성경말씀을 간직하며 다음과 같이 결단했다.

"부모님은 헛되이 고난받으신 게 아니다. 그분들은 끝까지 헌신하셨고 나는 그 헌신을 잊지 않을 것이다."

하페즈와 결혼한 나디아는 그와 함께 이웃들과 동료들에게 조용히 복음을 전하기 시작했다.

"너무나 많은 사람들이 무언가에 목말라하고 있다. 그들과 예수를 나눌 수 있다는 것은 얼마나 놀라운 특권인가!"

어느 날 밤, 한 남자가 예고 없이 찾아와 문을 요란하게 두드렸다.

"오, 하나님! 역사가 반복되는 건가요?"

나디아는 소리쳤다.

그런 것 같았다. 나디아와 하페즈는 따로 떨어지게 되었다. 그들은 법정에 섰고 판사는 잔인했다.

"당신은 나라의 법을 어겼소."

뒤이어 판사는 천둥과도 같이 소리쳤다.

"당신은 외국 종교를 소개하면서 이란 사람들을 참된 신앙으로부터 돌아서게 했소. 그들을 배도로 이끈 것이오. 이것은 사형에 해당하는 범죄요."

하페즈와 나디아는 감옥에 각각 따로 들어가게 되었다. 그리고 얼마 후 그들은 알 수 없는 이유로 풀려났다.

"우리는 교도소에서 풀려났지만 박해로부터 자유롭지는 못해요. 그들은 우리가 이슬람을 모독하기 위해 외국인들과 같이 일하고 있다고 말하면서 '형벌은 사형'이라고 쓰인 파일을 아직도 갖고 있지요."

이어서 나디아는 말한다.

"오늘까지 살아 있다는 것은 기적이에요. 미래에 무엇이 우리를 기다리고 있는지 모르지만 하나님은 우리를 택하사 이란의 이 도시에 머물러 빛이 되라고 하십니다. 저는 그것을 믿습니다."

- 미이람 아데니,『국경 없는 왕국: 글로벌 기독교의 알려지지 않은 이야기』
(*Kingdom without Borders: The Untold Story of Global Christianity*, 2009, 142-144)

제15장

박해받는 자들을 위한 옹호

레그 레이머(Reg Reimer)

1. 이슈

여기서 '옹호'(Advocacy)란 좁게는 박해자 혹은 박해를 없애거나 줄이는 데 영향력을 행사할 수 있는 사람에게 호소하는 것으로 정의할 수 있다. 때로는 박해받는 자들은 그들 자신을 위해 옹호할 수 있다. 그러나 종종 옹호는 다른 사람들에 의해 이뤄져야 한다.

이 글에서는 다음과 같은 주제를 논의할 것이다.

① 옹호의 성경적인 근거는 무엇인가?
② 하나님이 정하신 정부의 역할은 무엇인가?
③ 교회와 국가의 관계에 대한 다양한 기독교적 관점이 옹호 활동을 위한 준비에 어떤 영향을 주는가?
④ 보편적인 옹호 전략과 개입 방법은 어떤 것들이 있는가?

지면상 모든 내용을 다 담을 수 없으므로 여기서는 광범위한 지정학적인 적용[1](wide geopolitical application)에 대해 논의할 것이다.

2. 옹호의 성경적 근거

종교의 자유는 근본적인 또는 자연적인 인권에 통합되어 있는 것이며, 자명하고도 우주적인 것으로 이해된다. 우리는 여기서 생각과 양심, 종교, 표현, 결사 등의 자유를 말하고 있다.

보편적으로 기독교 사상가들은 종교의 자유를 최우선의 자유 또는 인권의 어머니라고 생각한다.[2] 종교의 자유는 '국제관습법'의 일부로 여겨지며 국제 조약에 서명하지 않은 국가에게도 의무로 지워진다 (Thomas, Seiple, Rowe 2009, 1).[3]

크리스 세이플(Chris Seiple)은 말했다.

"우리는… 종교의 자유는 가장 위대한 선물로, 선물을 주시는 하나님에게서 은혜에 따라 받은 것이라고 생각한다."[4]

이를 부정적으로 표현한다면, 자신의 창조주를 추구하고 섬기며 궁극적인 의미를 찾으려는 동료 인간들의 권리를 부인하는 것보다 더 나쁜 일이 무엇이겠는가?

---

1 『박해와 순교』 제1권에 나와 있는 나의 글(제2장, 제18장)과 비교해보면 유용할 것이다.
2 현대의 가톨릭 윤리학자이며 신학자이자 교황 요한 바오로 2세의 자서전을 쓴 베스트셀러 작가 George Weigel의 작품을 보라.
3 *International Religious Freedom Advocacy: A Guide to Organizations, Law and NGO*는 종교의 자유를 옹호하는 자들을 위한 책으로, 그들의 사역을 도와주는 복잡하고 다양한 기관들을 이해하는 데 유익하다.
4 이 책 원서『Sorrow & Blood』제60장에 나오는 내용으로, 『박해와 순교』, 2권 (CLC, 2018)에는 실리지 않았다. - 역자 주.

인권과 더불어 우리 자신이 가진 종교의 자유와 이를 부인당한 자들을 위해 우리는 왜, 어떠한 근거로 옹호에 나서야 하는가?

옹호의 당위는 우리가 하나님의 형상대로 지음받았다는 사실에서 비롯된 인간의 존엄성에 근거한다. 가인과 아벨의 이야기(창 4:1-14)에서 우리는 하나님의 형상대로 만들어진 누군가를 살인한 사람에 대해 하나님이 극도로 싫어하시는 것을 본다.

> 네 아우의 핏소리가 땅에서부터 내게 호소하느니라… 네가 땅에서 저주를 받으리니(창 4:10-11).

주지하듯이 하나님은 심지어 악한 정부라도 국민의 정의를 위해 기능하도록 정하셨다. 또한 교회 안에서 우리는 서로를 몸의 같은 지체로 여겨야 한다(고전 12:12-31).

그렇다면 한 몸을 이루고 있는 다른 지체가 박해를 받을 때 우리가 어찌 일어서지 않겠는가?

> 너희도 함께 갇힌 것 같이 갇힌 자를 생각하고 너희도 몸을 가졌은즉 학대 받는 자를 생각하라(히 13:3).

신구약에는 공의롭게 살 것에 대한 지속적인 부르심과 불의에 대한 경고들 그리고 박해받는 자들을 위해 옹호해야 하는 우리의 의무가 기록되어 있다. 선교사들은 역사적으로 순장(殉葬), 유아 살해, 노예 제도와 같은 불의에 대항해왔으며, 지금도 '하나님 형상'의 논쟁에 대한 종교적인 박해에 대항해서 그렇게 할 것이다.

2002년도 찰스 타버(Charles Taber)의 『하나님의 형상대로: 복음과 인권』(In the Image of God: The Gospel and Human Rights)이라는 글은 이 점에서 하나의 이정표가 된다. 그는 우주적인 차별이 없는 권리들에 대한 생각은 상당히 최근 들어서야 그 뿌리를 갖게 되었다고 지적한다.

그에 따르면 이런 생각이 고대 그리스와 히브리 성경에 뿌리를 어느 정도 두고 있지만 기준을 세운 자는 예수라고 확신에 차서 주장한다. 이는 인간에 대한 하나의 관점으로서 종교의 자유를 포함하여 보편적인 인권의 근거로 제공할 수 있는 것이다.

> 모든 종교 창시자들과 지도자들 가운데서 예수는 홀로 모든 형태의 차별을 거부하고 모든 인간이 정확히 똑같이 취급받아야 한다는 것을 주장하였다. 여성들과 아이들, 나병환자들, 정결의식에 따라 부정하게 취급되는 사람들 그리고 외국인들을 다루는 그의 방식은 당시 인간 사회들이 만장일치로 제도화했던 모든 차이점을 급진적으로 약화시켰다. 그는 '이웃'이라는 범주를 모든 인류에게로 확장시켰으며 두 개의 위대한 명령(Great Commandments)들이 모든 자에게 적용된다고 주장했다(Taber 2002, 99).

기독교를 인권과 통합하는 탁월한 논의는 윤리학자이며 신학자인 토머스 존슨(Thomas K. Johnson)의 『인권: 기독교의 뇌관』(Human Rights: A Christian Primer, 2008)에서 이뤄지고 있다. 그는 '하나님의 형상' 논의를, 인간이 서로에게서 반드시 보호받아야만 하게 만드는 인간 악의 실재를 날카롭게 이해하는 것과 연결 짓는다(Johnson 2002, 43-47). 존슨은 결론 부분에서 복음적인 그리스도인들에게 기본적인 인권에 대한 옹호를 기독교의 윤리 문제와 하나님의 은혜에 대한 반응으로 만들라고 호소한다((Johnson 2002, 102).

악을 악으로, 욕을 욕으로 갚지 말고 도리어 복을 빌라 이를 위하여 너희가 부르심을 받았으니 이는 복을 이어받게 하려 하심이라(벧전 3:9).

아마도 인간의 존엄성을 찾기 위한 가장 단호한 인간의 시도는 1948년 인권대헌장(UDHR, Universal Declaration of Human Rights)이었을 것이다.[5] 이 UDHR과 이 헌장에서 영감을 받아 이뤄진 작업들은 감탄스러운 것들이지만 그 효과는 미미한 수준에 머물러 있다. 이 헌장에 참여한 나라들은 종교의 자유와 그 밖의 인권들을 일상적으로 침해한다. 국제 기관들과 정부들은 UDHR의 이상에 따라 살아내기를 언제나 열망해야 한다.

그러나 모든 것이 공언되고 행해질 때, 예수께서 그러셨던 것처럼 그리스도인들은 비기독교인들로 하여금 인간의 존엄성을 보게 할 수 있는데, 이를 위한 유일한 자원은 내재된 신뢰감과 복음의 설득력이다. 인간 존엄이라는 진리는 복음의 한 요소이며 복음을 떠나서는 어느 누구도 안전하게 존재하지 못한다. 진리는 반드시 전 세계에 선포되어야 하는데 첫째, 성령에 의해 영감과 능력과 인도를 받는 교회의 생명을 통해서이고 둘째, 복음 선포와 하나님의 통치에 들어오라는 복음의 초대에 의해서이며 셋째, 고통받는 자와 가난한 자들을 위한 희생과 섬김에 의해서이고 넷째, 예언자적인 직면 그리고 인간을 학대하는 모든 정사와 권세에 대한 대항을 통해서다(Taber 2002, 102).

---

5 UDHR에 대한 기독교의 공헌에 관하여 통찰력 있는 다양한 소논문들을 보려면 『기독교와 인권』(*Christianity and Human Rights*, Adeney and Sharma, 2007)을 참고하라. 어떤 사람들은 그것이 너무 서구적이라고 비평을 했다.

3. 정부는 무엇을 위한 것인가?

나는 한때 베트남의 공산주의자 관리 한 사람과 "공산주의 사회에서의 교회와 정치적 질서"라는 민감한 주제에 대해 이야기를 하였다. 그는 재빨리 "각 사람은 위에 있는 권세들에게 복종하라"는 로마서 13:1을 인용하였다.

나는 그리스도인들이 마치 그것이 이야기의 결말인 것처럼 그 구절을 적절치 않게 사용하는 것을 들었다. 그렇지 않다. 신약은 정부의 역할과 표준을 분명하게 밝히고 있다.

통상적으로 인용되는 말들은 보통 로마서 13:1-7에서 발췌한 것으로, 이 본문은 정부가 하나님에 의해 세워지는 것으로 설명한다. 더 나아가 "다스리는 자들은 선한 일에 대하여 두려움이 되지 않고 … 그 [다스리는 자]는 하나님의 사역자가 되어 네게 선을 베푸는 자니라"고 말한다. 옳은 일 행하는 자들을 두렵게 하며 선 대신에 악을 행한다면 그 통치자는 이런 성경적 기준에 한참 모자라는 것이다.

신약성경에 따르면 정부는 악을 제한하고 공익을 진작시키시는 통치자 하나님에 의해 세워진다(롬 13:1-8; 벧전 2:13-17). 메노나이트의 정치학자인 존 레데콥(John Redekop)은 『하나님 아래에서의 정치』(*Politics under God*, 2007)라는 책에서 로마서 13:1-7에 대한 그의 연구를 바탕으로 '하나님이 기뻐하시는 정부의 과업 21가지'를 제시한다.

그리스도인들은 정부가 이러한 과업들(Redekop 2007, 69-81)을 성취하게 할 수 있고, 또 그렇게 해야 한다. 평화로운 사회적 질서의 또 다른 목적은 전도에 기여하는 것이다. 바울 사도는 모두가 "고요하고 평안한 생활"을 할 수 있도록 "임금들과 높은 지위에 있는 모든 사람을 위하여" 기도하라고 권한다. 그리고 이는 결과적으로 "구원을 받으며 진리를 아는 데" 기여하게 될 것이라고 했다(딤전 2:1-4).

정부가 하나님의 기준에 이르는 데 실패할 뿐 아니라 그와는 완전히 반대되게 행하고 있을 때 그리스도인들은 무엇을 해야 하나?

예를 들어 어떤 정부는 그리스도인들을 직접적으로 박해하거나 혹은 비국가활동 세력들이 그리스도인들을 폭력적으로 억압할 때 침묵으로 일관한다. 어떤 정부는 공산주의나 급진 이슬람, 종교적인 국수주의 같은 박해의 주체들이 통치자로 군림하고 있다.

정부에 대한 그리스도인들의 복종의 성격은 국가가 하나님께서 주신 명령을 얼마나 실현하고 있는가에 따라 달라진다. 그리스도인들은 성경적인 책임을 대체로 실현하고 있는 국가라 할지라도 더 온전한 공의를 촉구하면서 건설적인 비판을 하게 될 것이다.

극단적으로는 유명한 신학자인 디트리히 본회퍼가 있다. 그는 악한 국가의 수장을 제거하는 일에 부름받았다고 믿었다. 독일은 성경적인 명령을 전적으로 수장에게 위임했고 가공할 악에 빠져 있었다.

그리스도인의 궁극적인 충성은 하나님의 왕국에 있다. 그러나 그 그리스도인은 공의로 다스리는 정부를 지지할 것이고, 그렇지 않은 정부에는 도전하고 맞설 것이다. 그리스도인에 대한 박해가 국가에 의해 이뤄지거나 혹은 용인될 때 그에 대한 옹호와 직면이 요청된다는 것이 내 관점이다.

4. 다양한 관점들

그러나 현실에 있어서 그리스도인들이 얼마나 옹호를 할 각오가 되어 있는가 하는 것은 그들이 그들의 정부를 포함하여 세상과 문화에 대한 관계를 어떻게 보고 있는가에 따라 크게 영향을 받는다.

그리스도의 모든 제자는 역사적으로 그리스도와 그분의 교회 그리고 그분의 왕국에 대한 충성을 자신이 살고 있던 세상 정부의 요구와 조화시켜야만 했다. 교회와 국가의 관계에 대한 그리스도인들의 이해가 다르고, 정부의 형태가 아주 다양하다는 것은 박해받는 그리스도인들을 옹호함에 있어 단순하고 보편적인 공식이 없다는 것을 의미한다.

미국인 신학자며 윤리학자인 리처드 니버(H. Richard Niebuhr)는 교회와 국가의 관계, 혹은 그리스도인들과 정부의 관계를 '지속적인 문제'라고 했다. 『그리스도와 문화』(Christ and Culture [서울: IVP, 2007])라는 저서에서 그가 제시한 분석은 지난 60년간 그리스도인들이 그들의 문화와 관계하는 방식을 다룬 고전적 분류로 여겨졌다.

이 분류는 '문화에 대항하는 그리스도'(Christ against culture), '문화에 순응하는 그리스도'(Christ of culture), '문화를 초월하는 그리스도'(Christ above culture), '역설적인 관계 속에 있는 그리스도와 문화'(Christ and culture in paradox), 그리고 마지막으로 니버가 추천하는 '문화를 변혁하는 그리스도'(Christ transforms culture)다.

마지막 범주인 '문화를 변혁하는 그리스도'는 조지 래드(George Eldon Ladd)에서 톰 라이트(N. T. Wright)에 이르기까지 하나님의 왕국 신학과 일맥상통한다.

니버에게 있어 하나의 문제는 그의 범주들이 사건들에 의해서 대부분 극복되어왔다는 것이다. 복음주의 학자인 크레이그 카터(Craig Carter)는 그의 책 『그리스도와 문화의 재고: 후기 기독교적 관점』(Rethinking Christ and Culture: A Post-Christendom Perspective, 2006)에서 니버에 대한 시기적절한 비평과 업데이트를 제공한다.

그는 1950년대 니버가 아직도 기독교국가(Christendom)의 패러다임에서 글을 쓰고 있었다고 지적한다. 특별히 기독교국가의 개념과 국가 폭력의 합리화를 포용하던 교회에 대해 비판적이었던 카터는 니버의 범주들을 확장하고 개선한다. 그리고 기독교국가의 쇠퇴는 교회로 하여금 기독교국가의 부담에서 해방되어 비기독교 문화권과 더욱 신약적인 방법으로 관계 맺게 한다고 주장한다.

이 모든 것은 그리스도인들이 세상에서 어떻게 살아야 하는지에 대한 광범위한 시사점을 제공한다. 특별히 옹호에 있어서 그것은 이전의 기독교국가 모델과는 상당히 대조적으로, 힘보다는 오히려 힘이 없는 위치에서 옹호하는 것을 배우게 한다.

니버의 분류 체계와 각 유형에 대한 카터의 재고는 그리스도인에 대한 정부의 태도나 행동보다 그리스도인의 태도와 행동에 더 많이 집중한다. 두 요소는 "옹호가 이뤄질 수 있는지, 이뤄진다면 어떤 종류의 옹호가 이뤄져야 하는지"를 결정한다.

첫째, 현재 그리스도인들의 몇 가지 태도를 살펴보면 다음과 같다.

복음주의 선교계에서는 교회의 최고 과제가 복음을 말로 선포하는 것이라고 하는 사람들과 인간 역사에 있어서 하나님의 목적 전체에 더 초점을 맞추는 사람들 사이에 긴장이 존재한다.

그것은 예수께서 "가서 모든 민족을 제자로 삼아"(마 28:19)라고 한 명령과 그가 우리에게 가르치신 "나라가 임하시오며 뜻이 하늘에서 이루어진 것 같이 땅에서도 이루어지이다"(마 6:10)라고 한 기도 사이의 긴장이다.

한 학파는 하나님의 왕국신학을 표현한다. 예수께서는 왕국이 이미 왔고 제자들에게 이미 도래한 왕국에서 살아가며 그 경계를 확장하라고 부르셨지만 동시에 앞으로 성취될 왕국을 기다리라고도 하셨다. 이런 관점은 억압당하는 자들에게 정의와 자유를 선포하고, 가난한 자들에게는 음식을 제공하며, 아픈 자들에게는 치유를 위해 일하는 것을 포함한다. 또 모든 것을 하나님의 계획에 통합되는 것으로 보는 최근의 '하나님의 선교'(mission dei)와 '선교적 교회'(missional church) 개념을 반영하고 있다. 박해받는 그리스도인들을 위해 옹호하는 것은 이러한 관점에서 흘러나온다(D'Souza & Roger 2007).

명제적 진리를 말로 선포하는 것이 우선이라 생각하는 사람들은 이 같은 옹호에 대한 긴급성이 잘 느껴지지 않는다. 그들은 영적인 것이 일시적인 것을 앞선다고 하는 이원론적인 관점을 갖고 있으며, 미래를 위한 구출 사명으로서의 구원을 지금 여기서 "공의를 행하며 인자를 사랑하는"(미 6:8) 것보다 강조하는 자들이다.

둘째, 종교(특히 기독교)에 대한 국가의 태도는 "누가 옹호할 수 있으며 그 옹호가 성공할 수 있을지"를 결정할 것이다.

북한이나 이란처럼 정책이 강경한 나라에서는 현지 그리스도인들이 거의 자신을 위해 옹호할 수 없을 것이다. 마찬가지로 그런 정부들은 세상 여론에 대해 거의 개의치 않으므로 외부의 옹호자들도 여기서는 별로 성공을 거두지 못할 것이다.

또 다른 예로 공산주의 베트남과 이슬람국인 인도네시아는 글로벌 공동체에 융화되고자 노력하는 편이다. 이러한 나라들은 종교의 자유에 대한 헌법과 법률을 갖고 있으며 국제적인 조약에 동참하겠다고 약속한 바 있다.

물론 협약을 지키는 수준에는 한참 못 미치고 있긴 하다. 그러한 곳에서는 (비록 위험 부담이 있긴 하지만) 현지 그리스도인들이 당국에 그들의 법과 약속을 지키라고 옹호할 수 있으며 그렇게 하는 것이 바람직

하기도 하다. 그러나 동시에 필수적인 보완책으로서 국제적인 옹호도 필요할 것이다.

5. 옹호의 전략과 개입 방법

먼저 옹호자들은 박해받는 자들의 결정을 존중하고 지지해야 한다. 그것이 도망가는 것이나 참고 견디는 것이든, 혹은 대항해 싸우는 것이든 그들에 맞춰 지지해야 한다. 옹호자들은 고난받는 것을 합당히 여기는 사람들 곁에서 그들이 짐 지는 것을 돕기 위해 종종 위험 부담을 감내해야 할 때가 있다.

박해받는 자들은 옹호자 그 존재만으로도 자신들이 잊혀지지 않았다는 것을 상기하며 큰 위로와 격려를 받게 될 것이다. 박해의 현장 최일선에 있는 선교사나 옹호자의 역할은 종종 소모적인 논란을 불러일으키곤 한다. 현장에 투입되는 자원이나 인력이 분산되기도 한다. 그러나 박해의 현장 최일선에 있는 이들은 그들이 거의 독점적으로 갖고 있는 정보를 (사적 혹은 공적 활동에 임하고 있는) 옹호자들과 공유할지 말지 선택하는 데 있어 매우 신중할 수밖에 없다.

최일선에 있는 사람들이 그런 위험 부담을 짊어지고 있기에 옹호자들은 큰 도움을 받게 되는 것이다. 옹호는 아주 영적인 동시에 실제적인 반응이다. 론 맥밀란(Ron Boyd-MacMillan)은 그의 저서 『인내하는 믿음: 박해받는 교회를 위한 필수적인 안내서)』(*Faith that Endures: The Essential Guide to the Persecuted Church*)에서 7가지 '개입 전략'을 요약하여 제시하고 있다(2006, 254-283). 나는 그 전략에 나의 경험을 덧붙여 여기에 소개하고자 한다.

1) 기도 / 중보

박해받는 자들에게 외부자가 무엇을 하면 좋겠는지 물었을 때 제일 먼저 나온 대답은 '기도'였다. 박해받는 자들은 기도의 능력을 안다. 우리는 박해받고 고난당하며 순교를 합당하다고 여기는 자들을 위해 끈질기게 기도하며 중보할 수 있다. 이것은 바울과 실라에게 하셨듯(행 16:16-40) 여전히 감옥 문을 날려 보낼 수 있는 최고의 권세자에게 옹호를 하는 것이다.

2) 진실 말하기 / 언론

이것은 때때로 박해자들을 수치스럽게 하고 그들의 악행을 공개적으로 다루는 것으로 묘사된다. 우리는 국내법과 국제법에 호소하고, 정보를 제공하고, 정의의 편에 세계 여론을 이끌어냄으로써, 박해를 통해 하나님의 자녀들을 비하하고 훼손하는 정사와 권세에 대해 예언자적인 맹렬한 비난을 퍼부을 수 있다.

3) 사적인 옹호

공적인 수치를 주는 것과는 반대로 이 방법은 영향력 있는 사람이나 정치인 혹은 재계 인물들로 하여금 박해하는 정부에 나아가서 그리스도인 양심수들을 풀어주거나 혹은 박해를 완화해주기를 조용히 호소하는 것이다.

중요한 것은 이것이 박해 당사자의 체면을 지켜준다는 것이다. 사적으로 옹호하는 사람들은 그들이 성공했을 때에라도 공적인 칭찬을 받지 못하는 것에 대해 만족해야 한다. 이런 방식의 또 다른 형태는 일반 그리스도인들이 박해하는 정부의 관리들에게 존경심을 담아 옹호하는 호소문을 쓰는 것이다.

4) 법적 개입

이것은 법치에 호소하는 것이다. 박해 당국을 그들의 법 앞에 세우는 것이다. 종종 그 법은 그들이 행하고 있는 것보다 훨씬 낫다. 법적 호소는 공들여 모은 정확한 서류더미들을 요구한다. 이런 접근은 아주 작은 성공일지라도 그리스도인들에게 힘을 실어줄 수 있다. 법적 개입은 또한 박해하는 당국으로 하여금 그들의 정부가 서명한 국제 조약에 대해 책임을 지게 하기도 한다.

5) 불법적 개입

이 수법은 박해받는 자들을 옹호하는 것보다는 그들을 돕는 것을 의미하는 경우가 많다. 베드로는 산헤드린 앞에서 "사람보다 하나님께 순종하는 것이 마땅하니라"고 선포했다(행 5:29). 박해받는 그리스도인들을 돕기 위해서는 때로 법을 어기고 박해하는 정부의 바람과 반대되는 행동을 해야 할 때가 있다. 브라더 앤드류(Brother Andrew)는 이러한 불법적 개입을 『밀수의 윤리』(*The Ethics of Smuggling*)라는 책에서 당당하게 변호하고 있다.

6) 정치적 압력

B국에 대한 정치적인 영향력을 갖고 있는 A국의 대표들이 B국의 종교 정책에 긍정적인 영향을 주려고 할 때, 그들은 정치적인 압력을 가하고 있는 것이다. 이것은 영향력 있는 개인들 사이에서 일어날 수 있다. 또한 정부 대 정부로 일어날 수도 있다.

7) 긍정적 기여

그리스도인들은 때로 박해가 벌어지고 있는 사회 속으로 들어가 그곳의 경제나 문화 발전을 위해 의도적으로 일하기도 한다. 그리스도인으로서 선한 일을 행함으로써 박해하는 국가에 영향을 주어 그리스도인들에 대한 시각을 바꾸고 좀 더 완화된 정책을 적용하게 되기를 희망한다. 가르치고, 복지 사업을 펼치고, 비즈니스를 일으키는 것이 그러한 방법들 중 일부다.

보이드 맥밀란(Boyd-MacMillan)에 따르면 이것은 박해국의 권력층과 가깝게 접촉하고 불가피하게 협약을 맺게 함으로써 타협과 동조의 가능성을 높일 수 있는 위험이 있다. 그는 종교적인 자유의 진전을 가져올 긍정적인 기여를 위해 기술과 끈기, 요령을 사용할 수 있는 사람이 별로 많지 않다고 느낀다(Boyd-MacMillan 2006, 279-282).

8) 건설적 참여

맥밀란의 7가지 전략에 이어 나는 '건설적인 참여'를 더하고 싶다. 이것은 박해하는 정부의 멤버들과 강한 유대 및 신뢰 관계를 가져서

신자들을 억압하는 것을 멈추도록 그들의 개인적인 관심에 호소하는 것을 의미한다. 건설적인 참여가 꽤 바람직한 면이 있지만 위험 부담률 역시 높다.

나는 앞서 말한 모든 방법이 박해받는 그리스도인들을 옹호하는 어렵고도 복잡한 사명을 성취하는 데 필요하고 상호보완적이라고 주장하고 싶다.

6. 성찰을 위한 질문들

1) 레이머가 언급한 종교의 자유와 다른 인권의 근거를 쉬르마허와 존슨의 주장과 비교해보라.

2) 정부의 권위에 순복하라고 한 로마서 13:1의 명령에는 어떤 요건이 전제되는가?

3) 현장의 최전선에 있는 선교사들이 옹호에 대한 전문성이 없음에도 그들이 섬기는 지역의 억압받고 박해받는 사람들을 위한 옹호를 지지하는 것이 합법적인가?
만약 그렇다면 어떻게 해야 할까?

4) 종교의 자유 및 인권 옹호를 위해 싸우는 것이 복음적인 선교 공동체 가운데서 논쟁거리로 남아 있는가?

참고문헌

Adeney, F., and A. Sharma, eds. 2007. *Christianity and human rights*. Albany: State University of New York Press.

Boyd-MacMillan, R. 2006. *Faith that endures: The essential guide to the persecuted church*. Lancaster, UK: Sovereign World.

Brother Andrew. 1974. *The ethics of smuggling*. Wheaton, IL: Tyndage House.

Carter, C. 2006. *Rethinking Christ and culture: A post-Christendom perspective*. Grand Rapids, MI: Brazo.

D'Souza, J., and B. Rogers. 2007. *On the side of the angels: Justice, human rights and Kingdom mission*. Hyderabad, India: Authentic Media.

Johnson, T. K. 2008. *Human rights: A Christian primer*. WEA Global Isses Series, vol. 1. Bonn: Culture and Science Publishers,

Niebuhr, H. R. 1951. *Christ and culture*. New York: Harper and Row.

Redekop, J. H. 2007. *Politics under God*. Scottdale, PA: Herald.

Taber, C, R. 2002. In the image of God: The gospel and human rights. *International Bulletin of Missionary Research* (July): 89-102.

Thames, H. K., C. Seiple, and A. Rowe. 2009. *International religious freedom advocacy: A guide to organizations, law and NGOs*. Waco, TX: Baylor University Press.

글쓴이

레그 레이머(Reg Reimer)는 캐나다 출신 선교사로 전도, 구제, 개발, 화해, 연합 등의 국제 활동을 펼쳐왔다. 그는 1966년부터 베트남 주재 선교사로 사역해왔고 지금도 깊이 관여하고 있다. 또한 베트남에서 개신교 선교 운동을 이끌면서 2011년에는 『베트남 기독교: 역경 속에서의 100년 성장의 역사』(*Vietnam's Christians: A Century of Growth in Adversity*)를 펴냈다.

레이머는 1984년부터 1994년까지 '캐나다 국제구호기구'(World Relief Canada)의 대표로 섬기다가 이후 세계복음주의연맹의 지도자로 활동했다. 현재는 '캐나다 복음주의연합회'(Evangelical Fellowship of Canada)의 국제협력자문위원과 '국제협력협의회'(International Partnering Associates)의 동남아시아 책임자로 사역하고 있다.

오랫동안 베트남의 종교적 자유를 위해 헌신해왔던 그는 세계복음주의연맹 선교위원회를 섬기기도 했다. 사회사업가인 라도나(LaDonna)와 결혼하여 슬하에 두 자녀가 있으며 그의 가족은 현재 캐나다의 애보츠포드에 살고 있다. 두 자녀는 각각 캄보디아와 한국에서 사역하고 있다.

> 국가적인 사회주의는 독일에서 교회의 종말을 가져왔고 그것을 계속 이어갔다.… 우리가 직면한 이 상황은 의심의 여지가 없어 보인다. … 비록 나는 교회의 저항과 함께 내가 할 수 있는 모든 것을 하고 있지만 이 저항은 꽤 다른 저항이 오기 전에 있는 하나의 예비 단계라는 사실이 내게는 아주 명백하다.… 나는 전체 기독교계가 우리와 함께 '피 흘리기까지 대항'하는 일이 일어나도록 기도해야 한다고 믿는다. 그리고

> 사람들은 고난받는 자들로 발견될 것이다.… 산상수훈을 중심으로 하는 온갖 질문들이 머릿속에 맴돈다.… 문제는 언제나 계명을 지키고 피하지 않는 것이다. 그리스도를 따르는 것, 그것이 무엇을 의미하는지, 그게 바로 내가 알기 원하는 것이다.
> - D. 본회퍼가 1934년 4월 28일 그의 스위스 친구 에르빈 슈쯔(Erwin Sutz)에게 언급한 말 중에서(1923, 128f)

제16장

신학, 전략, 참여에 관한 성찰

크리스 세이플(Chris Seiple)

21세기의 도전들은 하나의 질문으로 요약될 수 있다.

"어떻게 하면 가장 큰 차이점을 넘어 우리가 더불어 같이 살며 일할 것인가?"

"서로를 대하는 데 있어 어떤 선택을 할 것인가?"

이는 우리가 직면한 큰 도전이다.

단순한 관용으로는 충분치 않다. 분리를 넘어 존경과 화해에 근거를 두고 서로를 대할 때 차이를 밝히고, 공통 가치와 관심사를 알아내고, 복잡한 이슈들의 근원을 다루는 해결책을 세우는 등 건설적인 논의의 기회를 가질 수 있는 것이다.

비록 이 주장에는 특별히 기독교적인 것이 없지만 그리스도인들과 교회는 화해의 대사로서 고린도후서의 말씀처럼 이에 따라야 한다.

그러므로 우리가 이제부터는 어떤 사람도 육신을 따라 알지 아니하노라 비록 우리가 그리스도도 육신을 따라 알았으나 이제부터는 그같이 알지 아니하노라 그런즉 누구든지 그리스도 안에 있으면 새로운 피조물이라 이전 것은 지나갔으니 보라 새 것이 되었도다 모든 것이 하나님께로서 났으며 그가 그리스도로 말미암아 우리를 자기와 화목하게 하시고 또 우리에게 화목하게 하는 직분을 주셨으니 곧 하나님께서 그리스도 안에 계시사 세상을 자기와 화목하게 하시며 그들의 죄를 그들에게 돌리지 아니하시고 화목하게 하는 말씀을 우리에게 부탁하셨느니라 그러므로 우리가 그리스도를 대신하여 사신이 되어 하나님이 우리를 통하여 너희를 권면하시는 것 같이 그리스도를 대신하여 간청하노니 너희는 하나님과 화목하라 하나님이 죄를 알지도 못하신 이를 우리를 대신하여 죄로 삼으신 것은 우리로 하여금 그 안에서 하나님의 의가 되게 하려 하심이라(고후 5:16-21).

화해의 대사가 될 준비가 되었는지는 다음 질문들을 통해 점검할 수 있다.

① 참여(engagement)의 신학은 무엇인가?
② 참여의 전략은 무엇인가?
③ 어떻게 참여를 실행하게 되는가?

이 질문들은 '글로벌참여연구소'(IGE, Institute for Global Engagement)가 10년간 씨름해온 것들로, 우리는 지역 파트너들과 함께 전 세계 종교의 자유를 확보하는 소명에 순종하고자 노력해왔다. 이 글은 내가 매일 예수님을 좀 더 신뢰하고자 노력하고, 세상에서 가장 위태롭고도 복잡한 장소에서 내 믿음이 유의미하고 실제적임을 깨달으며 얻게 된 생각들을 정리한 것이다.

1. 참여의 신학

이슬람권 지역과 공산주의 동아시아에서 일하는 동안 나는 6가지 원리들을 통찰하게 되었다. 이 원리들의 실제적인 영향력을 이해한다면 직업과 장소를 불문하고 우리는 건설적인 참여와 화해를 이끌어내는 사람이 될 것이다.

1) 하나님이 통치하신다

하나님의 통치 안에서는 아주 다루기 힘든 문제란 없다. 이곳이 하나님의 세상이요, 이 안에서 그분이 일하신다는 걸 믿는다면 우리는 가장 어려운 상황에서도 그분의 일하심을 발견할 수 있다고 기대해야 한다. 하나님은 그분의 선한 목적을 위하여 선한 사람, 나쁜 사람, 그분을 인정하지 않는 사람들(사 45)을 모두 사용하신다. 그분의 신비와 장엄함에 대해 우리는 다음과 같은 표현으로만 언급할 뿐이다.

> 나는 스스로 있는 자이니라(출 3:14).

참으로 지혜로운 자라면 종교, 국가, 옹호 방법론 등을 포함하여 그 어떤 것도 우상으로 삼아 하나님 앞에 두지 않을 것이다.

2) 우리는 그분을 영화롭게 하기 위해 만들어졌다

하나님은 출애굽 과정에서 그분의 백성에게 "어떻게 하면 하나님을 영화롭게 할 수 있는지"에 대해 지침을 주셨다. 십계명(출 20:3-17)은 우리가 하나님만을 예배하고, 부모를 공경하고(렘 1:5), "하나님의 형상대로"(창 1:27) 지음받은 이웃을 존중할 것을 명확하게 한다.

3) 우리는 이웃을 사랑함으로 그분을 영화롭게 한다

우리가 우리 이웃을 사랑할 때 "저 시내 산"(삿 5:5; 시 68:8)도 영광을 받는다. C. S. 루이스는 이를 분명히 이해했다.

> 우리 이웃이 짊어진 영광의 짐은 매일 우리 어깨 위에 놓여야 한다. 그 짐은 너무나 무거워서 오직 겸손만이 그것을 짊어질 수 있다… 어느 누구도 그저 그런 존재일 수 없다… 복된 성찬 다음으로 당신의 이웃은 당신이 느낄 수 있게 당신에게 주어진 가장 거룩한 대상이다 (Dorsett 1988, 369–370).

4) 이웃은 가장 외진 곳에 있는 거류민(alien)이다

하나님은 그분이 통치자요, 그분 자신이 영화롭게 되기 위해 우리(그분의 백성)를 만드셨기 때문에 우리가 우리와 같지 않은 사람들을 사랑해야 한다고 분명히 말씀하셨다.

> 너희와 함께 있는 거류민(이스라엘에 속하지 않은 자, 주류 문화에 속하지 않은 자)을 너희 중에서 낳은 자 같이 여기며 자기 같이 사랑하라 너희도 애굽 땅(애굽이라는 주류 문화 속에서 이스라엘이 소수 민족으로 살아야 했던 곳)에서 거류민이 되었었느니라 나는 너희의 하나님 여호와이니라 (레 19:34 [참고. 겔 47:22-23]).

성부 하나님과 마찬가지로 성자 하나님인 예수께서도 그의 제자들에게 이렇게 말씀하셨다.

> 너희가 너희를 사랑하는 자를 사랑하면 무슨 상이 있으리요 세리도 이같이 아니하느냐 또 너희가 너희 형제에게만 문안하면 남보다 더하는 것이 무엇이냐(마 5:46-47).

족장 사회에서 무시당하고 금기시되는 창녀와 평일에 만나는 장면을 통해 (게다가 문화적으로나 종교적으로나 성별로나 하나도 맞는 것이 없는 상황에서) 예수께서는 그의 제자들에게 아주 명백한 모본을 보여주셨다(요 4:4-42).

5) 우리가 이 사랑을 살아낸다면 우리는 거류민(alien)이다

우리 자신이 하나님에게서 소외(alienation)되는 문제를 해결하기 위해 예수께서 죽고 부활하셨다는 사실을 믿음으로써 우리는 이제 이 세상에서 거류민(alien)이 된다. 우리는 그리스도 안에서 새로워졌기 때문에 더 이상 "외인도 아니요 나그네도 아니요 오직 성도들과 동일한 시민이요 하나님의 권속"(엡 2:19)이다.

그러나 우리의 궁극적인 충성심은 이제 예수께 있기 때문에 우리는 이제 "(이 세상에서) 거류민과 나그네"(벧전 2:11)다. 즉, 세상은 예수를 대하던 것과 동일한 방식으로 우리를 취급할 것이다(요 15:18; 벧전 2:21). 이 사랑을 살아내는 데 있어서 우리의 정체성이 우리 이웃의 정체성에 더욱더 뿌리내리게 되면 우리는 더 온전한 인간이 되고, 글로벌 시민권과 국가적인 시민권의 청지기직으로 부르심을 받은 더 온전한 하늘의 시민이 된다.

6) 입을 닫고 몸으로 보이라

위의 신학적 이해와 더불어 우리는 한 특정 국가의 상황에서 하나님이 행하셨던 것을 지켜본다. 어떤 사람들은 묻는다.
"예수께서는 무엇을 행하려 하시는가?"
사실 이 질문은 다음을 의미한다.
"예수께서는 무엇을 하고 계시는가?"
거기에 사는 사람들로부터 우리가 듣는 대답은 하나님이 우리가 도착하기 오래 전부터, 종종 그의 지역 교회를 통하여 실존하시고 일하고 계시며, 우리가 떠난 후에도 오랫동안 남아 계실 것이라는 사실이다(욥 38장).

하나님은 그분의 목적을 이루기 위해 우리를 필요로 하지 않으신다(창 18:14; 민 11:23). 그러나 하나님은 그분이 하는 일에 우리가 동참하도록 우리를 초대하신다. 예수께서는 그 부르심의 성격과 결과를 다음과 같이 명확히 하셨다.

> 내가 너희를 보냄이 양을 이리 가운데로 보냄과 같도다 그러므로 너희
> 는 뱀 같이 지혜롭고 비둘기 같이 순결하라(마 10:16).

요약하면 하나님은 통치자이며 우리는 그분을 영화롭게 하기 위해 만들어졌다. 우리는 우리의 원수를 포함하여 우리의 거류민 이웃을 사랑함으로써 그분께 영광을 돌린다. 우리는 각기 다른 상황에서도 예수께서 그곳에 이미 계시며 어떻게 일하시는지를 배움으로써 이웃을 제대로 사랑하고 화해의 대사로 살아가는 법을 알아간다.

이 부르심에 순종하는 것보다 더한 기쁨은 없다. 물론 좋은 감정만 있는 것은 아니다. 내 경험상 불쾌한 결과가 초래되기도 한다. 불신자들이나 심지어 그리스도인들(특별한 악의는 없는)은 당신을 가리켜 '자유주의적'이라고 하거나 '너무 보수적'이라고 분류할 것이다. 해외에서 어떤 사람들은 당신을 '미국 스파이'라고 부를 것이며, 반면에 국내에서 어떤 사람들은 당신을 '미국적이지 않다'고 할 것이다.

> 이에 예수께서 제자들에게 이르시되 누구든지 나를 따라오려거든 자기
> 를 부인하고 자기 십자가를 지고 나를 따를 것이니라(마 16:24).

첫째, 하나님과의 올바른 관계를 지켜나가고 그분이 당신에게 요구하신 것에 순종하기를 바란다.

둘째, 하나님으로부터 온 것과 아닌 것을 분별하도록 도와줄 수 있는 사람들을 곁에 두라.

셋째, 앞에 높인 '사실'들로 인해 순종을 피하지 않기를 기도하라. 왜냐하면 회피한다는 것은 바로 불충성을 의미하기 때문이다(히 10:36-39).

2. 참여의 전략

이 세상의 주요 도전들 중 어떤 것도 한 개체에 의해 풀어질 수 있는 것은 없다. 21세기의 주된 특징은 동맹과 공동체로 요약될 수 있다. 전 세계의 공동체는 (적어도 겉으로 보기에) 상호교류적인 문제들을 해결하기 위해 공적, 사적 영역에서 지속적으로 결합을 도모한다. 그리스도인들에게는 이러한 전 세계의 움직임이 그리스도의 사랑과 화해를 드러내는 기회가 될 것이다.

그리스도인들은 화해의 대사들이 되기 위해서 모든 직업 현장과 삶의 터전에 자리 잡은 그리스도의 몸이다. 우리는 각자의 직업(성경 번역가, 전기공학자, 군인, 간호사 등)을 화해의 대사가 되기 위한 기회로 사용하는 선한 이웃들이다. 나의 소명은 두 가지 차원에서 종교의 자유를 위해 일하는 것이다.

첫째, 기본적인 개념상 종교의 자유를 위한 활동으로, 이는 국제 인권 조약과 대부분 국가의 헌법에서 인정되는 것이다.

종교의 자유란 신앙을 자유롭게 선택하거나 선택하지 않을 수 있는 권리, 신앙을 공유하거나 변경하거나 혹은 종교적 신념을 전혀 갖지 않기로 선택하는 권리를 말한다.

둘째, 기독교 기관으로서 실천하는 종교의 자유 또한 하나님의 은혜에 따라 주어지는 가장 위대한 선물이라고 생각한다.

하나님의 형상을 지닌 거류민 이웃을 사랑할 수 없다면, 또한 내가 영접하는 하나님을 거절하기로 선택한 내 이웃의 자유를 존중하지 않는다면 나는 하나님을 영화롭게 할 수 없다. 마찬가지로 IGE(Institute for Global Engagement)는 종교의 자유를 구체화하기 위해 우리의 거류민인 이웃을 존중하고 그들과 화해하며 소통하기 위해 노력한다.

"뱀 같이 지혜롭고 비둘기 같이 순결"하고자 한다면 우리는 이웃의 필요나 관심이 무엇인지를 자유롭게 물어야 한다. 그렇게 함으로써 (그렇게 하지 않는다면 생겨날 수 없었던) 하나의 관계가 촉진될 수 있다.

IGE(Institute for Global Engagement)는 종교의 자유가 어떻게 현지의 사회, 문화, 종교적 상황에 맞게 그 국가나 사회의 관심사 및 필요를 충족할 수 있는지를 발견해야 한다. 가령 정체성의 핵심(특정한 신앙 체계에 대한 신념)을 실천할 수 있는 사람들은 국가에 대항할 가능성이 적다(Jenkins 2004, 2007).

그들은 또한 시장경제로 이전하는 과정에서 빚어지는 부패에 대항하여 말과 행동의 정직성을 높이는 도덕적 방어자로 활약할 가능성이 높다(이는 공산권의 여러 관계자가 우리에게 들려준 이야기다). 더불어 이들은 주변의 어려운 사람들을 섬김으로써 자신의 신앙을 살아내는 좋은 시민일 가능성이 높다. 이런 사람들이 늘어갈 때 정부의 재정적 부담은 완화되고 안정적인 환경이 조성되며 외국 투자 유치도 활발해질 것이다.

종교의 자유를 확립하는 데 있어 신학과 자기 이해(self-interest)를 통합하는 사례는 우리로 하여금 다음과 같은 참여 전략을 발견하게 했다. 예수께서 사마리아 여인을 만나는 예화에 근거해 우리는 이 전략을 '관계적인 외교'라 부른다. IGE의 관계적 외교는 세 가지 주요 특징을 갖고 있다.

1) 관계적인 외교는 위에서 아래로(정부) 그리고 아래서 위로(풀뿌리) 동시에 작용하면서 국가와 사회의 관계를 투명하게 한다. 우리는 전통적인 '정부 대 정부'의 외교(트랙 1)와 비전통적인 '사람 대 사람'의 외교(트랙 2) 사이에서 일하기 때문에 이를 '트랙 1.5 외교'라고 부른다. 이 접근법을 위해서는 실천가들이 부지런히 경청하고 조사하며 현지의 사회, 문화, 종교적 상황을 이해하기 위해 노력해야 한다.

시간을 투자해 인내와 끈기를 갖고 관계 개발에 힘쓰더라도 어려움과 혼란이 없을 수는 없다. 차이점이 발견되는 곳들이 생길 것이다. 그러나 공통 가치들 역시 발견될 것이며 지역 및 국가 차원의 파트너십 소통이 이뤄짐에 따라 사회에서의 종교 역할 그리고 마침내 종교의 자유가 증진될 수 있는 최선의 방법에 대해 합의가 이뤄질 것이다.

2) 관계적인 외교에 의해 성취된 합의는 종교적인 자유를 상황에 맞는 방식으로 증진시킨다는 합의서에 의해 확정된다. 이러한 '로드맵'들은 측정 가능하고 상호 책임의 과정을 포함하는 전략을 가시화해준다.

이처럼 상호 존중을 기반으로 한 접근법은 안전과 사회 통합에 관심을 둔 정부와 각자의 이해를 증진하려는 소수 종교 공동체 모두를 '승-승'(win-win)의 관계로 이끌어준다.

3) 마지막 특징이야말로 가장 중요한데, 이러한 합의서는 공적인 투명성을 가능하게 해준다. 즉 모든 관계자가 서로 책무를 지고 합의된 목표의 이행을 기념할 수 있는 것이다. 이와 같은 존엄성을 토대로 확립된 국가 및 문화 합의서는 (정부와 풀뿌리 차원의 파트너 모두에게) 긍정적이고 장기적인 영향력을 갖는다.

IGE(Institute for Global Engagement)는 국가와 사회가 어떻게 그들 가운데 있는 거류민 소수자들을 온전한 이웃으로서 보호하고 그들의 권익을 증진하기 위해 노력할 수 있는지에 대해 실제적으로 대화하고 있다. 그것은 시민들의 존중을 받을 만큼 정직하며 (필요에 따라서는) 관계를 유지하면서도 동의하지 않을 수 있음을 합의한 '급진적인 중립'이다.

3. 관계적인 외교를 적용하다

1975년 공산주의 정부가 들어서면서 라오스와 베트남에서 그리스도인이 되는 것은 쉽지 않았다. 10년 전만 해도 라오스의 그리스도인들은 나무더미에 갇히곤 했고 2001-2004년 베트남 중부 하일랜드에서는 기독교에 대한 혹독한 단속이 있었다. 하일랜드는 기독교가 소수 부족들 사이에서 빠르게 전파되고 있던 곳이었다.

그러나 1975년 이후 태생자들이 인구 절반 이상을 차지하면서 교육과 직업에 대한 수요가 커지고 글로벌 경제의 활성화와 북부 이웃들과의 균형이 요구되면서 두 나라는 의도적으로 미국과의 원활한 관계를 추구하게 되었다.

2011년이 되자 종교의 자유는 (여전히 열악한 상황이었으나) 10년 전보다는 꽤 좋아졌다. 많은 이슈와 개인들이 이러한 변화를 가능하게 만들었고 특히 강력한 협력 관계를 원하는 양측 정부의 노력도 큰 기여를 했다.

IGE는 트랙 1과 트랙 2 외교 사이의 중간 영역에서 신뢰를 쌓으며 종교의 자유가 좀 더 확장될 수 있도록 노력했다. IGE는 종교의 자유에 관한 합의서를 베트남과 라오스 양국으로부터 받아낸, 유일한 비정부 종교자유 국제기관이다. 이 합의서는 박해가 가장 심했던 지역의 정부 관료들과 종교 지도자들에게 종교의 자유에 관한 훈련을 할 수 있도록 IGE에게 허락하고 있다.

10명 남짓 규모의 기독교 NGO가 인구 600만 명의 라오스와 인구 8,700만의 베트남 정부와 합의서에 서명을 한 것이다. 그것은 마치 이란에서 온 무슬림 NGO가 텍사스의 가장 복음적인 지역에 와서 그곳 학부모 교사 협의회를 대상으로 교육에 대해 충고하는 것과 같은 것이었다. 어떻게 이런 일이 일어났을까?

여러 요소가 작용했겠지만 몇 가지를 꼽자면 다음과 같다.

첫째, 내 부친은 300개의 전투 명령을 받아 베트남 다낭에서 비행 출동을 했는데 그중 25번인 '비밀 전쟁'을 위해 라오스로 날아갔었다.

훗날 하나님은 그에게 이 나라들과 화해하라는 마음을 주셨다. 그리하여 아버지는 IGE를 창립하여 어머니와 함께 이 부르심에 헌신하셨다(다른 설명은 참고사항을 보라).

부모님은 라오스를 중심으로, 나는 베트남을 중심으로 활동했다. 나중에 우리는 IGE 활동에 참여하게 된 베트남 관리를 한 명 소개받았는데 그는 다낭에서 아버지에 대항해 싸웠던 사람이었다(Seiple 2008). 하나님은 모든 것을 통치하시고 그분만의 계획을 갖고 계신다. 하나님은 그분의 목적을 위해 우리 가족을 사용하신다.

둘째, 우리는 본격적인 섬김을 실천하기에 앞서 이해하기 위해 계속 현지를 방문했다.

특히 라오스와 베트남에 처음 갔을 때에는 무슨 말을 하고 무엇을 행해야 하는지를 중요하게 생각하지 않았다. '예'라고 말한 건 정말 '예'였고 '아니오'라고 말한 건 정말 '아니오'였다. 우리는 사람들에게 신뢰를 받았다. 그리고 두 정부에서도 신뢰할 만한 사람들을 발견할 수 있었다. 그들은 자국을 위한 최선을 원했고, IGE와 같이 일하는 것이 그들 정부에게 최선의 이익이 되리라는 것을 보았던 자들이다.

셋째, 우리는 지정학적, 경제적 상황과 그 결과에 대한 이해를 갖고 있었다.

다른 인권 기관들이 방문하지 않았던 지역들에서 종교의 자유가 괄목할 만하게 진전하는 것을 본 후 우리는 다른 NGO 사람들이 제안한 흑백논리식의 단순한 제안보다 더 포괄적인 종교적 자유에 대한 이해를 제시할 수 있었다.

결과적으로 우리는 '승-승'(win-win) 제안을 갖고 두 정부를 중재할 수 있었다. 우리는 언제나 투명했고 관계된 누구에게나(미국 대사이든, 베트남 대통령이든, 가정 교회 지도자이든, 국회의원이든 혹은 주지사든 간에) 똑같은 말을 했다(미국 상원의원에게 했던 내 증언을 참고하라. Seiple 2006b).

우리가 이와 같은 '성공'의 축복을 어떻게 얻게 되었는지는 베트남의 두 원로 관리들에게서 들을 수 있을 것이다. 그 두 관리는 우리 집을 직접 방문하여 다음과 같이 말했다.

"당신은 우리에게 목록을 주면서 우리가 무엇을 해야 하는지에 대해 말하지 않은 유일한 미국인입니다."

이후 관계가 좀 더 친밀해지자 그들은 호텔에서 이렇게 말했다.

"우리가 원하든 원하지 않든, 종교의 자유가 미국의 항구적인 국가적 관심이라는 것을 인식하고 있습니다."

4. 결론

동등한 이웃으로서 존중되기를 바라는 인간의 소원과, 때때로 자기 이익을 포기하지 않는 논리 사이에는 건설적인 참여를 위한 여지가 있다. 화해의 대사가 되기 위한 이 건설적인 참여는 가장 복합적인 지역에서 "뱀처럼 지혜롭고 비둘기처럼 순결한" 방식으로 이뤄진다.

우리에 의해서가 아니다. 이를 위해 예수께서 불신자들을 선택하고 사역자들에게 기름 부어 그들과 함께 이미 일하고 계신 것을 우리가 따라하기로 선택했기 때문이다. 그리스도의 제자들은 다리를 놓는 자요, 화해를 위한 실제적인 대사들이다. 이 부르심은 토론의 문제가 아니라 순종의 문제다.

순종하는 다리 건설자는 장기적인 헌신의 마음과 분별력을 갖고 모든 면(신학적, 정치적)에서 기꺼이 '불을 지를 수 있는' 사람이 되어야 한다. 그러한 순종은 종교의 자유가 확장되는 데 중요하고 지속적인 영향력을 줄 수 있고 우리의 통치자인 하나님은 영광을 받으신다.

5. 성찰을 위한 질문들

1) 예수께서는 지리적, 신학적, 사회적 그리고 성별의 경계를 넘어서 자신과 같지 않은 사람에 대한 사랑을 의도적으로 나타내셨다. 우리는 조금이라도 그렇게 할 수 있을까?

2) 당신은 당신과 전혀 다른 사람을 사랑할 수 있는가?
당신은 개인적으로 또 전문적으로 어떤 실제적인 발걸음들을 떼어야 할까?

3) 당신 교회는 참여의 신학과 전략을 갖고 있는가?
지역에서는 그것이 어떤 모습을 띠는가?
그리고 국제적으로는 어떠한가?

참고문헌

Dorsett, L. W., ed. 1988. *The essential C. S. Lewis*. (C. S. Lewis, The weight of glory, originally preached as a sermon on June 8, 1941.) New York: Macmillan.

Galli, M. 2007. Good morning, Vietnam. *Christianity Today* (May): 26-32.

Jenkins P. 2004. The Politics of persecuted minorities. In *Religion and security: The new nexus in international affairs,* ed. D. Hoover and R. Seiple. Landham, MD: Rowman Littlefield. *(*이 장은 나중에 *The Review of Faith and International Affairs* 5, no. 1 (2007): 3-12에 Repression and rebellion이라는 글로 실렸다.*)*

Seiple, C. 2005. Religious freedom and reconciliation. September 6. https://www.globalengage.org/pressroom/ftp/475-from-the-president-religious-freedom-and-reconciliation.html.

_____. 2006a. The gate at Bethel: Building religious freedom in Vietnam. July 6. https://www.globalengage.org/pressroom/ftp/469-the-gate-at-bethel-building-religious-freedom-in vietnam.html.

_____. 2006b. Vietnam, religious freedom, and PNTR. Testimony before the US Senate Committee on Finance, July 12. http://finance.senate.gov/sitepates/hearing071206.html.

_____. 2007. Religious freedom in Vietnam: An update. Testimony before the Congressional Human Rights Caucus (CHRC), the CHRC Taskforce on International Religious Freedom, and the Congressional Caucus on Vietnam, December 6. http://www.globalengage.org/WorkArea/showcontent.aspx?id=9080.

_____. 2008. The road to reconciliation. November 5. https://www.globalenage.org/pressroom/ftp/77t-the-road-to-reconciliation.html.

_____. 2009. Case study II: Vietnam. In *International religious freedom advocacy: A guide to organizations, law, and NGOs.* H.K. Thames, C. Seiple, and A, Rowe, app. 8. Waco, TX:Baylor University Press.

_____. 1020. Miracle on the Melong. March 30. https://www.gloablengage.org/pressromm/ftp/1148-miracle-on-the-mekong.html.

글쓴이

크리스 세이플(Chris Seiple)은 '글로벌참여연구소'(Institute for Global Engagement, www.globalengage.org) 회장이며 '신앙과국제문제보고'(Review of Faith and International Affairs)의 창립자다. 현재 국제전략연구소(International Institute for Strategic Studies)의 외교자문회(Councel on Foreign Relations)와 위클리프성경번역선교회(Wycliffe Bible Translators)의 이사회에서 섬기고 있다.

또한 힐러리 클린턴의 '시민 사회와의 전략적 대화'를 위한 연방 자문 위원회의 '종교와 외교 정책' 실무단에서 상임 고문으로 섬기고 있다. 주요 저서로는 공저한 『종교와 안보 핸드북』(Religion and Security Handbook, 2012)과 『국제 종교 자유 옹호』(International Religious Freedom Advocacy, 2009)가 있다.

사랑은 결속을 부른다

서로 사랑한다는 말은 자신의 신앙과 증언 때문에 박해받는 자들 그리고 감옥에 갇힌 자들을 사랑한다는 의미를 포함한다. 만약 몸의 일부가 고통을 당하면 모든 부분이 고통을 당한다. 우리는 모두 요한과 같이 "예수의 환난과 나라와 참음에 동참하는 자"다(히 13:1-3; 고전 12:26; 계 1:9).

우리는 전 세계 그리스도 몸의 지체들의 고통을 정보와 기도, 옹호 그리고 다른 후원의 수단을 통해서 나누어 지기로 헌신한다. 우리는 그러한 나눔을 본다. 그러나 그 나눔이 단순히 동정을 느끼는 시간이 아니라 고난받는 교회가 그들과 같은 방식으로 고난을 받고 있지 않는 그리스도의 몸의 지체들에게 가르치는 것들을 배우는 계기가 되기를 갈망한다.

라오디게아 교회처럼 그 자체의 부와 자족함에 대해 안이함을 느끼고 있다면 그것은 예수께서 보신 대로 자기의 가난에 대해 가장 눈먼 교회이며, 예수 자신은 그 교회의 문 밖에 선 낯선 자처럼 느끼실 것이다(계 3:17-20).

- 케이프타운선언(Cape Town Commitment), 제1부 9항. "우리는 사람의 백성을 사랑한다" C 문단

제17장

인간-유발 트라우마 피해자상담

패트리샤 미어스마(Patricia Miersma)

그녀는 이사야의 다음 말씀을 응시했다.

주께서 심지가 견고한 자를 평강하고 평강하도록 지키시리니 이는 그가 주를 신뢰함이니이다(사 26:3).

그러나 그건 지켜지지 않았다고 그녀는 생각했다.
나는 현재 내 생각을 하나님께 두고 있다.
나는 현재 기도하고 있다.
나는 현재 성경을 암송하고 있다.
나는 현재 교회를 다니고 있다.
그런데 왜 나는 평강을 느끼지 못하는가?
나는 왜 이렇게 격분하게 되는가?
나는 이렇게 되고 싶지 않다.

그녀는 전쟁 지역에서 간호사로 있었고, 끔찍한 일들을 보았다. 아기들이 그녀의 팔에서 죽었고, 아이들이 고통과 두려움 속에서 비명을 질렀다. 그들은 부모를 잃었다. 청년들은 처참한 상처로 고통을 받았다.

그녀는 그것을 멈춰달라고, 적어도 무고한 아이들만이라도 지켜달라고 하나님께 구했지만 아무 일도 일어나지 않았다. 악은 지속되었다. 그녀는 하나님을 여전히 믿었다. 심지어 하나님이 그녀를 버리지 않으시리라는 것을 알았다. 그러나 그녀의 전 존재는 그것에 전혀 동의하거나 느낄 수가 없었다. 심지어 그녀는 다른 사람들에게 성경을 가르쳤지만, 정작 자신이 하나님의 평화와 기쁨에 관한 구절을 읽을 때면 화가 나고 좌절감을 느꼈다. 그녀에게는 통하지가 않았다.

무엇이 잘못되었는가?

전쟁이 지나간 지 10년이 되었다.

1. 치유되지 않은 트라우마의 대가

많은 사람들은 시간이 얼마간 흐르거나 과거를 떠올리지 않는다면 트라우마가 없어질 것이라고 생각한다. 그러나 그것은 살아 있는 상처가 삶을 지속적으로 망가뜨리는 것을 허용하는 것에 불과하다. 분명히 말하자면 자연재해나 사고, 혹은 특정 사건에 의한 연속적인 트라우마 등은 80-85% 정도 다른 사람들의 사랑과 지지로 인해 점차 치유될 수 있다.

그러나 박해와 전쟁, 강간, 유괴, 노예, 방화, 투옥, 고문, 간교한 협박 등 인간에 의해 유발된 사건들의 경우에는 '단지 잊어버리고 계속 나아간다'거나 '단지 극복하려고 하거나' 혹은 '삶을 지속적으로 살아가려고' 애쓴다면 고통은 평생 이어질 것이다.

생각과 행동, 감정, 그리고 이제는 깨진 관계들의 고통스러운 길을 따라서 머뭇거릴 때 그들은 혼돈을 느끼고 심지어 자신이 나쁜 사람이며 영적이지 못하거나 연약하다고 자책할지 모른다. 그들은 자신의 경험이 하나의 전환점이었다는 것을 깨달을지는 몰라도, 그것이 자신의 삶에서 지속적인 깨어짐으로 이어지게 된다는 것을 미처 깨닫지 못할지도 모른다.

어떤 경우에 그들은 외상후증후군(PTSD, Post-Traumatic Stress Disorder)에 시달리거나 혹은 고통을 악화하고 오래 지속시키는 상태에 머문다. 그리고 종교적인 박해나 분쟁의 경우 공동체 사람들이 폭력과 두려움, 증오, 의심의 악순환을 끝없이 지속시킬 수 있다.

심지어 국제적인 개입으로 인해 형성된 '평화'조차도 위태롭고 임시적인 것으로 전락해버린다. 영혼에 대한 깊은 치유가 적절하게 이뤄지지 않으면 참된 용서와 지속적인 화해는 일어나지 않기 때문이다. 그래서 깊고도 전인적인 치유는 단지 선하고 옳아서가 아니라 훨씬 더 폭넓은 이유로 중시되는 것이다.

2. 정의

(여기서 논의되는 형태의) 트라우마는 한 사람이 극복할 수 있는 정도를 넘어서는 하나의 사건이나 연장 혹은 반복된 사건들에 의해 야기된, 삶을 뒤엎을 만큼 심각한 정서적, 심리적 상처를 말한다. 트라우마에 대한 정상적인 반응들로는 쇼크, 두려움, 슬픔, 무력감, 혼돈, 분

노, 불안과 같은 것들이 있다. 대부분의 사람들은 사랑과 지지 속에서 시간이 지남에 따라 회복될 것이다.

그러나 극심하고 빈번하게 혹은 지속적으로 일어나는 트라우마, 특히 인간에 의해 유발되는 트라우마나 사회적 지지와 같은 완충적인 요소들의 부족에 의해 수반된 트라우마는 어떤 사람들을 PTSD 같은 상태에 이르게 할 수 있다.

PTSD는 이러한 형태의 트라우마에 의해 결과적으로 일어난 극심한 불안장애다. PTSD를 가진 사람은 다음과 같은 증상을 경험하게 될 것이다.

① 원치 않는 생각과 악몽에 시달리고 '회상 장면들' 속에서 그 사건을 계속 재현한다.
② 끊임없이 사람들과 장소, 그리고 그 사건을 상기시키는 것들을 피한다. '심리적 마비'(어떤 감정을 경험하지 못함)가 일어나거나 또는 사건의 어떤 점들을 기억하지 못하는 증상 등이 여기에 속한다.
③ 과도한 흥분을 느끼며 쉬거나 긴장을 풀지 못한다. 수면 장애, 반응에 대한 놀람, 집중 불능, 빈번하고 격한 분노 등이 증상으로 나타난다.

이 정의는 도움이 되지만 트라우마의 충격을 다 묘사해주지는 못한다. 그러므로 이러한 정의 하나만을 기초로 삼아 접근하는 치유법은 부적절하거나 비효과적일 수 있다. 정신과 몸에 미치는 트라우마의 충격에만 초점을 맞추고 영혼에 미치는 트라우마의 영향은 직접적으로 다루지 않기 때문이다.

3. 영혼의 트라우마: 상처의 핵심에 있는 영적 상실들

윌라드(2002, 37)가 내린 정의처럼 영혼이란 한 사람의 여러 측면들을 하나의 생명으로 구성하는 측면이 있다. 여러 측면이란 마음과 정신, 몸 그리고 사회적 상황들을 가리킨다. 이 모든 것은 총체적인 영혼의 전체적인 복지와 마찬가지로 서로 미묘하게 연관되고 영향을 준다.

그래서 이것들 중 하나가 큰 충격을 받으면 모든 것이 어느 정도 영향을 입는다. 트라우마를 겪은 사람들을 위해서는 인간의 여러 측면들이 미묘하게 엮인 이러한 모델을 근거로 접근을 해야 효과적인 돌봄이 가능해진다.

트라우마를 이겨낸 많은 사람들이 입증하듯이, 가장 깊고 오래 지속되는 상처들은 종종 몸이나 정신에 있는 상처가 아니고 우리의 삶의 근원이 되는 곳인 마음에 있는 것이다. 성경은 마음이 상처받을 수 있는 곳임을 여러 번 언급한다.

> 모든 지킬 만한 것 중에 더욱 네 마음을 지키라 생명의 근원이 이에서 남이니라(잠 4:23).

> 나의 중심(heart)이 상함이니이다(시 109:22).

그리고 상처받은 마음은 대계명(막 12:30-31)이 가르치는 바대로 하나님과 이웃을 온전히 사랑할 수 있는 역량에 영향을 끼칠 것이다. 감정과 의지의 중심인 마음에 의해 느껴지는, 가장 깊고도 오래 지속되는 보편적인 영적 상실들을 몇 가지 살펴본다면 그것이 왜 그런지 쉽게 이해하게 된다.

1) 신뢰

믿음을 뒤흔들고, 소외와 고립을 초래하는 배신의 충격은 결과적으로 하나님을 비롯한 어느 누구도, 심지어 자기 자신조차도 믿을 수 없다는 생각에 젖게 만든다.

2) 친밀감

친밀감이란 그 안에 상실의 가능성을 내재한다. 사랑하는 사람, 소중한 것, 이상, 희망 등을 반복적으로 상실하면 친밀감에 대해 마음이 닫힌다. 어떤 사람은 그러한 상실을 경험한 후 친밀한 관계 맺기가 총탄 속으로 들어가는 것보다 더 공포스럽게 느껴진다고 말한다.

3) 평화

싱클레어는 다음과 같이 썼다(1993, 69).

> 그들은 평화와 안식을 끝없이 추구한다. 그들은 지나간 과거가 다 지워지기 전까지는 평화란 없다는 끔찍한 확신을 갖고 있다. 그들은 과거를 없애고 더 적절한 끝맺음으로 재편집하기 위한 방법들을 두려움 가운데 추구한다.

위의 것들은 희망의 상실, 순결의 상실, 경외심의 상실 그리고 온전함에 대한 상실과 같은 다른 많은 잠재적인 영적 상처들 중 일부에 불과하다.

4. 트라우마의 상처 치유: 전인적인 접근

영혼에 대한 핵심적인 상처들을 이해하는 것은 치유를 위해 어떤 핵심적인 요소들이 필요한지를 아는 데 도움이 된다. 상처받은 영혼에 대한 사역은 복잡하게 연결된 마음과 정신과 몸의 측면들을 직접적으로 다룸으로써 가능해진다.

물론 이러한 실제적인 작동 여부는 문화와 트라우마의 정도 그리고 가용 자원에 따라 다양할 것이다. 상황 요소와 치유 요소들을 보다 고려한다면, 믿을 만하고 참된 성경적 원리들과 부합한 마음, 정신, 육체의 상태로 보다 발전시킬 수 있을 것이다.

5. 필수적인 상황 요소

1) 안전

무력감과 통제력 부족을 야기하는 사건들을 다루려면 일단 치료 과정에 들어가지 전 안전한 상황을 만들어야 한다. 거처와 음식, 물, 의료적 돌봄을 제공하는 것은 몸을 회복시키고 통제감을 재확립하는 데 도움을 준다. 비록 조건들이 이상적이지 않다 해도 몸과 정신, 마음을 위한 안전은 반드시 확보해야 할, 매우 기본적인 상황 요소다.

2) 사랑하는 자들과의 재연합

트라우마에 의해 고립된 사람을 그 고립에서 꺼내는 첫 번째 과정은 사랑하는 자들과 되도록 빠른 시간 내에 재연합할 수 있게 해주는 것이다. 연구조사에 의하면 이 한 가지 조처만으로도 PTSD의 장기적이고 부정적인 영향에 빠질 위험을 훨씬 줄여준다고 한다. 이것은 특별히 아이들에게 결정적인 영향을 준다.

3) 문화에 대한 민감성

다양하고 충격적인 경험에 대한 이해는 치유를 위한 접근과 행동들과 마찬가지로 문화에 따라 차이가 있다(Drozdek and Wilson 2007, 7). 문화적인 신념과 행습들을 성경의 빛에 따라 살펴보도록 돕는 것은 그들로 하여금 도움이 되는 것들로부터 유익을 얻고 하나님의 진리에서 벗어난 무익한 방법들을 분별하도록 격려할 것이다.

4) 모국어 사용

마음의 상처는 마음의 언어인 모국어를 통해 가장 잘 치유된다. 가능하다면 트라우마 치유 작업과 교재 등은 트라우마를 겪은 사람의 마음의 언어로 제공되어야 한다.

5) 시간

여기서 말하는 치유의 요소는 시작 시점을 가리킨다. 치유에는 인내와 돌봄이 필요하지만 아주 깊은 트라우마를 겪은 사람에게는 보다 오랜 시간이 필요하다. 아마 어떤 그리스도인 가정이나 공동체는 이 사실을 받아들이기가 조금 어려울 수 있다. 하나님을 신뢰하며 기도하고 믿기만 하면 문제 해결이 금방 이뤄질 것이라고 그들은 믿기 때문이다.

그러므로 큰 고통을 이해하는 사람들에게서 제공되는 인내와 희망, 돌봄은 치료 과정에서 매우 중요하다. 이를 통해 트라우마를 겪은 당사자는 용기를 내어 치유를 위한 여정에 임할 수 있는 것이다. 그리고 그 길을 가면서 그간 알지 못했던 인생의 부요함을 경험하게 될 것이다.

6. 본질적인 치유 요소

1) 공동체

신뢰와 친밀감에 대한 상처가 시사하듯이, 트라우마를 겪은 사람은 고립되었다고 느낀다. 헐만(Herman)은 다음과 같이 말한다.

> 충격적인 사건들은 기본적인 인간관계에 대한 의문을 불러일으키고 가족과 우정, 사랑, 그리고 공동체의 애착을 파괴시킨다(Herman 1992, 5).

관계에서 겪는 손상이 가장 고통스러운 트라우마라고 알려져 있다. 그렇지만 타인으로부터 얻는 지지가 회복 능력에 결정적인 단일 요소라고도 널리 알려져 있다. 그래서 치유를 시작하는 사람에게는 안전한 관계적 상황을 만들어주는 것이 가장 중요하다. 여기서 관계적 상황이란 가족, 소그룹 혹은 하나의 공동체가 될 수 있다.

헐만은 다음과 같이 말한다.

회복은 관계라는 상황에서만 일어날 수 있고 고립 속에서는 일어날 수 없다.

2) 기억하고 말하기

사람들은 각자의 페이스와 방식으로 자신의 이야기를 필요한 만큼 말할 수 있어야 한다. 과학을 통해 드러난 사실 중 하나는 우리가 자신의 이야기를 할 때 그 행동은 트라우마의 영향을 받았던 뇌의 신경 회로를 '다시 감도록'(rewire) 돕는다는 사실이다. 좌우 뇌 사이에 놓인 보통의 연결 회로들이 줄어듦으로써 트라우마를 겪은 사람은 정서적으로 생존하게 된다.

다시 말해서 이 사람은 왼쪽 뇌를 통해 무슨 일이 일어나고 있는지를 인지하지만 그 사건과 연관된 두려움이나 공포감에 의해 정복당하지는 않는 것이다. 그러나 이러한 연결 회로가 재정립되지 않으면 그 사람은 자신의 감정 혹은 타인이나 하나님에 대한 감정으로부터 소외되고 만다.

스토리텔링은 정상적인 연결을 재건할 수 있도록 돕는다. 이것 없이 '나아지거나' 혹은 '잊어버리려는' 시도를 한다면 더 깊은 절망으로 치달을 뿐이다. 톰슨(Thompson)은 이렇게 썼다.

> 우리가 우리 이야기를 하거나 다른 사람의 이야기를 들을 때 우리의 좌우 프로세스 모드는 통합이 된다. … 우뇌가 그처럼 이야기된 상황에서 떨어져 살도록 고립을 명령하면 (잘된 경우) 신경학적으로 통합되지 않거나 (나쁜 경우) 해체된다. 이것이 바로 우리가 다시 이야기하는 것이 왜 그렇게 중요한지에 대한 이유다(Thompson 2010, 137, 152).

스토리텔링은 단순히 말만 듣는 것이 아니라 비판이나 판단, 해석 없이 마음으로 경청하는 사람들과의 안전한 관계를 필요로 한다. 듣는 사람이 훈련을 받아 상대방이 충격에 빠지지 않도록 하면서 반영적인 경청을 하고 상대방에게 전문적 도움이 언제 필요한지 분별할 수 있다면 매우 좋을 것이다.

3) 애도

트라우마는 사랑하는 사람, 삶의 방식, 이상, 소유물, 집, 일, 건강 등 소중한 대상을 상실할 때 생긴다. 어떤 연구에 따르면 사랑하는 사람을 잃었을 때 겪는 트라우마는 목숨을 위협하는 요인보다 더 위험할 수 있다. 이전에는 목숨을 위협하는 요인들이 대부분 PTSD로 이어진다고 여겨졌다.

무엇을 상실했는지 밝혀내고 그것에 대해 애도하는 시간을 갖는 것은 치유의 여정에 있어 본질적인 것이다. 성경적인 모델에 근거해서 개인적인 애도를 구성하는 것은 고난당하는 사람들이 감정적인 정직성과 영적 승리를 갖고 애도할 수 있는 하나의 강력한 방법이다.

4) 하나님의 말씀과 기도

서두에 나온 간호사처럼 트라우마를 겪은 많은 그리스도인들에게 트라우마의 가장 끔찍한 충격은 그 트라우마가 하나님에 대한 그들의 이해와 하나님과의 관계에 영향을 준다는 사실을 발견하는 것이다. 그들은 하나님과의 교제의 경험을 상실하고 벙어리가 된 것처럼 느끼게 될지도 모른다.

때로는 성경의 진리와 그들의 내적 경험 사이의 괴리를 느낀다. 그들이 제자리를 찾기까지는 시간이 걸릴 것이다. 그러나 성경적으로 건전한 정신건강 돌봄의 원리들을 적용하는 사랑의 공동체에서 사람들은 하나님의 위로와 치유를 경험하고 무엇보다 성경을 통해 하나님의 실체를 가까이에서 느끼게 될 것이다.

> 하나님께 가까이 함이 내게 복이라(시 73:28).

5) 십자가

그리스도께서 우리 죄를 위하여 십자가에서 행하신 것과 우리의 상처를 위해 값을 지불하신 것 때문에 우리는 나음을 입을 수 있다(사 53:4, 5). 십자가로 나아오는 것은 종종 트라우마 사건에 연루되어 있는 개인적인 죄를 정결케 하는 데 필수적이지만, 다른 사람에 의해 야기된 상처들을 치유하는 데에도 아주 중요하다.

고난당하는 자들이 그들의 고통을 십자가로 가져올 때 상처받은 심령에 가장 심오하게 다가오는 충격적 사실은 "그 고통이 즉시로 '극복'해야 할 어떤 것이 아니라"는 것이다. 오히려 아주 작은 신뢰의 속삭임이나 가냘픈 믿음에 대한 하나님의 설명할 수 없는 신비가 고난받는 자로 하여금 그들의 고통이 하나님께 온전히 받아들여졌으며 이해받고 있음을 알게 해주고, 치유를 시작하여 선을 위한 열매를 맺도록 도와준다.

트라우마로 깊은 상처를 받은 사람은 그 지점에 이르기까지 시간이 필요하며 때로는 다른 사람의 팔에 기대야 할 필요가 있을지도 모른다. 그러나 십자가는 그 여정에서 가장 중요한 지점이다. 실제로 십자가로의 여정을 실제 행동으로 다른 사람들과 해본다면 이는 마음의 문을 여는 데 도움이 될 것이다.

> 이것을 너희에게 이르는 것은 너희로 내 안에서 평안을 누리게 하려 함이라 세상에서는 너희가 환난을 당하나 담대하라 내가 세상을 이기었노라(요 16:33).

7. 트라우마 치유를 위한 전인적 접근의 한 예

2001년, 트라우마의 치유를 위한 (앞서 언급한) 접근법과 성경적 도구가 아프리카 교회 지도자들과 선교사들에 의해 개발되었다. 지금은 100개 이상의 언어로 번역된 책 『트라우마 상처의 치유: 교회가 어떻게 도울 수 있는가』(Healing the wounds of trauma: How the church can help, Hill, Bagge, and Miersma 2009)는 아프리카와 아시아 그리고 그 밖의 지역에서 힘들어하고 있는 교회들에 의해 사용되고 있다.

지역 보고서에 따르면 이러한 전인적이고 통합적인 접근법은 문화와 나라, 언어, 상황의 차이에도 불구하고 유익한 결과들 낳았다.

8. 끝맺음

끔찍한 트라우마로부터의 치유는 가능하다. 그러나 깊고도 지속적인 치유는 시간이 걸리고 오직 마음과 영혼, 정신과 몸의 전인적 치유 과정에 참여할 때 일어날 수 있다. 중요한 치유는 다른 사람들의 지지와 경청을 통해 시작될 수 있지만 이 치유가 온전해지려면 수년의 시간이 걸릴지 모른다.

치유가 되었다고 해서 그 사람이 이전과 같아졌다는 의미는 아니다. 그러나 그들은 자신의 경험을 삶의 의미 있는 곳에 통합시킬 수 있게 된다. 그들은 자기의 경험이 자기 삶을 주장하도록 하지 않고 그 경험의 진리와 더불어 살아갈 수 있다. 그들은 관계들을 재정립하며 다른 사람들, 하나님과 사랑을 주고받는 법을 배울 수 있다.

그들은 용서를 경험하며 한때 두려움과 증오, 복수만 있던 곳에서 다른 사람을 용서하는 자리로 나아간다. 그들은 평화를 발견하고 다른 사람들을 위한 하나님의 평화의 통로가 될 수 있다.

그 간호사에게 한번 물어보라.

9. 성찰을 위한 질문들

1) 지상명령(마 28:18-20)의 성취가 대계명(눅 10:27)을 살아내는 우리에게 달려 있다면 당신이 속한 지역에 살고 있는 고난받는 자들의 상처를 어떻게 대해야 할까?

2) 전통적인 영적 훈련은 트라우마 치유에 어떤 역할을 할 수 있을까?

3) 치유되지 못한 트라우마는 종교적인 박해나 인종 분쟁으로 고난받는 개인 혹은 공동체에게 어떤 영향을 미칠까?

4) 왜 상황적 요소를 고려하고 문화에 대한 민감성(트라우마의 경험을 어떻게 이해하는가?)을 갖는 것이 치유 과정에서 핵심적인가? 이러한 이해와 인내가 부족할 때 이는 어떻게 더 깊은 치유를 방해하는가?

참고문헌

Drosdek, B., and J. P. Wilson, eds. 2007. *Voices of trauma: Treating survivers across cultures,* New York: Spinger.

Herman, J. L. 1992. *Trauma and recovery: The aftermath of violence - from domestic abuse to political terror.* New York: Basic Books.

Hill, M., H. Hill, Rl Bagge, and P. Miersma. 2009. *Healing the wounds of trauma: How the church can help,* 3rd ed. Nairobi: Paulines Publications Africa.

Sinclair, N. D. 1993. *Horrific traumata: A pastoral response to the post -traumatic stress disorder.* New York: Haworth Pastoral Press.

Thompson, C. 2010. *Anatomy of the soul: Surprising connections between neuroscience and spiritual practices that can transform your life and relationships.* Carol Stream, Illinois: SaltRiver.

Willard, D. 2002. *Renovation of the heart: Putting on the character of Christ.* Colorado Springs: NavPress.

글쓴이

패트리샤 미어스마(Patricia Miersma, MN, UCLA '84)는 SIL(Summer-Institute of Linguistics) 국제상담 컨설턴트로, 트라우마 치유와 외상후증후군(PTSD)과 관련된 공동체와 타 문화 이슈들을 전문적으로 다루고 있다. 『트라우마 상처의 치유: 교회가 어떻게 도울 수 있는가』 (*Healing the wounds of trauma: How the church can help*)를 공동 저술했으며 시니어 컨설턴트와 훈련가로서 그에 관련한 워크숍을 진행한다.

남편과 함께 RCA(Reformed Church in America) 선교사로서 1980년 이후 위클리프성경번역선교회의 상담가들로 파견되어 파푸아뉴기니와 아프리카에서 섬겼다. 특히 아프리카에서는 나이로비에 투마니상담센터를 설립하는 것을 도왔다.

제18장

끊임없는 기도
- 박해받는 교회로부터의 교훈들

민디 벨쯔(Mindy Belz)

나는 실제로 박해받고 있는 교회가 자신을 위해 어떻게 기도하는가를 보면서 박해받는 교회를 위한 기도에 대해 가장 많이 배웠다.

인사프 사포(Insaf Safou)가 날더러 함께 기도하자고 부탁한 때는 그녀가 나를 안 지 10분 정도 되었을 때였다. 우리는 짐보따리에 둘러싸여서 요르단의 퀸알리아공항으로 가는 암만의 택시 뒷좌석에 앉아 있었다. 미국의 공격 이후 거의 9개월이 지난 2003년, 그녀는 자신이 탈출한 이라크로 10여 년 만에 돌아가고 있었다. 그녀는 한번도 만난 적 없던 언론인인 나를 데려가기로 동의했다.

인사프와 그녀의 남편은 한때 바그다드에서 좋은 직업을 갖고 있었다. 그녀는 일류 고등학교에서 물리를 가르쳤고 남편은 사담 후세인의 궁전에서 쉐프로 일하고 있었다. 인사프는 가톨릭 가정에서 태어났지만 남편과 함께 키르쿠크의 복음주의 장로교의 가르침을 받아들이고 개신교 신자가 되었다. 그들 부부는 이라크를 통치하던 바트당의 최고위급 사람들과 꽤 비중 있게 교류하던 이들이었다.

적어도 인사프가 기도하며 하나님의 인도를 구한 뒤 교실에서 바트당원의 자녀들을 편애하지 않겠다고 결정하기 전까지는 그랬다. 바트당원 학부모들은 자기 자녀에게 최고 점수를 주라고 인사프에게 요구했고 인사프는 이를 거절했다. 얼마 지나지 않아 그녀는 직업을 잃었고 부부는 그들의 목숨까지도 위험에 처했다는 것을 재빨리 알아차렸다.

두 딸과 함께 그들은 걸어서 이라크 북부 산악지역의 국경선을 넘어 터키로 극적인 탈출을 했다. 캐나다 당국에서 그들을 받아들이기로 동의할 때까지 7년간 그들은 이스탄불에서 아무런 지위도 없는 난민으로 살았다. 그동안 인사프는 결코 기도를 쉬지 않았다. 그녀는 이라크에 남겨둔 교회들을 위해 기도했다.

더 나아가 알고 지내는 목사들에게서 도움이 필요한 이란인들의 목록을 받아 그 낯선 이들을 위해 기도했다. 이라크에 남아 있던 가족들에게서 들은 바로는 2003년 사담을 숨게 만들었던 미국의 침공 후 새로운 교회들이 열리게 되었다는 것이었다.

조카 한 명이 바그다드에서 가장 빠르게 성장하는 교회들 중 한 교회의 목사가 되었고 자기 회중의 기도제목을 그녀에게 정기적으로 보냈다. 이라크에 새 정부가 들어서고 새 자유가 확산되자 2003년 11월 인사프는 다시 돌아갈 용기를 얻고 재정을 모금했다.

그때까지 그녀는 또한 이라크에 있는 그리스도인 가정들에게 전달하기 위해 캐나다에 사는 이라크 난민들로부터 수천 달러의 돈을 모금했다. 그리고 그것이 바로 우리가 택시 안에서 기도해야 했던 이유였다.

암만 시의 외곽 순환 도로와 공항 사이에서 우리는 헌금을 한 캐나다 이란인 가족들과 또 그 헌금을 받게 될, 우리가 알지 못하는 이라크 현지 가족들을 위해 기도했다. 더불어 이라크의 교회들과 목회자들의 이름을 하나하나 불러가며 기도했다. 우리는 헌신을 위한 시간과 가족들의 건강 및 안녕을 위해서도 기도했다. 우리는 우리를 목적지까지 데려가줄 안내자들을 위해 기도했다. 이것은 인사프와 내가 함께하는 기도 주간의 시작이 되었고 이는 수년간 이어져 이제 그녀는 캐나다에서, 나는 북캐롤라이나에서 기도하게 되었다.

그해 바그다드로 피난한 우리는 몇 달 전 바그다드에서 빠져나온 이라크 그리스도인 가정의 집을 빌려서 같이 지냈다. 그 집은 전기가 들어오는 때보다 끊어지는 때가 더 많았다. 집주인은 침대 옆에 있는 책상 위에 초를 갖다주었고 인사프는 그 촛불 곁에서 바닥에 무릎을 꿇고 어린아이처럼 얼굴을 파묻은 채 어둠 속에서 부드럽게 기도했다.

우리는 집주인과 함께 가스를 구하기 위해 긴 줄을 섰고, 음식 부족을 견뎌야 했고, 밤에는 폭탄 터지는 소리를 들었다. 그리고 폭탄으로 생긴 구멍들, 깨진 파이프에서 솟아오르는 하수 오물, 학교 가기를 두려워하는 아이들 등 도저히 감당할 수 없을 것만 같은 이웃들의 필요를 직접 목격했다. 우리는 기도를 계속했다.

인사프의 기도는 낮고 조용했지만 망설임이 없었고 페이스북에 올린 다음 기도와 유사한 내용들이었다.

> 아버지, 당신을 예배할 수 있고 당신을 더욱 닮아갈 수 있는 또 하루를 주셔서 감사합니다. 저의 마음과 정신, 의지와 감정을 당신께 맡깁니다. 저는 당신을 경외하는 방식으로 다른 사람들을 사랑과 존경으로 대하기를 선택합니다. 당신의 길을 제 마음 속에 두시고 당신의 영광을 위하여 더 효과적으로 기도할 수 있도록 가르쳐 주옵소서. 예수님의 이

름으로 기도합니다. 아멘.

오늘날의 박해받는 신자들의 간증은 교회의 첫 순교자인 스데반의 기록과 별반 다르지 않다. 스데반의 죽음 전에, 사도행전 6장에서 교회 지도자들은 그가 "믿음과 성령이 충만한 사람"이었고 "큰 기사와 표적을 민간에 행"하였기 때문에 첫 집사들 중 한 사람으로 선택하였다고 했다(행 6:5, 8). 그는 동정이나 바라는 포로가 아니었다.

성난 군중이 스데반을 돌로 쳤을 때, 그의 얼굴은 천사의 얼굴과도 같았으며, 하늘을 쳐다볼 때 그는 하나님의 영광을 볼 수 있었다. 박해받는 신자들은 그들의 고난 가운데, 그리고 그 자신의 기도 가운데서 기쁨을 발견하기 때문에 나머지 우리는 기쁨으로 기도할 수 있다.

고난과 더불어 고독 가운데 서 있기 위해 기쁨을 거부하는 것은 고난을 구제할 수 없다. 그 반대가 진실이다. 모든 좋은 것과 모든 아름답고 선한 것에 초점을 맞추고, 심지어 작은 것에도 감사하고, 심지어 지금 여기에서도 기쁨을 발견하는 용감한 자들이야말로 온 세상에 충만한 빛을 가져오는 변화의 주도자들이다(Voskamp 2010, 58).

박해받는 자를 위해 기도할 때 우리가 기대할 수 있는 것은 열매를 발견하는 것이다. 이상하게 보이겠지만, 고난과 역경 한복판에는 예기치 않은 열매가 기다리고 있다.

세이드 무사(Sayed Musa)는 46세로서 무슬림에서 기독교로 회심한 자다. 아프가니스탄 당국에서는 그가 세례와 예배에 참여했다는 사실을 알고 난 후 그를 카불의 가장 가혹한 감옥 중 한군데로 처넣었다. 그는 이슬람 군대 포로들과 함께 감옥에서 지냈는데, 그중에는 그를 때리고 성적으로 학대한 탈레반 멤버들도 포함되어 있었다. 그들은 세이드를 나무와 손발로 때렸으며 그의 머리에 물건을 얹고서 "예수 그리스도야"라고 모욕했다.

　몇 달이 지나자 한 판사는 교수형으로 그를 위협했다. 세이드는 동료 수감자들에게 복음을 전하는 데 점점 더 담대해졌고 세 명을 예수 그리스도에 대한 구원의 믿음을 갖도록 인도했다. 세이드는 판사에게 그의 사건에 대해 공중 앞에서 재판받고 처형당하고 싶다고 하면서 이렇게 말했다.

　"거기서 나는 세상의 모든 사람들, 특히 아프간 사람들에게 하나님의 아들에 대해 소개할 것입니다."

　그러나 2011년 2월 그는 처형당하는 대신 체포된 지 8개월 만에 풀려났다. 당시 그의 사건은 백악관과 하원의원들에게 알려졌다. 또 아프가니스탄에 있는 최고위급 외교관들과 하미드 카르자이 대통령, 데이비드 페드래우스 미군 사령관이 있던 모임에서도 거론되었다.

　점점 더 많은 사람들이 그의 사건에 대해 듣게 되었고 세이드를 위해 기도했다. 내가 그에 대한 이야기를 쓰는 동안, 어떤 사람들은 가시적인 열매를 갈망하면서 그들이 무엇을 할 수 있는지 내게 물어보는 편지를 보내기도 했다. 우리는 교회가 박해받는 자를 위해 기도할 때 무슨 일이 벌어지는지 온전히 다 알지는 못하지만, 기도하는 자나 그 기도를 받는 자 모두에게서 열매가 자란다는 것은 기대한다.

　나는 그리스도인들이 세이드를 위해 기도하려고 교회에 모였다가 결국 아프가니스탄 전체를 위한 기도로 끝나게 되었다는 것을 어떤 사람에게서 들었다. 또 세이드를 위해 기도하고 나서 자기네 국회의원이나 다른 공직자들에게 편지를 썼다는 그리스도인들의 이야기도 들었다.

　세이드를 위해 기도하는 사람들 중 한 사람은 내게 편지를 보내며 말하기를, 그녀는 친필 감정가에게 세이드의 출간에 나온 친필을 검토해달라고 요청했다고 한다. 그러자 그 전문가는 "그는 진실을 말하는 사람입니다"라는 답을 보내왔다.

그녀는 내게 "당신이 그를 도울 길이 있는지 보십시오. 국무부에 보내세요"라고 뒤이어 말했다.

기쁨과 열매를 발견한 후 박해받는 사람들의 최선을 위해 기도하는 사람들은 세이드가 그랬던 것처럼 희망을 발견함으로써 그렇게 기도한다. 세이드는 이렇게 말했다.

"풀려나게 해달라고 기도하거나 혹은 죽어서 예수님과 함께 있게 해달라고 기도하거나 그 모든 기도는 내게 똑같다네."

예수께서는 모든 상황에서 감사하라고 가르치신다. 5,000명을 먹이기 위해 오병이어를 건네받고서 예수께서는 하늘을 우러러 감사기도를 하셨다. 유월절 식사 때 예수께서는 그가 배반당하고 몸이 깨질 것을 선포했지만 감사의 기도 또한 올리셨다.

우리 중 박해받는 사람들을 위해 기도할 때 감사로 시작하는 사람들은 별로 없을 것이다. 그러나 감사는 주님이 우리에게 보여주신 모범이다. 감사는 고난이 역사하여 엄청난 선을 이루리라는 희망에 깊이 뿌리를 내리고 있다.

> 나는 너희에게 이르노니 너희 원수를 사랑하며 너희를 박해하는 자를 위하여 기도하라 이같이 한즉 하늘에 계신 너희 아버지의 아들이 되리니(마 5:44-45).

희망을 갖고 기도한다는 것은 박해하는 원수들을 위해서도 기도하는 것을 의미한다. 우리는 예수에게서, 또한 박해받는 자들이 그들에게 고통을 가하는 자들을 위해 기도하는 모습을 통해서 이 의미를 배우게 된다.

카라치는 세상에서 가장 위험한 도시 중 하나다. 나는 그곳에 있던 목사를 한 명 알고 있는데 그는 구속을 당한 적이 있었고 그의 예배에는 '원수들'이 잠복해 있었다. 그는 그리스도인이라는 이유로 살해당한 파키스탄 그리스도인들을 위해서도 그들의 장례식에서 설교했다.

어느 부활절 아침, 그는 예수의 가상칠언(십자가 위에서 하신 일곱 번의 말씀) 중 첫 번째 말씀에 대해 설교했다.

> 아버지 저들을 사하여 주옵소서 자기들이 하는 것을 알지 못함이니이다(눅 23:34).

교회 바깥의 적들을 위해 기도하는 것 외에도 그는 이렇게 말했다.
"교회 대부분의 성도들은 자신이 입밖에 내지는 않았지만 마음으로 화나 원한을 품고 있던 것에 대해 친구나 가족에게 고백했다. 복음이 주는 능력을 그들이 알고 있다는 사실에 감사했다."

카불의 감옥 속에 갇혀 있었던 세이드 또한 용서 속에서 자유를 발견했다.

"'네 원수를 네 자신처럼 사랑하라'는 이 말을 다른 어떤 종교에서 찾아볼 수 있습니까? 기독교에서만 볼 수 있는 말입니다."

이라크에서 인사프는 키르쿡에 있는 어느 복음적인 교회의 교인과 기도를 같이 했는데, 그녀의 남편은 길가의 폭탄에 의해 죽임을 당했다. 그는 열세 살 난 딸을 남겨두고 떠났다. 그 교회는 지속적인 폭탄의 위협에 직면하고 있었다. 심지어 2011년에는 교회 입구 바로 바깥에서 경찰이 폭탄 하나를 제거하기도 했다.

그녀는 울기 시작했고 나는 그녀의 손을 붙들었다. 그녀가 말했다. "속에서 불이 납니다, 인사프. 나는 불에 휩싸인 것 같아요."
나는 그녀와 함께 울며 이렇게 말했다.
"내가 같이 기도할 수 있을까요?"
그러고나서 나는 하나님의 사랑의 능력이 이 불을 차가운 물처럼 되게 하셔서 그녀에게 하나님의 평화를 가져다주시기를 기도했다.
기도를 마친 후 그녀는 차분해진 것 같았다.
그녀는 여전히 울고 우리는 기도했지만 나는 성령이 그녀와 내게 오시는 것을 느꼈다.
그녀가 말했다.
"다시 와주세요."

인사프와 이 미망인 모두에게 그것은 기도의 새로운 응답의 시작이었다. 인사프는 여러 여성들을 방문했고 이를 통해 여성들을 대상으로 사역하는 여성 지도자들을 지원하는 사역이 키르쿡 지역의 교회에서 개발되었다. 그들은 현재 미망인들을 포함해 도움이 필요한 수많은 여성들을 지원하고 있다. 2011년에 그들은 그 지역의 여성 교도소를 찾아가기 시작했는데, 그런 류의 일은 처음이었다.
나중에 인사프는 미망인에게 했던 말을 내게 들려주었다.

> 내 주머니는 비었고 내 손에는 아무것도 없지만 나는 당신을 위해 기도할 수 있으며 당신의 목소리가 되고 당신의 마음이 되어 내 입으로 말할 수 있습니다. 하나님이 어떻게 공급하시는지도 볼 수 있습니다.

그것이 바로 박해받는 자들을 위해 기도하는 방식이다. 바로 연민과 기쁨, 희망에 가득 차서 열매를 기대하며 하는 기도 말이다.

5. 성찰을 위한 질문들

1) 박해받고 있는 교회를 위해 기도하고 또 기도하는 법을 배우는 것이 왜 중요한지, 이를 어떻게 실천할 수 있는지 토의하라.

2) 저자는 박해하는 자들과 박해받는 자들을 위한 기도의 여러 핵심 원리들을 분명하게 언급하고 있다. 어떤 원리들이 있는가?

3) 이 장에는 적어도 두 번, 박해받는 자들을 위해 기도했을 때 어떻게 그들을 대변하는 다른 행동(결과)이 나왔는지 보여준다. 이것이 왜 중요한지 토의하라.

4) 이 장에서는 박해받는 어느 유명한 아프간 그리스도인이 '동정을 기다리는 하나의 피해자가 아닌 자'로 묘사되었다. 이 표현이 시사하는 바를 토의하라.

참고문헌

Voskamp, A. 2010: *One thousand gifts*. Grand Rapids, MI:Zondervan.

글쓴이

민디 벨쯔(Mindy Belz)는 『월드매거진』(World Magazine)의 편집인이다. 25년간 저널리스트로 지내면서 그녀는 발칸 지역과 수단, 중동, 아시아의 분쟁 지역을 취재했다. 최근에는 중동, 이라크, 아프가니스탄에서 박해받고 있는 자들을 주로 취재했다. 작가이자 편집인인 내트 벨쯔(Nat Belz)와 결혼하여 네 자녀를 두었다.

제19장

부르심
- 정확한 정보, 간절한 중보기도, 사려 깊은 옹호, 그리고 용기 있는 행동

페이스 J. H. 맥도넬(Faith J. H. McDonnell)

서구 그리스도인들은 이렇게 노래한다.

"지금은 커다란 시련과 기근, 어둠과 칼의 시대다"(Robin Mark, "Days of Elijah").

그러나 지구상 반대편에 있는 그리스도인들에게 이것은 노래가 아니라 현실이다. 박해받는 교회에서 우리는 커다란 고난과 생동적인 믿음, 둘 다 만난다. 우리는 수척한 몸을 끌어안으며, 멍든 상처를 보고, 고아와 과부들의 울음소리를 듣는다. 그들의 고난을 알게 되면 다시는 모르는 척할 수 없다. 우리는 개인적인 삶과 공적인 영역에서 박해받는 교회를 위하여 기도하고, 그것에 대해 말하고, 그것을 대표해서 행동하도록 결심해야 한다.

1. 정확하고 포괄적인 정보

중보기도와 중재는 정확하고 포괄적인 정보를 요구한다. 오늘날에는 인터넷을 통해 웬만한 사실들(facts)을 쉽게 충분히 구할 수 있지만 그만큼 과장되거나 왜곡된 보고서들이 많다.

그러므로 반드시 출처를 엄격하게 확인할 필요가 있다.

반대로 과소평가된 사실들은 상황의 심각성을 축소한다. 가령 박해자와 피해자가 도덕적으로는 둘 다 똑같다는 식으로 완곡하게 표현되고, 기독교 박해가 단순히 '종족 갈등'으로 묘사되거나 혹은 "양측에 모두 학대가 발생했다"는 식으로 더 자세한 설명이나 근거가 부족한 상태에서 언급되는 경우가 그러하다.

어떤 교회 지도자들은 침묵이 최선의 정책이라고 믿는다. 그들은 발설할 경우 적개심이 커질 것이라고 생각한다. 그러나 무엇보다 우리는 세계에 흩어져 있는 동료 그리스도인들의 바람을 존중해야 한다. 어떤 사람들은 기도해주기만을 요청한다.

어떤 사람들은 우리가 세상에서 그들을 위한 목소리가 되어주기를 요청한다. 또 어떤 사람들은 공식적으로는 기도만 하지만 사적으로는 경각심을 일으키는 행동을 해주길 요청한다.

핍박받는 당사자들은 이미 머리에 총부리가 겨누어져 있는 자들이다. 그들은 소리칠 수가 없는 것이다.

침묵을 그들이 괜찮다는 증거로 받아들이지 말라.

2. 간절한 중보기도

정확하고 포괄적인 정보는 분명한 지식에 근거를 둔 간절한 중보기도를 가능하게 한다. 모든 중재는 기도로 시작되고 진행되고 끝나야 한다. '종교와민주주의연구소'(Institute on Religion and Democracy)의 전 회장인 다이안 니퍼스(Diane Knippers)는 다음과 같이 충고했다.

> 부서진 마음을 위해서뿐 아니라 커다란 마음을 위해서도 기도하라. 당신의 마음은 부서질 것이다. 눈물이 날 것이다. 때로 빠져나오고 싶은 유혹을 느낄 것이다. 당신은 박해받는 자들이 거의 갖지 못한 물질과 자유를 충분히 누리고 있다는 사실에 죄책감을 느낄 수도 있다. 열방의 하나님에게 순종하고도 남을 만큼의 큰 마음을 위해 기도하라. 노예로 팔린 아이들을 품고, 중국 교회의 지도자들을 기억할 만큼 큰 마음을 위해 기도하라. 믿음의 가족으로서 당신이 해야 할 부분을 행할 수 있을 만큼 큰 마음을 갖게 해달라고 기도하라.

1) 중보기도의 도움들

① 철야기도 혹은 종일기도회 등의 형태로 박해받는 교회를 위한 기도 모임을 시작하라.
② 매 주일예배 때 박해받는 교회를 위한 기도를 포함시키라.
③ 기도제목을 적은 소식지를 제공하라.
④ 세례식을 하는 동안에는 이슬람에서 회심한 그리스도인들과 그들에게 세례 주는 목사들을 위해서 기도하라.

⑤ 박해받는 교회들의 간증을 읽으라.
⑥ 예배 때 십자가를 기억하라. 그리고 십자가의 고난을 겪고 있는 딩카족(Dinka)을 비롯한 수단인들을 위해 기도하라.
⑦ 해마다 박해받는 교회를 위한 국제기도의 날을 지키라.
⑧ 교회 기도회를 위해 박해받는 교회에 대한 자료들을 수집하고 자주 업데이트하라.
⑨ 가족 기도 시간에 지구본이나 세계 지도 혹은 신문을 사용하라.

박해받는 교회는 우리의 가족이다. 기도는 역사하는 힘이 있고, 하나님은 우리에게 그들을 위해 기도하라고 명하셨다. 또한 하나님은 우리의 마음을 바꾸사 우리로 하여금 행동하게 하시기 때문에 우리는 그들을 위해 기도한다.

3. 사려 깊은 옹호

이전과 달리 오늘날 옹호자들은 그리스도인 수감자들과 교도소 직원들 그리고 국회의원들에게 편지 쓰는 것에만 머물지 않는다. 이제는 거의 즉각적으로 메시지들을 주고받는다. 1998년 국제종교자유헌장(IRFA, International Religious Freedom Act)이 미국에서 통과된 이후 종교의 자유는 미국의 외교 정책 속에 명시되어왔다. 그리고 IRFA의 결과로 만들어진 국제종교자유미국위원회(US Commission on International Religious Freedom)와 미국연방국무부 안에 있는 종교자유국(Religious Freedom office)을 옹호 자원으로 활용할 수 있게 되었다.

사려 깊고 효율적인 옹호자들은 이러한 모든 도구를 활용할 것이다. 그들은 박해받는 자들을 위해 모든 교파의 교회들은 물론 관련된 비그리스도인들과도 함께 일할 것이다. 1990년대의 박해받는 교회를 방어하기 위한 운동에서 미국 정부가 전 세계의 기독교 박해에 대해 경각심을 갖도록 촉매 역할을 한 사람은 유대계 미국인인 마이클 호로비츠(Michael Horowitz)였다. 이외에도 여러 유대인 기관들이 소비에트 유대인자유운동(Campaign to Free Soviet Jewry)의 전략들을 공유하였다.

효과적인 옹호는 또한 젊은이들의 마음과 생각을 얻게 될 것이다. 초등학교 아이들에게 박해받는 그리스도인들을 위해 기도하도록 가르치고 박해 지역에서 온 그리스도인들을 초청하여 주일학교와 청소년 모임 때 이야기하도록 하라.

박해받는 교회의 메시지는 또한 소셜 네트워크와 시각 예술, 문학, 음악, 드라마, 영화를 통해 더욱 빈번하게 전달되어야 한다. 미국과 유럽 그리고 그 너머의 많은 청년들이 이미 활동적인 옹호자들이 되었으며 정의에 대해 열정을 갖고 있다.

예를 들어 미국의 고등학생과 대학생들은 북부 우간다의 어린이들을 '주의저항군'(Lord's Resistance Army)에서 구출해내는 운동에 불이 붙었다. 그들은 국제적인 성매매에 대해서도 경각심을 고취하였다. 뿐만 아니라 다르푸 지역의 종족학살이 사라지고 남수단에 자유와 평화가 임하도록 노력하는 충실한 일꾼들이 되어왔다.

그러나 지구상의 그리스도인 박해는 정의에 관한 이슈이기도 하다.

영적인 전쟁과 정치적, 사회적인 옹호는 이분법적으로 나뉘는 것이 아니다. 정치적 참여에 대해 불편해하는 사람들에게 파키스탄 페샤와르의 전 주교였던 무나와 루말샤(Munawar Rumalshah)는 미국인들에게 이렇게 촉구했다.

"미국 의회는 계속 일해 나가십시오. 그리스도인들이 당하는 불의에 대해 대중의 경각심을 계속 불러일으키십시오."

또한 그는 국회에서 간증한 후 미국이 세계의 종교 자유를 위해 싸우고 있는 것에 감사하면서 이렇게 말했다.

"저는 지금 이 시스템이 박해받는 자들을 돕는 가장 효과적인 길이라고 봅니다."

4. 용기 있는 행동

정확한 정보 제공과 간절한 중보기도, 사려 깊은 옹호 그리고 용기 있는 행동은 박해받는 교회와 함께 서라는, 서구 교회를 향한 하나님의 부르심이다. 박해받는 자들을 위한 열정, 다윗과 느헤미야가 본을 보여준 그런 열정으로 주님이 우리를 채우실 때 우리는 용기를 행동으로 옮길 수 있을 것이다. 다윗은 엘라 골짜기에서 골리앗이 이스라엘의 군대를 모욕할 때 열정적인 반응을 보였다.

> 만군의 여호와의 이름 곧 네가 모욕하는 이스라엘 군대의 하나님의 이름으로 네게 나아가노라… 온 땅으로 이스라엘에 하나님이 계신 줄 알게 하겠고 또 여호와의 구원하심이 칼과 창에 있지 아니함을 이 무리에게 알게 하리라(삼상 17:45–47).

또한 다윗은 사울과 그의 겁먹은 군사들에게 이렇게 선포한다.

> 여호와께서 나를 사자의 발톱과 곰의 발톱에서 건져내셨은즉 나를 이 블레셋 사람의 손에서도 건져내시리이다(삼상 17:37).

박해받는 교회를 위한 열정은 분노다. 하나님의 백성이 박해받을 때 하나님이 모욕당하시는 것에 대한 거룩한 분노다. 박해는 악한 것이며 언제나 하나님에 대한 모욕이 된다. 박해받는 교회를 향해 열정을 품는다는 것은 우리의 형제자매들을 방어할 뿐만 아니라 주님의 명예를 방어하는 데 또한 열심을 내는 것이다.

그리스도인들이 너무나 무관심하고 자기중심적이어서 고난받는 교회의 지체를 위하여 기도하지 않고 행동하지 않는다면 이는 하나님을 명예롭게 하지 못하는 것이다. 박해받는 교회를 위한 열정은 오늘날의 사악한 사자와 곰, 거인들로부터 그분의 백성들을 구해내실 수 있는 주님에 대한 확신이다.

느헤미야의 열정은 그로 하여금 아하수에로 왕에게 예루살렘으로 돌아가 재건하게 해달라고 허락을 구할 담대함으로 이어졌다(느 2:5). 더 나아가 그는 그 지역 총독이 자신의 여행을 허락하고, 왕의 삼림을 맡은 자가 그에게 공짜로 재목을 제공할 수 있도록 그 관리에게 편지를 보내달라고 왕에게 요청했다. 느헤미야는 그 요청을 하기 전에 기도했고 하나님은 그의 행동을 지도해주셨다.

열정은 느헤미야로 하여금 분별없이 행동하도록 하지 않고 도리어 전략적으로 행동하게 했다. 그는 결국 왕에게 요청한 모든 것들을 허락받았고 자신을 도와줄 생산적이고 창의적인 사람들을 뽑았다. 그를 돕는 자들, 곧 제사장들과 금장색들, 향료 만드는 자들 그리고 여인들은 자기의 본래 일들을 멈추고(느 3:1-32) 성전 재건을 위해 건축하는 일꾼과 보수자들이 되었다.

박해받는 교회를 위한 열정은 수단과 이집트, 미얀마, 인도네시아, 중국, 북한 같은 지역들의 현실과 동떨어진 서구 그리스도인들로 하여금 그들의 시간과 돈, 에너지, 감정을 투자하라고 도전한다. 박해받는 교회를 위한 열정은 우리로 하여금 안전지대 바깥으로 나가 다른 사람들을 그들의 현실 바깥으로 나가도록 돕는 것을 의미한다.

어떤 사람들은 박해받는 교회를 위해 오로지 '기도 외에는 아무것도 하지 않도록' 부름받는다. 그들은 기도한다. 그리고 그들의 기도는 하늘과 땅을 움직인다.

어떤 사람들은 기도가 자신이 받은 유일한 사명이라 여기지만 어쩌면 실제로 하나님은 그들이 기도하는 안전지대에서 나와 대사관 밖에서 데모를 하거나 국회의원을 방문하는 등 용기 있게 행동하라고 부르고 계신지도 모른다.

우리 모두는 기도하도록 부름을 받았다. 그러나 그 기도는 우리로 하여금 용기 있는 행동을 하도록 영감을 줘야만 한다. 교회와 세상 앞에서 박해받는 교회는 하나님의 은혜의 간증이다. 하나님은 그분의 신비로운 방법으로 우리를 중보기도와 옹호, 용기 있는 행동으로 이끄시며 이를 통해 박해받는 자들과 함께 서는 특권을 누리게 하셨다.

세상과 박해받는 교회 앞에서 우리는 무엇을 간증할 수 있을까?

> 믿음으로 모세는 장성하여 바로의 공주의 아들이라 칭함 받기를 거절하고 도리어 하나님의 백성과 함께 고난 받기를 잠시 죄악의 낙을 누리는 것보다 더 좋아하고 그리스도를 위하여 받는 수모를 애굽의 모든 보화보다 더 큰 재물로 여겼으니 이는 상 주심을 바라봄이라(히 11:24-26).

5. 성찰을 위한 질문들

1) 박해받는 자들을 위한 중보기도를 효과적으로 하려면 어떤 원리들을 숙지해야 할까?

2) "영적인 전쟁과 정치적, 사회적인 옹호는 이분법적으로 나뉘는 것이 아니다"라는 말에 대해 토론해보라.

3) 다윗과 느헤미야의 이야기에서 맥도넬은 그들의 '용기 있는 행동'을 제시한다. 여기서 축출할 수 있는 원리들은 무엇인가?

글쓴이

페이스 J. H. 맥도넬(Faith J. H. McDonnell)은 워싱턴 D.C.에 있는 '종교와민주주의의종교자유프로그램협회'(Institute on Religion and Democracy's Religious Liberty Program)와 '남수단을위한교회연합'(Church Alliance for a New Sudan)을 이끌고 있으며『소녀 병사: 북우간다의 희망에 관한 이야기)』(Girl Soldier: A Story of Hope for Northern Uganda, Chosen Books, 2007)를 공저했다. 1993년부터 현재까지 박해받는 교회와 인권 이슈를 위한 옹호자로 일해오고 있다.

제20장

우리 여정의 마지막 문을 향하여
- 또 다른 세상에 참여하기

윌리엄 D. 테일러(William D. Taylor)
안토니아 반 더 미르(Antonia van der Meer)
레그 레이머(Reg Reimer)

나는 자기 목을 자르게 내어주는 증거자들을 믿는다.
- 블레이즈 파스칼

가난한 자, 박해받는 자, 병든 자 그리고 고난을 받는 모든 자,
즉 난민과 수감자, 위험에 처한 모든 사람이 풀려나고 보호받기를
오, 주여, 우리가 기도하나이다.
주여, 당신의 자비 가운데 우리 기도를 들어주소서.
- 사람들의 기도, 『공동기도서』(*Book of Common Prayer*)

    이 책의 결론에 이른 것을 축하한다. 이 책은 짧지도 않고, 쉽지도 않다. 가볍게 소화할 수 있는 저열량 유동식 신앙서적도 아니다. 이 책은 질긴 고기다.
    당신은 세계의 파노라마를 둘러보았고, 주요 용어들을 살펴보았으

며, 수많은 사적인 증언들을 들었다. 당신은 주요 성경구절들을 찾아보았으며, 신학적인 주제들을 검토했고, 적나라하게 드러난 악을 목도했다. 당신은 역사를 훑어가면서 전 세계의 사례들을 평가하였다. 당신은 고난과 박해 그리고 순교에 대해 어떻게 준비하고 반응해야 하는지를 고민해왔다. 당신은 더 확실하고 풍성한 정보를 갖고 보다 지속적인 방식으로 기도하는 법을 알게 되었다.

우리가 여기에 무슨 말을 더 보태겠는가?

우리는 변혁을 일으키는 제자도, 사역과 선교, 혹은 전 세계 교회들을 개척하고 돕는 일을 위해 사람들을 준비시키는 방식을 이해함에 있어 이러한 주제들(고난과 박해와 순교)이 둘째나 셋째로 밀려날 수 없다는 사실을 강조하고 싶다.

박해에 관해서 너무나 많은 그리스도인들이 "하지만 여기서는 일어날 수 없어! 결국 그런 것들은 나치나 공산주의 국가 혹은 이슬람 정권에서나 일어날 뿐이지"라고 말한다. 하지만 이것만큼 진실과 동떨어진 말은 없다. 이 책은 두가지 내용이다.

① 박해에 직면한 그리스도인들에 대한 안내서.
② 세계 교회들이 증언하는 핍박과 박해, 순교의 양상을 보여주는 실제적 예화 자료의 보고.

우리는 이렇게 묻는다.

당신의 목사가 박해와 순교에 대해 마지막으로 설교한 때는 언제였는가?

당신의 교회가 박해받는 교회를 위한 '국제기도의날'(IDOP, International Day of Prayer for the Persecuted Church)을 지킨 마지막 때가 언제

였는가?

우리의 성경학교, 신학교, 선교훈련원들은 이러한 실재에 대한 이야기를 제공하고 있는가?

물론 세계의 민감하고 위험한 지역들로 사람들을 보내는 몇몇 기관들이 그들을 위한 교육과정을 제공하고 있으며 이러한 바람직한 사례는 우리에게 큰 격려가 된다. 또한 고난과 박해, 순교라는 주제에 대해서 전 세계 교회가 도전을 받고 자원을 결집하는 일들이 일어나는 것도 매우 고무적인 일이다. 과거에는 북반구에서 박해를 다루는 선교신학 서적들이 거의 나오지 않았다.

예외적인 책을 하나 꼽자면 티모티 C. 테넌트의 『세계 선교의 초대: 21세기를 위한 삼위일체 선교학』(Invitation to World Missions: A Trinitarian Missiology for the Twenty-first Century, Kregel 2010)을 들 수 있다. 이 책 후반부에는 "고난받고 전진하는 교회"라는 제목의 장이 있는데 이는 북반구뿐 아니라 전 세계 그리스도 교회에 아주 특별한 도전이 되는 내용이다.

1. 편집자들의 말

우리는 이 책에 소개된 "고난과 박해, 순교"의 주제를 디트리히 본회퍼의 탁월한 성찰의 빛에 비춰 생각해보길 당신에게 권한다.

나(안토니아 반 더 미르)는 비교적 평화로운 환경 가운데 있는 우리 부요한 교회들이 고난받는 교회에 관심을 갖도록 하는 일에 헌신하기로 한다. 진정한 그리스도인이라면 다른 사람이 극심한 고난을 받고 있는 상황에서 자신의 행복한 생활만을 즐길 수 없을 것이다. 우리는 우선 우리의 귀와 눈, 마음을 열어 그들을 향하고, 하나님이 우리로 하여금 무엇을 느끼고 그들에 관해 무엇을 하기 원하시는지를 이해해야 할 것이다. 우리는 어설픈 온정주의에 머물지 말고 그들의 짐을 기꺼이 함께 나누며 신실하게 기도하고 그들 옆에 서 있어야 한다.

이러한 도전적인 현실 속에서 사는 사람들을 섬기기 위해 보냄을 받은 선교사들에 대해 우리는 강하고 신실한 헌신을 해야 한다. 그들은 우리의 지지와 이해를 필요로 한다. 나는 앙골라에서 전쟁과 공산주의 집권 가운데 살았을 때 우리 선교사들과 내국인 그리스도인들의 가장 큰 필요는 사람들에게 기억되며 그들의 기도의 지원을 받는 것이라고 느꼈다.

이러한 헌신은 우리가 복음을 살아내고 전파하고 우리의 빛을 발하며 섬기기 위해 계속해서 가장 위험하고 저항이 많은 지역으로 사람들을 보내고 우리 자신도 기꺼이 가고자 하는 것을 의미한다. 우리는 주님의 이름을 위하여 박해를 받을 때 초대교회와 함께 기뻐하는 법을 배울 것이다. 우리는 박해를 유발하지도 않을 것이며 우리 주님의 명령에 불성실할 정도로 그것을 두려워하지도 않을 것이다.

나(레그 레이머)는 이 무거운 주제를 다루는 일에 있어 한 부분을 담당하게 되어 감사하다. 이 책에는 기독교를 적당히 흉내낸 경솔한 언급들이 없다. '때맞춰' 나는 『본회퍼: 목사, 순교자 그리고 예언자』 (*Bonhoeffer: Pastor, Martyr, Prophet*)를 선배 편집인인 윌리엄(William)과 같은 시기에 읽었다. 그 책은 내게 엄청난 도전이 되었다.

우리는 여기서 선교사들과 교회들을 역경을 위해 준비시키는 것에 대해 많은 말을 했지만, 내 경험에 비춰볼 때 우리 선교사들은 박해받는 교회와 그렇지 않은 교회들 사이에서 상호 이해와 중재와 유익한 연합을 이뤄내는 역할을 수행할 수 있는 위치에 있다. 사려 깊은 선교사들이 촉매 역할을 하면 서로 많은 도움을 주고받을 수 있다.

끝으로 나는 이 책이 기독교 세계에서 유행하기도 하고 또 사라져가는 수많은 '환원주의적 복음들'(reductionist gospels)에 대한 책망이라는 인상을 강하게 받았다. 나는 당신이 고난받은 그리스도인 선진들과 동시대인들의 실재에 대해 성경적이고 역사적으로 더 가까이 다가간 것에 대해 내가 그랬듯이 깊은 만족을 발견하게 되었으리라 믿는다.

계속해서 그 방향으로 나아가자.

나(윌리엄 D. 테일러)는 레그와 함께 감동적인 본회퍼의 최근 자서전 읽기를 막 끝냈다. 이 글을 쓰기 바로 전에 나는 그가 참수당하는 부분을 읽었다. 그것은 1945년, 연합군이 독일의 그 지역을 해방시키기 바로 2주 전이었고, 히틀러가 자살하고 제3제국이 끝나기 겨우 3주 전이었다.

어떻게 이런 일이 일어날 수 있는가?

하나님은 어디 계셨는가?

그렇지만 그런 것은 본회퍼의 관심사가 아니었다. 영성과 공동체, 제자도 그리고 교회에 대한 그의 가장 통렬한 글들은 나치 정권의 불 가운데서 정제되었다. 우리는 그에게 깊이 빚을 졌다.

2. 본회퍼로부터의 교훈: 그의 시대로부터 우리 시대를 위하여

독일 루터교 신학자이며 목사인 그가 가장 강력한 에세이를 쓰고 그처럼 예언적인 메시지를 설교했던 때가 그의 20대 중반이었다는 사실은 거의 믿을 수 없을 지경이다. 히틀러는 민주적으로 선출되어 권좌에 오른 1933년 직후부터 즉시 '유대인 문제'를 언급하기 시작했다. 당시 독일 그리스도인들은 여기에 어떻게 반응해야 할지 자문하지 않을 수 없었다. 대부분의 형식적인 루터교 지도자들은 정부의 압력에 굴복했다.

그러나 본회퍼를 비롯한 헌신적인 그리스도인 지체들은 그러지 않았고, 이들은 곧 '고백 교회'(Confessing Church)를 형성했다. 1933년 3월, 본회퍼는 나이 27세에 '유대인 문제'에 대한 그리스도인의 응답을 제출했으며 정부와 관련한 교회의 삼중적인 입장을 표명했다.

그것은 로마서 13:1-7에 있는 신자들과 국가 사이의 관계에 대한 바울의 가르침을 확대 해석한 것이었다. 그는 (마틴 루터의 유산이라는 역사적 맥락과, 교회와 국가에 대한 이해 속에서) 삼중적인 책임을 갖는다고 확언한다.

그의 전제는 이렇다.

> 교회는 끊임없이 국가에게 "무법과 무질서가 아니라 법과 질서로 행동하고 있는지" 물어야 한다. 다시 말해서 교회의 역할은 국가가 국가로서 존재할 수 있도록 하는 것이다(Metaxas 2010, 153-154).

교회가 국가에게 취할 수 있는 3가지 행동은 무엇일까?

첫째, 국가가 국가되게 하려면 "국가의 행동과 합법성에 대해 질문해야" 한다. 즉 국가가 하나님이 정하신 대로의 국가가 되도록 도와야 한다(Metaxas 2010, 153).

둘째, "국가 행동의 피해자들을 돕는 것"이다. 이런 면에서 본회퍼는 용기 있고, 상황 주도적이고, 위험 부담이 큰 발걸음을 떼었다. "교회는 국가 행동의 피해자를 돕는 일에 무조건적인 의무를 갖고 있다"라고 말한 본회퍼는 분명 독일에 있는 유대인들을 생각하고 있었다. 동시에 비록 그리스도인임을 고백하기는 했지만 유대인 혈통을 가진 두 명의 매형을 가진 자신의 개인적인 현실도 생각하고 있었다. 그러나 개인 차원의 일은 국가적인 영역에 대한 하나의 전형이었다. 교회는 사회에서 어떤 형태로든 피해를 입은 사람들에게 (심지어 그들이 기독교 공동체에 속하지 않는다 할지라도) 무조건적인 책임을 갖고 있다(Metaxas 2010, 154).

셋째, 국가에 대하여 교회가 행동할 수 있는 세 번째 길은 "바퀴 아래에 있는 피해자에게 단지 밴드를 붙이는 것이 아니라 바퀴 자체에다가 바퀴살을 하나 집어넣는 것"이다. … 어떤 시점에서 교회는 국가가 악을 자행하는 것을 막기 위해 국가를 대항해서 직접적인 행동을 해야 한다. 이것이 허용되는 때는 오직 교회가 국가에 의해 그 존재 자체를 위협당하고, 국가가 하나님에 의해 규정된 국가되기를 중단할 때라고 그는 말했다(Metaxas 2010, 154).

셋째에 언급된 행동은 불가피한 반대와 저항을 의미하는데 결국 이는 독일과 유럽을 구하기 위한 유일한 길로서 히틀러 암살 음모로 이어졌다. '바퀴에 있는 바퀴살'(spoke in the wheel) 비유는 우리 편집인들을 포함하여 많은 복음주의자들에게는 급진적인 것이다. 본회퍼의 언급은 교회와 국가 관계의 다양한 패러다임 중 하나다.

이 패러다임에 대해서는 『박해와 순교』 제1권(*Sorrow and Blood: Christian mission in Contexts of Suffering, Persecution, and Martyrdom* [서울: CLC, 2017]) 제2장 "박해와 순교에 대한 기독교의 반응"에서 논의하고 있다. 당신은 거기서 기독교 행동을 위한 아주 유익한 처방전을 발견할 것이다. 본회퍼의 패러다임을 하나의 모델로 든다고 해서 우리가 그가 적용한 세 번째 모델을 하나의 기준으로 만들려고 의도한 것은 아니다.

그러나 국가와 교회가 나치 독일에서 그랬던 것처럼 하나님의 이상에서 너무 멀리 떨어질 때 우리 그리스도인들은 책임에 관해서 어려운 질문들을 할 필요가 있다. 만약 이 문제가 나치와 함께 사라졌다고 생각된다면 1990년대 중반 르완다를 기억해야만 할 것이다.

3. 그러면 이것은 오늘날 우리에게 어떻게 적용되는가?

독일의 고백 교회(Confessing Church)는 다음 3가지 원리들을 적용하려고 했고 그만한 대가를 지불했다.

이 3가지 모델들은 오늘날 핍박과 박해 그리고 심지어 순교를 직면하고 있는 세계 교회에 어떻게 적용될 것인가?

어느 나라나 도시에 살고 있든지, 혹은 어떤 그룹의 사람들이나 상황을 섬기고 있든지 간에 우리는 성경적이어야 한다. 우리는 우리의 현실을 분명하게 분별하고 미래를 위해 교회를 준비시켜야 한다.

그렇다면 어떻게 해야 할까?

첫째, 우리는 먼저 성경으로 돌아와 불확실성, 가난, 무력, 폭력, 억압, 박해의 상황 속에서 그것을 다시 읽어야 한다.

즉 1세기의 전제주의 그리고 로마서 13:17과 디모데전서 2:1-4과 같은 주요 말씀들의 빛가운데서 이 원리들을 조명하고 연구해야 한다. 바울이 디모데에게 썼듯이 우리 기도의 핵심은 평화와 번영, 민주적 조건들이 아니라 오히려 정치적인 제도에 상관없이 복음이 진전될 수 있는 상황이다.

둘째, 이러한 성경적인 성찰과 함축된 의미는 예수를 예배하는 목회적, 신학적 공동체의 맥락 가운데서 연구되어야 한다.

그것은 급진적인 한 개인이나 예언자가 자의적으로 정한 자체적으로 부여한 작업이어서는 안 된다. 그것은 예배하는 교제권으로부터 와야 한다. 『박해와 순교』제1권 제2장을 세심하게 살펴보고, 헌신적이고 지혜로운 그리스도인들이 이 시대의 많은 도전 앞에서 취할 수 있는 다양한 반응들을 연구하기 바란다.

셋째, 이 리더십 공동체는 교회가 자유와 폭력적인 억압 사이의 스팩트럼 중 어디에 있는지를 분별해 적절하게 행동해야 한다.

그 스팩트럼은 완전한 자유로부터 순교까지 나뉘고 그 중간은 다음과 같다.

① 완전한 자유.
② 관용.
③ 차별.
④ 괴롭힘.

⑤ 박해.
⑥ 폭력적인 박해.
⑦ 순교.

당신의 상황과 교회는 이 스팩트럼 어디에서 발견되는가?
양극단 사이에서 얼마든지 역동적으로 움직일 수 있다는 점을 기억하라.

넷째, 우리는 다른 관점과 마찬가지로 교회와 국가의 관계에 대한 본회퍼의 삼중적 책임의 타당성을 검토해볼 필요가 있다.

독일은 필연적으로 마틴 루터의 유산으로부터 영향을 받았지만 그것이 나치 정권에서의 루터란 교회를 충분히 보호하지 못했다. 우리는 오늘날 놀랄 정도로 다양한 문화적, 정치적, 종교적, 이념적인 세상에서 살고 있다. 오늘날의 박해 상황은 대단히 복잡한 양상을 띠며 그 결과 오늘날의 세상에서 쉽게 혼란을 야기할 수 있다.

우리에게는 말씀이, 그리고 깊은 영성과 공동체성을 지닌 성경적인 목자들과 선지자들의 사려 깊은 지도가 얼마나 필요한가!

바울과 본회퍼의 주제들은 상황에 따라 다양한 결과로 나타날 것이다.

박해와 순교가 '여기서, 언제' 벌어질 수 있을까?

오직 하나님만 아신다.

너무나 많은 곳에서 박해와 순교는 '지금 여기에서' 일어난다.

어떤 곳에서는 그러한 환란이 임박했고 어떤 곳에서는 위협적인 모습으로 미래에 닥칠 것처럼 보인다. 또 어떤 곳에서는 법적이고 문화적인 압력이 증가됨에 따라 잠재적인 현실이 되고 있다. 오직 하나님만이 아신다. 우리는 단지 우리의 일상적인 삶을 살며 노후를 계획하면 되는가?
아니다.

> 십자가는 모든 그리스도인들 위에 놓여 있다. 제자도의 길을 걷는 순간 우리는 그리스도께 항복하여 그의 죽음에 연합한다. 제자도는 그렇게 시작된다. 십자가는 하나님을 경외하는 행복한 삶의 끔찍한 종말이 아니다. 오히려 그것은 우리로 하여금 그리스도와 연합하는 시초가 되게 한다. 그리스도께서 한 사람을 부르실 때, 그는 와서 죽으라고 명하신다.
> — D. 본회퍼의 『제자도의 대가』(1976, 98f)

우리는 본회퍼의 선지자적인 시와 함께 끝을 맺으려 하는데, 이것은 그가 히틀러의 생명을 제거하려던 계획이 실패했다는 소식을 들은 직후 적었던 것이다. 그는 이제 2년간의 감옥 생활이 끝나리라는 것을 알았다. 다음 시는 그의 사후에 출판된 『감옥으로부터의 편지와 글들』(*Letters and Papers from Prison*) 안에 수록되어 있다.

〈자유로 가는 길에 있는 정류장들〉

연단(Discipline)
만약 그대가 자유를 찾아 나섰다면,
그 무엇보다도 그대의 영혼과 오감을 다스리라
그대의 열정과 갈망이 그대가 따라야 할 길에서

그대를 벗어나게 하지 않도록
그대의 몸과 맘을 순결하게 하고
둘 다를 복종시키라
순종하는 맘으로 꾸준하게 그들 앞에 놓인 목표를 추구하도록
오직 연단을 통해서만 인간은 자유케 되는 법을 배우나니

행동(Action)
그대가 꿈꾸는 것이 아니라 옳은 것을 감히 하고자 한다면
용감하게 기회를 붙잡고 비겁하게 의심하지 말라
자유는 날개를 단 생각을 통해서가 아니라
오직 행함을 통해서만 오나니
낙심치 말고 두려워 말라
폭풍 가운데 나아가 행동하라
그대가 신실하게 따르는 하나님을 의지하면서
자유가 환희에 차서 그대 영혼을 기쁨으로 맞이하리

고난(Suffering)
참으로 변화가 찾아왔도다
너무나 강하고 활발했던 그대의 두 손은 묶이고
이제 무력함 속에서 그대는 그대의 행동이 끝났음을 보는도다
그대는 안도의 한숨을 쉬고
그대의 목적은 더 강한 손에 맡기나니
하여 이제 그대는 만족하며 쉬게 되리
단지 복된 한순간만 다가선다면
그대는 자유를 만질 수 있으리

그때는 그대가 하나님께 드렸던 것이
영광 가운데 완전케 되리

죽음(Death)
이제 오라, 영원한 자유의 여정에 있는 위대한 잔치여,
죽음이여,
모든 짐스러운 사슬을 벗어던지고
일시적인 우리 몸의 벽과 눈먼 우리 영혼의 벽을 허물라
그리하여 마침내 우리는 여기서 숨겨져 있던 것을 보게 되리라
자유여,
우리는 얼마나 오랫동안
연단과 행동, 고난 가운데 그대를 기다려왔던가.
죽어가면서, 우리는 지금 주님 안에서 드러나는 그대를 보노라
(Metaxas 2010, 484-85)

윌리엄, 안토니아. 레그
우리 세 사람은 승리의 감격에 벅차 부르짖는다.
"마라나타!"

참고문헌

Metaxas, E. 2010. *Bonhoeffer: Pastor, martyr, prophet spy; A righteous Gentile vs. the Third Reich*. Nashville, TN: Thomas Nelson.

부록 1

박해에 관한 웹상의 정보

A. 스코트 모로우(A. Scott Moreau)
마이크 오리어(Mike O'Rear)

인터넷은 그리스도인의 박해가 하나의 광범위한 국제적 비극이라는 많은 증거를 제공한다. 구글에서 '그리스도인의 박해'(인용구 포함)에 대한 검색 횟수는 20만 회가 넘는다. 인도와 중국과 같은 특정한 나라에서 박해받는 그리스도인들을 다루는 웹사이트는 그 검색 횟수가 훨씬 늘어난다. '인도의 박해받는 그리스도인'(인용구 없이)이란 단어를 구글에 입력하면 거의 150만 회의 검색 결과가 나오며 인도 대신 중국을 치면 비슷한 결과가 나온다.

위키피디아는 하나의 이슈에 대한 기초적 소개와 그 정의 및 상황을 소개하는 웹사이트다. '그리스도인의 박해'에 대한 위키피디아의 글은 광범위한 역사적 개요를 포함하며 거의 24개 정도의 관련 위키피디아 아티클에 연결되어 있다(http://en.wikipedia.org/wiki/Persecution_of_Christians).

다음은 소중한 온라인 자료들을 제공하는 주요 웹사이트들이다.

이들은 다음 세 가지 범주로 나눴으며 하나만 제외하고 모두 알파벳 순서로 열거했다.

보다 더 많은 웹사이트 열람을 위해서는 www.mislinks.org/practical/persecuted.htm을 방문하라.

① 박해받는 교회를 위한 사역에 초점을 맞추는 기독교 단체들.
② 박해에 초점을 맞춘 기독교 뉴스와 정보 서비스.
③ 주요 일반 사이트들.

1. 기독교 단체들

기독교 단체들은 너무 광범위하고 그들이 제공하는 중요한 자료들도 너무 많아서 우리는 IDOP(International Day of Prayer for the Persecuted Church)를 제일 먼저 들겠다.

IDOP (www.persecutedchurch.org)는 박해에 초점을 맞춘 20여 개의 단체들에 의해 후원을 받고 있으며 연례 행사(매년 11월의 한 주간)와 자료 제공을 통해 전 세계 교회들에게 중요한 영향을 끼쳐왔다.

Barnabas Aid (www.barnabasfund.org)는 '박해받는 교회를 위한 희망과 도움'을 제공하고 기도와 옹호 사역을 추진한다. 기본적으로 무슬림 세계에 초점을 맞춘 이 웹사이트는 매일의 기도 제목, 뉴스 아카이브(기록보관소), 특집 기사 등을 제공한다.

Christian Freedom International (www.christianfreedom.org)은 최전방에서 박해받는 그리스도인들을 위해 옹호와 인도주의적 지원을 실천하고 있는 초교파적인 인권단체다. 이 웹사이트는 뉴스, 박해 스포트라이트 아이템들, 비디오 영상 그리고 직접 참여하기 위한 실제적인 방법들을 제공한다.

Christian Solidarity Worldwide (www.cswusa.com)는 그리스도 안에서 박해받는 우리의 형제자매들과 함께 서도록 부름을 받아, 그들의 고난의 부르짖음에 대한 목소리가 되어주고, 그들 대신 행동을 촉구하고, 파트너십을 통해 기도 후원과 긴급 구호를 일으킨다. 이 웹사이트는 수십 개국의 프로파일과 뉴스 레터, 매일의 기도 달력 그리고 정부 탄원서들을 제공한다.

Christians in Crisis (www.christiansincrisis.net)는 전 세계 박해받는 교회를 위해 기도하는 기도 중보 사역으로서 온라인 경건 생활 자료와 현장 이야기를 제공한다. 이슬람 지역을 중심으로 하지만 온라인 뉴스는 온 세계의 박해받는 그리스도인들을 모두 대상으로 한다.

International Christian Concern (www.persedution.org)은 고난받는 교회를 위한 지원과 옹호, 각성 촉구를 제공하는 데 헌신된 국제적인 인권단체다. 이 사이트는 그리스도인들이 박해받고 있는 나라들의 기도 프로파일과 최신 뉴스 스토리들, 월 2회 발간되는 기도 잡지 그리고 서명할 수 있는 탄원서 등을 포함한다.

International Institute for Religious Freedom (www.iirf.eu)은 전 세

계의 종교 자유와 박해에 대한 배경 연구를 하는 모든 대륙의 기독교 교수들, 연구자들, 학자들과 같은 전문가들의 네트워크다. 이 웹사이트는 여러 출처로부터의 짤막한 보고서와 연구 내용, 「종교 자유를 위한 국제 저널」(International Journal for Religious Freedom) 등의 간행물들을 제공한다.

International Justice Mission (www.ijm.org)은 폭력, 성매매, 노예, 억압의 피해자들을 구조하는 인권단체다. 학대와 억압 현황을 모니터하고 문서화하며, 교회와 대중에게 학대에 대해 교육하고, 피해자들을 대신하여 중재 활동에 나선다. 이 웹사이트에는 월간 심층 「정의 브리핑」(Justice Briefings)과 IJM 스태프에 의한 귀중한 글들을 포함하고 있다.

Iranian Chritians International (www.iranchristians.org)은 전도와 제자훈련에 우선적으로 초점을 맞추고 있지만, 동시에 박해를 피해온 이란과 아프가니스탄 그리고 페르시안 언어군의 그리스도인 난민들을 지원하는 일도 하고 있다.

Jubilee Campaign (www.jubileecampaign.org)은 '민족적, 종교적 소수의 인권과 종교적 자유의 진전'을 위해 사역하고 있다.

Open Doors International (www.opendoors.org)은 브라더 앤드류 (Brother Andrew)에 의해 창설된 사역으로서 성경 반입 프로그램과 제한 지역의 지도자 훈련 그리고 기도 동원에 초점을 맞추고 있다. 온라인상에서 무료로 배포되는 '월드워치리스트'(World Watch List)는 종교적 자유와 관계되는 50개의 질문 세트의 기준에 따라 국가들의 순서를 매겨놓은 것이다. The Voice of the Martyrs (www.persedution.com)는 리처드 웜브랜드(Richard Wurmbrand)에 의해 창설되었고 전 세계 박해받는 교회를 지원하는 일에 힘쓰고 있다. 오디오/비디오, 국가 프로파일, 주간 이메일 업데이트, 월간 뉴스레터를 보기 위해서는 회원 가입 후 로그인을 해야 한다.

또한 링크된 사이트(www.prisoneralert.com)에는 개인 수감자의 프로파일이 올라와 있으므로 그들에게 격려 편지를 보내거나 정부 관리에게 탄원 메일을 보낼 수 있다. VOM의 박해 블로그(www.persecutionblog.com) 역시 귀한 정보와 통찰을 제공한다.

World Evangelical Alliance's Religious Liberty Commission (www.worldevangelicals.org/dommissions/rlc)은 '100개 이상의 나라의 종교 자유 상황을 모니터하면서 박해받는 그리스도인들을 변호하고, 글로벌 교회에 그 현황을 알리고, 교회에게 기도하라고 도전하며(www.idop.org) 고난받는 자들에게 가능한 최대의 지원을 한다.

이 웹사이트는 주간 뉴스와 기도 잡지를 제공한다. 덧붙여서 종교 자유와 관련된 자료를 업데이트하여 지속적으로 제공한다(www.worldevangelicals.org/resources/caregories/index.htm?cat=42).

2. 기독교 뉴스와 정보 서비스

Assist News Service(www.assistnews.net)는 '전략적인 시기를 살아가는 특별한 성도들'에게 도움을 제공하면서 매일 수많은 뉴스 기사를 제작하는데 그중 많은 것은 박해받는 그리스도인 공동체에 대한 것이다. 검색 기능이 잘 되어 있는데 가령 '수단'을 입력하면 370여 개의 기사가 뜬다.

Christian Monitor (www.christianmonitor.org)는 전 세계 박해받는 그리스도인들에게 초점을 맞춘 뉴스와 사설, 북리뷰, 인터뷰 기사를 제공한다.

Christian Persecution Info (www.christianpersecution,info)는 '귀한 사역들'(Worthy Ministries)에 의해 제공되는 기독교 뉴스 잡지로, 기독교 박해에 대한 최근 뉴스들을 심도 있게 검색할 수 있다. 특히 아프리카, 중국, 러시아 등지의 최신 뉴스가 많다.

Compass Direct News (www.dompassdirect.org)는 세계의 가장 어려운 지역들로부터의 전략적 뉴스와 정보를 제공하는 데 헌신하고 있는, 전문적인 뉴스 채널이다. 독점적인 국제 네트워크를 활용하기 때문에 수신료가 발생하며, 구독자들은 전 세계 박해받는 그리스도인들의 보고와 인터뷰, 현황 분석 등을 깊이 있게 접할 수 있다.

Project Open Book (www.domini.org/openbook/home.htm)은 이슬람 세계에서 그리스도인들이 당하는 박해에 초점을 맞춘다. 특정한 박해 사건들에 대한 논문이나 기사를 온라인으로 제공한다.

3. 일반 단체들

Amnesty International (www.amnesty.org)은 인권 전반에 초점을 맞춰 여러 지속적인 캠페인을 벌인다. 광범위한 온라인 도서실에서 5만 개 이상의 뉴스레터, 보고서, 행동을 위한 호소문, 비디오, 오디오 클립, 스토리 등을 검색할 수 있다.

Center for Religious Freedom (crfhudson.org)은 허드슨연구소로부터 후원을 받고 있는 이 웹사이트는 종교 자유 전문가들의 전 세계적인 네트워크와 동역함으로써 종교의 자유를 미국 외교 정책의 한 요소로 증진시키는 데 주력하고 있다. 종교 자유에 대한 글을 400여 편 온라인상에서 제공한다.

Human Rights Watch (www.hrw.org)는 전 세계 사람들의 인권을 보호하는 데 헌신한다. 이 사이트는 HRW의 연례 월드 리포트를 포함하여 실속 있는 간행물의 목록과 최신 캠페인 목록, 포토 갤러리, 일련의 비디오 클립을 제공한다.

The United Nations Refugee Agency (www.unhcr.org)는 광범위한 문서 정보와 통계, 데이터베이스, 세계 난민 인구를 나타내는 지도와 간행물들의 목록(www.unhcr.org/pages/49c3646c4b8.html)을 제공한다. Refworld (www.unhcr.org/pages/cgi-bin/texis/vtx/refworld/rwmain)를 포함하고 있는 이 웹사이트에서 여러 나라의 정책과 법적 문서, 보고서를 상당 분량 열람할 수 있다.

The United States Department of State (www.state.gov/g/drl/rls/irf/)는 '국제 종교 자유에 관한 연례 보고서'를 발간한다. 여기에는 '실행 요약, 전 세계 195개국의 종교 자유 상태'가 소개되어 있다.

마지막으로, 우리는 구글이 검색 및 디스플레이 기능을 증진해왔다는 사실을 주목한다. 예를 들어 구글 트렌드(www.google.com/trends)는 주어진 구절에 대해 다양한 시간대에 행해진 검색 횟수를 당신이 볼 수 있도록 허용한다.

'박해'를 입력하면 당신은 구글의 서버에서 박해와 관련된 트래픽을 볼 수 있고, 지난 수년에 걸친 뉴스와 이야기들을 볼 수 있을 것이다. 당신은 지역이나 기간을 설정하여 제한적으로 검색할 수도 있다.

구글 뉴스(news.google.com)는 뉴스와 관련된 페이지(스토리와 이미지, 혹은 블로그로 분류되는)를 열어주며 당신은 날짜에 따라 검색을 제한할 수도 있다.

검색을 쉽게 할 수 있도록 우리는 이 모든 링크들을 Mislinks(www.mislinks.org/understanding/persecution)에 모아두었다. 또한 MisLinksOrg 트위터에 박해에 초점을 맞춘 목록을 실어두었다. 트위터에 올라있는 사람들은 twitter.com/#!/MisLinksOrg/persecution 에서 팔로우할 수 있다.

글쓴이

스코트 모로우(A. Scott Moreau)는 14년간 CCC 스태프로 섬겼고 그 중 10년은 아프리카에서 활동했다. 지난 20년간 휘튼대학(Wheaton College)에서 가르쳤으며 현재는 선교학 교수로 있다. 또한 「EMQ」

(*Evangelical Missions Quarterly*)와 Encountering Mission 시리즈(Baker Books)의 편집인으로 섬기고 있다.

마이크 오리어(Mike O'Rear)는 '국제글로벌맵핑'(GMI, Global Mapping International)의 회장과 CEO로 섬기면서 선교 적용 리서치, 지리적 맵핑, 국제 기독교 사역을 위한 디지털 출판 서비스를 제공하는 데 헌신하고 있다.

그는 웹사이트 MisLinks.org를 운영하고 있으며 EMQ의 "Missions on the Web" 시리즈를 공동 저술했다. 마이크는 2012년 1월 14일 갑자기 사망했다. 우리는 그가 영원 가운데 즐거워하고 있을 것이라 믿고 있지만 선교 공동체를 대표해서 우리는 그의 지혜와 통찰력을 아쉬워하고 있다.

부록2

멤버 케어 자원
- 고난과 박해의 상황에 있는 자들을 위하여

해리 호프만(Harry Hoffmann)
프라밀라 라젠드란(Pramila Rajendran)

서론

태국에서의 자살, 수단에서의 유괴, 터키에서의 살인, 필리핀에서의 납치, 말레이시아에서의 감금, 브라질에서의 팀 갈등, 나이지리아에서의 성폭력 등 이런 경우들은 멤버 케어가 필요한 상황들이다.

멤버 케어는 선교사와 그들의 영적, 감정적, 관계적, 신체적, 경제적 문제와 복지의 모든 측면을 다룬다. 그러나 건강과 복지를 위한 시스템이 아무리 잘 갖춰져 있어도, 위기들이 오면 그 자체의 특별하고도 긴급한 도전들이 생기게 된다.

1. 반응

1) 심리적 트라우마

심리적인 트라우마: 극복할 수 있는 우리의 능력을 압도적으로 능가함

심리적인 트라우마는 하나의 사건으로부터, 혹은 반복되거나 지속되고 있는 경험들로부터 오는 결과이다. 그것은 우리의 극복할 수 있는 능력이나 혹은 관계된 생각이나 감정을 통합하는 능력을 완전히 압도하고 만다. 충격적인 사건에 대해 증언하는 것은 두 번째 트라우마를 일으킬 수 있다.

둘 다 뇌 속에서 심각한 장기적인 심리적 신체적 변화로 이어질 수 있고, 스트레스를 적절히 다룰 수 있는 사람의 능력을 손상시키는 뇌 화학물질에 변화를 줄 수 있다. 이것은 우울증과 분노, 두려움, 중독, 신체적 건강 손상, 혹은 우리들의 핵심 신념에 대한 질문으로 이어질 수 있다.

2) 자원들

심리적인 트라우마로 고통 받는 사람을 위해 쉽게 고치는 묘안은 없다. 그리고 사람마다 비슷한 상황에 대해 다른 방식으로 반응할 것이다. 글로벌 멤버 케어 네트워크(GMCN)은 www.globalmemebercare.com 웹상에 도움이 되는 세계적인 자원들의 데이터베이스를 갖고 있다. GMCN의 핵심 팀은 지도자들의 권역별 (regional) 네트워크를 형성하고 있는데, 이들은 현재 그 지역과 현지 (local)에 있는 기독교 자원들에 대해 조언을 제공할 수 있는 자들이

다. 어떤 지역들은 다른 곳보다 더 많은 자원들이 있다. 그러나 info@globalmembercare.com 으로 문의하면 당신의 지역에 있는 가장 잘 알려진 자원들로 당신을 연결시켜 줄 것이다. GMCN은 가능한 어느 곳에서든지 사람들을 섬기되 당신이 있는 곳에서 당신의 언어로 섬기려고 노력하고 있다.

3) 후원의 피라미드

충격적인 사건으로 고통을 당하는 사람들은 좋은 후원 네트워크가 필요하다. 우리는 때로 피라미드의 이미지를 사용한다. 그 네 모서리이다.

① 가족과 친구.
② 교회의 안전.
③ 뛰어난 공감력으로 사람을 돕는 자 혹은 개인적으로, 은밀하게 (confidentially) 함께 나누고 기도할 수 있는 소그룹.
④ 전문적인 상담.

네 모서리 모두를 이어주는 피라미드의 꼭대기는 하나님 자신이며, 또한 당신이 계발해나가는 그분과의 관계이다.

4) 심리학자와 정신과의사

이러한 전문가들은 트라우마 케어와 외상후증후군(post-traumatic stress disorder)에 대한 전문가들이다. GMCN은 당신 지역에 있는 전문가들과 당신을 링크시켜 줄 수 있다.

5) 영적 지도(direction)와 기도 상담

영적 지도와 기도 상담은 최근에 와서 복음주의 진영에서 잘 받아들여지게 되었다. 많은 사람들이 치유를 받았다고 간증했으며, 그들에게 불명확함(uncertainties)과 의문들(questions)을 남겨주었던 충격적인 경험 후에 그들의 핵심적인 믿음과 하나님과의 관계를 재정립하게 된 것에 관해 간증을 했다.

영적 지도를 위해서는 웹 검색을 시도하거나 GMCN을 접촉하라.

또한 www.elijahhouse.org에서 Elijah House global network, www.theophostic.com에서 Theophostic Ministry의 웹사이트를 보라.

6) 포럼

트라우마의 피해자와 케어 제공자(caregiver)들은 여러 곳의 온라인 포럼들을 통해서 함께 나누고 교류할 수 있는 동료들을 발견할 수 있다(예. www.ptsdforum.org).

7) 세미나

많은 지역에 훈련 세미나들이 있거나 혹은 GMCN을 통해 참여할 수 있다. 예를 들면, Crisis Response Training(위기 반응 훈련); Mobile Member Care Team(이동 멤버 케어 팀) (www.mmct.org/#/workshops/ctt); 혹은 Crisis and Trauma Response Seminar(위기와 트라우마 반응 세미나):

Le Rucher (www.lerucher.org); 혹은 Healing the Wounds of Trauma(트라우마의 상처 치유): SIL Africa (margaret.hill@sil.org) 등이 있다.

3. 준비와 예방

1) 교회와 파송단체

가능하다면 좋은 준비와 예방은 필수적이다. 리스크 진단은 정보에 근거한 결정을 내릴 수 있도록 돕는다. 선교사는 단순히 한 개인이 아니다; 선교사들은 관계들을 가지고 많은 사람들이 그들의 소명과 파송지와 그들의 복지와 관련을 갖고 있다.

이들 가운데 가장 우선적인 것은 가족, 파송 교회, 현지 교회(receiving church), 기도 파트너들과 파송단체이다. 위기의 사건에 있어서는 대사관과 정부 관리들도 역시 관계한다. 때로는 대사관들이 심하게 위험한 지역에는 가지 말 것을 충고하기도 하고, NGO가 위기관리 계획을 정기적으로 검토할 것을 요청하기도 할 것이다.

2) 자원

(1) Crisis Consulting International(국제 위기관리 컨설팅, www.cricon.org)
이곳은 안전과 관계된 훈련과 컨설팅 서비스를 제공하면서, 사건의 보안, 직원(personnel) 보호, 적대적인 행동에 대한 조사 등과 같은 영역에서 기독교 단체들을 지원한다. 피랍과 같은 위기 중에는 그들은 컨설턴트와 인질 협상가로서 섬긴다. CCI는 국제적인 네트워크를 갖고 있으며 개인과 단체들과 더불어 일한다.

(2) The Code of Good Practice(굿 프랙티스 코드, www.peopleinaid.org/code)
이곳은 국제적으로 인정된 매니지먼트 도구이며, 인도주의적 구호단체와 선교단체들이 그들의 스텝 매니지먼트의 질을 향상하는 것을 돕는다. 원리 7에서는 건강, 안전, 그리고 보안을 단체의 최우선적 책임이라고 언급하고 있다.

(3) Do-it yourself resources(스스로 알아서 하기 자원)
팀과 가정들이 아래 내용을 숙지해야 한다.

① 지진: 인터넷에서 "지진 때 해야 하는 일"을 검색하여 토론하라.
② 피랍: 인터넷에서 "인질로 잡혔을 때 생존하는 법"을 검색하여 토론하라.
③ 리스크 분석: 리스크 분석을 위한 세 가지 핵심 질문들이다.
　ⓐ 무엇이 잘못되어 갈 수 있는가?
　ⓑ 그것은 어떻게 그렇게 되어가는가?
　ⓒ 그 결과는 무엇인가?
이 질문들과 토론들은 상황이 변하는 곳에서는 정기적으로 수정을 해야 한다.
④ 응급 상황 계획: 누가 모교회나 단체의 자세한 연락처를 갖고 있는가? 혈액형은?
　ⓐ 전화번호는?
　ⓑ 당신의 여권 사본은?

ⓒ 당신은 대사관에 등록이 되어있는가?
ⓓ 시민 소요나 자연 재해의 경우 합의된 모임 지점이 있는가?
ⓔ 의료 보험이 있는가?
⑤ 리스크가 크고 스트레스가 높은 지역에서는 스텝들이 탈진(burnout)되는 것을 막기 위하여 정기적으로 그 나라를 떠나도록 요구해야 한다. 어떤 팀들은 그들이 이삼 주씩 사역하고는 그 나라를 떠나기를 일 년에 네 번씩 한다.

(4) Suffering Unseen(보이지 않는 고난)

정기적인 디브리핑은 특히 도움이 된다. 왜냐하면 어떤 사람들은 그들이 경험한 감정적인 혹은 관계적인 고통을 나누기를 부끄러워하거나 두려워하기 때문이다. 디브리핑 질문들은 개인적, 감정적, 행동적, 관계적, 문화적, 기관적인 측면들을 포함한 선교사 생활의 여러 다른 면들에 대해 의도적으로 다루어야 한다.

만약 설문지가 사용된다면 개인적인 토론과/혹은 코칭을 더하는 것이 중요하다. 온라인상에는 무료 디브리핑 질문들과 가이드라인들이 있다. 혹은 Cerny Smith 타 문화 적응 평가(www.cernysmith.com)와 같은 전문적인 서비스를 이용할 수도 있다.

4. 자원들

Baldwin, B. A. 1979. Crisis intervention: An overview of theory and practice. *The Counseling Psychologist* 8: 43-52.

Burgess, B., and L. Holmstrom. 1997. Rape trauma syndrome.

American Journal of Psychiatry 131, no. 9: 981-86.

Carr, K. 1994. Trauma and post-traumatic stress disorder among missionaries. *Evangelical Missions Quarterly* 30 (July).

Figley, C. 1989. *Helping traumatised families.* San Francisco, CA: Jossey-Bass.

Greeson, C., M. Hollingsworth, and M. Washburn. 1990. *The grief adjustment guide.* Sisters, OR: Questar.

Hill, M., H. Hill. R. Bagge, and P. Miersma. 2009. *Healing the wounds of trauma: How the church can help,* 3rd ed. Nairobi: Paulines Publications Africa.

Langberg, D. 1998. *The truth about rape. Christian Counseling Today* 6, no. 1:23-25.

Matsakis, A. 1992. *I can't get over it: A handbook for trauma survivors.* Oakland, CA: New Harbinger.

Meichenbaum, D. 1994. *A clinical handbook/practical therapist maual for assessing and treating adults with post-traumatic stress disorder.* Waterloo, ON: University of Waterloo.

Mitchell, J. Tl, and H. L. P. Resnick. 1986. *Emergency response to crisis.* Ellicort City, MD: International Critical Incident Stress Foundation.

O'Donnell, K., ed. 2001. *Doing member care well: Perspectives and practices from around the world (especially pp. 117-26).* Pasadena, CA: William Carey Library.

Prashantham, B. J. *Indian case studies in therapeutic counselling.* Vellore, India: CCC.

Slaikeu, K. A., and S. Lawhead. 1987. *Up from the ashes: How to survive and grow through personal crisis.* Grand Rapids, MI: Zondervan.

Wright, H. N. 1993. *Crisis counselling: What to do and say during the first 72 hours.* Venture, CA: Regal Books.

_____. 1999. *Why did this happen to me?* Ann Arbor, MI: Servant.

글쓴이

해리 호프만(Harry Hoffanns)은 선교분과위원회의 Global Member Care Network(www.globalmembercar.org)의 코디네이터다. 그리고 아시아에 있는 두 개의 멤버 케어 센터의 창립자이며, 거기서 그와 그의 가족들은 1996년부터 살고 있다. 그는 독일인으로서 베를린자유대학에서 중국학 석사학위를 받았고, 꿈을 크게 꾸고 그것을 전략화하기를 좋아한다.

프라밀라 라젠드란(Pramila Rajendran)은 인도인으로서, OM과 함께 인도와 해외에서 선교와 리더십 분야에서 20년 이상 일해 왔다. 그녀는 인도선교협의회(Indian Mission Association)를 위한 멤버 케어 네트워크를 시작했다.

현재 그녀는 남편 K. 라젠드란 박사와 함께 WEA-MC와 글로벌 멤버 케어 태스크 포스를 섬기고 있다. 프라밀라는 인류학과 범죄학 학사와 목회신학과 상담학 석사학위를 가지고 있다. 딸 프리띠(Preeti)는 임상 상담학자이며, 아들 프라띠(Pradeep)은 프리랜스 미디어 컨설턴트다.

탄식하며 순교 II : 환난 가운데 활동하던 타해외 선교 이야기

SORROW & BLOOD:
Christian Mission in Contexts of Suffering,
Persecution and Martyrdom

2018년 3월 10일 초판 발행

엮 은 이 | 윌리엄 테일러, 안토니아 반 더 멀 미, 레그 레이머
옮 긴 이 | 배인식
펴 낸 이 | 민영진, 김대영
디 자 인 | 신윤란, 서인정
펴 낸 곳 | 사)기독교서회교회
등 록 | 제16-25호(1980. 1. 18)
주 소 | 서울시 서초구 남부순환로 68
전 화 | 02) 586-8761~3(도서) 031) 942-8761(영업부)
팩 스 | 02) 523-0131(도서) 031) 942-8763(영업부)
홈페이지 | www.clcbook.com
이 메 일 | clckor@gmail.com
은 행 주 | 기업은행 073-000308-04-020, 국민은행 043-01-0379-646
예금주: 사)기독교서회교회

ISBN 978-89-341-1788-9 (94230)
ISBN 978-89-341-1787-2 (세트)

* 낙장·파본은 교환해 드립니다.

이 도서의 국립중앙도서관 출판시 도서목록(CIP)은 서지정보유통지원시스템 홈페이지(http://seoji.nl.go.kr)와
국가자료공동목록시스템(http://www.nl.go.kr/kolisnet)에서 이용하실 수 있습니다.
(CIP제어번호: CIP2018004791)

SORROW & BLOOD

Christian Mission in Contexts of Suffering, Persecution, and Martyrdom